湖南省湘学研究院系列成果

推进中国现代化进程的湘学名人丛书

主 编：刘建武 执行主编：刘云波 副主编：郭钦

推进中国
经济现代化进程的
十大湘学名人

郭　钦◎主编

中国社会科学出版社

总　序

在五千多年的历史长河中，中华民族以自己的勤劳、勇敢和智慧创造了灿烂的古代文明，为人类社会发展做出了卓越贡献。但18世纪中叶以后，古老的中国却在世界工业革命的浪潮中落伍了。从1840年鸦片战争开始，西方列强的坚船利炮打破了清朝政府"天朝上国"的迷梦，中国逐渐沦为半殖民地半封建社会，中华民族进入了百年苦难时期。也正是从那时起，推进中国现代化进程，实现中华民族伟大复兴，成为无数志士仁人矢志不渝的梦想。

"一本湘人奋斗篇，半部中国近代史。"在百年艰难曲折的中国早期现代化进程中，湖南人做出了突出贡献。在近代史上，涌现了魏源、曾国藩、左宗棠、谭嗣同、黄兴、宋教仁、蔡锷等杰出人物，开启了中国早期现代化的思想闸门和实践进程；近现代以来，又涌现了一大批经济文化和科学教育等领域的杰出人物，比如，民族矿业先驱梁焕奎、民族化学工业之父范旭东、"盐碱大王"李烛尘等实业家，著名工程师宾步程、兵工大师李待琛、医学微生物学家汤飞凡等科学家，画家齐白石、历史学家翦伯赞、剧作家田汉等文化大师；特别是新民主主义革命时期，在争取民族独立和人民解放、推进中国现代化进程中，涌现了以毛泽东、刘少奇、任弼时、蔡和森、彭德怀、贺龙、罗荣桓等为代表的湘籍无产阶级革命家群体，领导中国人民推翻三座大山，建立了社会主义新中国，开辟了中国历史新纪元。这些湘籍杰出人物，都是源远流长的湖湘文化孕育出来的湘学名人，他们以其文韬武略，叱咤风云，对中国的现代化进程产生了巨大推动作用。

如此众多的政治、军事、思想和文化名人，在百余年内高度集中地出自湖湘大地，其勋名之著、业绩之丰、人数之众，全国无出其右，这绝非偶然。可以说，正是湘学所倡导的心忧天下的爱国情怀、敢为人先的进取精神、经世致用的务实学风、兼容并蓄的开放胸襟，激励着湖湘人士为民族独立和人民解放、为国家富强和人民富裕而鞠躬尽瘁、死而后已。"惟楚有才，于斯为盛"，这既是时代大潮呼唤催生的产物，更是千年湘学氤氲荏苒的结果。

为了深入研究和生动揭示中国现代化进程，进一步激发和凝聚实现中华民族伟大复兴中国梦的强大精神力量，湖南省湘学研究院组织专家学者，推出了这套《推进中国现代化进程的湘学名人》丛书。丛书包括思想卷、政治卷、军事卷、经济卷、科技卷五卷，集中展现了我国现代化早期 50 位湘学名人在思想、政治、军事、经济、科技等方面的成就，生动诠释了湖湘文化的精神特质，深刻揭示了湖南在中国近现代独领风骚的历史之谜，为我们传承和弘扬湖湘文化优良传统，增强三湘儿女的文化自觉和文化自信，推动湖南改革发展，提供了难得而宝贵的精神养料。

习近平总书记强调，博大精深的中华优秀传统文化是我们在世界文化激荡中站稳脚跟的根基，要使中华优秀传统文化成为涵养社会主义核心价值观的重要源泉。湘学是中华传统文化百花园中的一朵奇葩。加强湘学研究，努力把湘学研究院打造成为有影响的"湘"字号文化品牌，对传承和发扬中华优秀传统文化，推进湖湘文化的创新和发展，都具有重要意义。丛书的出版，是我省湘学研究的又一有价值的成果，必将有力地推动湘学研究和宣传的进一步深入，引导人们不断弘扬湖湘文化优良传统，为加快富民强省凝聚起更大更强的正能量。

当前，实现国家富强、民族振兴、人民幸福的中国梦，正激励着全体中华儿女为之不懈奋斗。7200 万三湘儿女理当传承湘学名人优秀品质，发扬光大湘学优良传统，自觉担当共筑中国梦的时代责任，为加快我省改革发展，推进中国现代化进程，实现中华民族伟大复兴，做出无愧于历史、无愧于时代的新贡献。

是为序。

许又声

2014 年 6 月

（作者系中共湖南省委常委、宣传部部长，湖南省湘学研究院名誉院长，湖南省湘学研究指导委员会主任）

目　录

前　言 ……………………………………………………………… (1)

曾国藩　近代中国新式工业的开创者

　一　湘学的传承者和光大者 ………………………………… (3)

　二　书生领兵 ………………………………………………… (5)

　三　"师夷智造炮制船" ……………………………………… (8)

　四　江南造船厂的前世今生 ………………………………… (11)

　五　"制器之器"与"制器之人" …………………………… (14)

刘坤一　近代中国东南经济现代化的推动者

　一　经世之学影响了一生 …………………………………… (19)

　二　中国最早对外开放地区的变革者 ……………………… (22)

　三　东南前沿地区现代化最有力的推动者 ………………… (27)

　四　敢抗朝命维护江南现代化成果的人物 ………………… (33)

　五　民族危机的严重关头，开启了现代化的新探索 ……… (37)

廖树蘅　近代中国铅锌矿业的先驱

　一　一位德才兼备具有实干精神的人 ……………………… (45)

　二　用现代观念来开采铅锌矿 ……………………………… (46)

　三　苦心孤诣，"谁识局中之艰苦！" ……………………… (49)

熊希龄 近代中国一流的实业家和理财家

一 受经世致用的湘学熏染，推动湖南经济社会变革 ……… （61）

二 筹划和推动东北开发，以图强国富民，抵御外侮 …… （68）

三 奔走苏宁各地，推动东南现代化 ………………………… （73）

四 着眼未来筹办全国煤油事宜，促推国家经济发展 …… （78）

梁焕奎 近代中国锑矿业第一巨擘

一 怀着振兴民族实业的满腔热情，毅然投身锑业 ……… （85）

二 要办就办世界一流的炼锑公司 ………………………… （90）

三 大企业华昌公司自有一套成功的秘诀 ………………… （95）

四 忧心中国民族工业的发展前途 ………………………… （99）

聂云台 近代中国纺织工业的一面旗帜

一 一个湖湘人家的家国责任、济世情怀和担当精神 …… （107）

二 20 世纪初上海最大的纱厂 …………………………… （110）

三 出任上海总商会会长 …………………………………… （117）

四 在整个民族纺织工业不景气的浪潮中应对 ………… （120）

五 借《保富法》宣扬慈善，激励人心 ………………… （123）

六 东山再起，又创造了一段繁荣 ……………………… （126）

范旭东 中国化学工业的开拓者

一 第一个精盐工厂的成功，为中国现代化学工业奠定了第
一块基石 ……………………………………………… （135）

二 第一个制碱工厂的成功，中国基本化工的一只翅膀伸出
来了 …………………………………………………… （140）

三 第一个独立的化工科研机构的建立，中国化学科学的希
望出现了 ……………………………………………… （146）

四 第一个硫酸铵厂的建立，中国基本化工的另一只翅膀又
伸出来了 ……………………………………………… （150）

五 下决心再创立一个化工中心 ………………………… （153）

李烛尘　中国现代盐碱工业的开创者

一　立志实业救国，开创盐碱大业 …………………………（163）

二　另起炉灶，创新技术，支援抗日救国 ………………（170）

三　注重实地考察，提出前瞻性的经济发展思路 ………（173）

四　追求真理与正义，投身新中国成立初期的经济建设 …（176）

李国钦　为世界反法西斯战争提供战略物资的国际商人

一　长沙学堂里的求学岁月 …………………………………（187）

二　在纽约伍尔沃思大厦51层设办公处 …………………（189）

三　实业活动在二战期间达到了顶峰 ……………………（190）

四　以自己在美国政商界的声望，推动中国经济的发展 …（193）

林伯渠　推动新民主主义经济发展的红色理财家

一　渴望在中国"实行新经济学理" ………………………（199）

二　经济建设必须和战争动员联系起来 …………………（202）

三　推动财政工作更好地为革命战争和人民生活服务 ……（208）

四　坚决地执行适合抗战利益的新民主主义财政经济政策………

……………………………………………………………（211）

五　用我们建设的模范成绩，来影响和推动全中国 ………（217）

主要参考文献 ………………………………………………（224）

前　言

　　中国的现代化是从 19 世纪五六十年代开始的。鸦片战争以后，欧风美雨驰而东，中国社会逐渐纳入世界变革浪潮的体系之中。就经济社会而言，中国传统农业经济逐渐解体，近代工业经济出现并逐渐发展。近代以来的历史表明，经济现代化是近代以来中国社会最明显的特征。

　　近代中国，就经济现代化的特定意义而言，自 19 世纪 60 年代洋务运动开始，中国出现了第一批探求经济现代化的人物。19 世纪末 20 世纪初，维新变法运动和新政改革相继兴起，一批力图革故鼎新、寻求振兴富强之道的经济人物相继登上历史舞台。民国后的近 40 年，一批力求建立共和国家的人物登上历史舞台，其中在经济方面，则为着按照西方资本主义模式建立现代企业进行了探索。在中国共产党领导的苏区、边区内，也有一批为着建立新民主主义经济并向社会主义经济转变而奋斗的人物。

　　在 19 世纪后半叶，经济现代化的精英最初主要来自清王朝的士大夫阶层。洋务运动中湘籍代表人物是曾国藩、左宗棠、刘坤一等人。曾国藩是洋务运动早期代表人物，是洋务运动的开创者之一。其于 1861 年在安庆创办的安庆内军械所，为中国第一家近代军事工厂，也是我国近代工业的开端。由曾国藩规划、李鸿章实际负责的上海江南制造总局，则是洋务运动时期规模最大的军事工业，对中国民族制造工业的兴办起了巨大的推进作用。关于左宗棠的活动见本丛书军事人物篇。刘坤一是后期洋务运动的代表人物，推动了近代军事工业、民用工业和民族资本主义工业的现代化，尤其对近代东南地区的经济现代化的推动和维护，功不可没。

19世纪末20世纪初，维新运动和新政改革先后在全国如火如荼地发生，由于官方的推动，经济现代化也在全国逐渐高涨起来。这个时期经济现代化的杰出人士，是那些既具有科举功名，又受了资本主义生产方式影响的士绅。就湖南而言，梁焕奎、廖树蘅等人是其中杰出的代表人物。梁焕奎本为湖南矿务总局的文案，也有清朝给予的科举功名，但是最终成长为中国最大的民营锑矿业资本家，为中国锑矿业的发展做出了杰出贡献。廖树蘅经营官办常宁水口山，依靠先进的开采技术和先进的管理方法，成为铅锌矿行业的领军人物，也是早期矿业先驱人物。"第一流人才内阁"总理熊希龄是清末民初一位颇有影响力的政治经济人物。他参与筹办了当时湖南最大的机械公司——宝善成公司，筹组了湖南最大的内河轮船公司——鄂湘善后轮船局。还创办了湖南丝绸学堂、瓷业学堂以及湖南瓷业公司，推动了湖南的丝绸业和瓷器制造业的现代化。另外，熊希龄还任过东北奉天农工商总局局长、东三省清理财政正监理官、奉天盐运使、东三省屯垦局会办、奉天造币厂总监和民国财政总长等职，是清末民初不折不扣的实业家、盐政专家、币制专家、财政专家，推动了中国财政经济的现代化。

辛亥革命后，中国社会开始进入加速变革的时期，以实业救国、科学救国相号召，民族资本主义的发展出现了高潮，推动着中国经济进一步现代化。在纺织业方面，湖南衡山东乡（今属衡东）人聂云台可谓独领风骚。20世纪初期，在风云激荡的上海滩，无人不知聂云台这位复泰公司总经理，恒丰纺织新局总经理。20世纪20年代前后，他还创办了被誉为中国民族纺织资本发展顶峰的模范纱厂——大中华纱厂，期间又参与创办和经营了大通纺织股份公司、中国铁工厂、中美贸易公司、恒大纱号，还在湖南长沙开设协丰粮栈。由于企业经营活动的一系列成功，聂云台先后当选为全国纱厂联合会副会长和上海总商会会长，成为了上海滩总商会掌门人。聂云台的成功，是湖南人的骄傲，是中国近代纺织工业的骄傲。

在化学工业方面，范旭东是中国化工实业家，重化学工业的奠基人，被称为中国化学工业之父。范旭东以"敢为人先"的精神，以"粉身碎骨，我也要干出来"的坚韧魄力，创造了中国化学工业诸多第一：中国第一家现代化工企业——久大精盐公司；中国第一座纯碱工厂——永利制碱公司；中国第一家化学工业科研机构——黄海化学工业研究所；中国第一座合成氨工厂——永利硫酸铵厂。毛泽东一句"工业先导，功在中华"，范旭东得之可谓名副其实。

永顺人李烛尘与范旭东同怀"实业救国"的理想，在日本留学后毅然回到祖国，应范旭东之约，共同开拓中国的化学工业。李烛尘本着"工商并举、科研并进、分文必争、分秒必争"的经营方针，以"大企业要有大企业管理制度"的思想，实行严管理大经营，调动全体员工发扬爱国主义精神，使企业创造了化工领域诸多第一，为推动我国近代化工产业的发展做出了杰出贡献。

在国际贸易业，李国钦可谓举世闻名。20世纪20年代，擅长国际贸易的长沙人李国钦直接在美国纽约设立贸易公司，自任董事长兼总经理，除在国内天津、上海、长沙、青岛等地设立分支机构外，其经营中心在美国，商业活动则遍及北美、南美、东南亚和南亚地区。他通过输出中国农矿产品，输入国外机械、化工、采矿、纺织、炼钢等工矿设备与钢材等工业品，沟通了中美之间的贸易渠道。二战前后，他被聘为美国政府战略物资顾问，曾任纽约五金同业公会主席、美国中华协会董事兼副会长，成为当时华人在美商界最著名的人物之一。他还获得巴西、意大利、泰国等国政府相继颁发的"南十字座"勋章、"最高荣誉勋章"和"王冠勋章"。李国钦逝世后，美国政府为表彰他的功绩，将他的名字镌刻在纽约港口的自由女神像基石的铜牌上，还将他的肖像悬挂在美国国会图书馆，永志纪念。

在新中国建立的过程中，中国共产党人伴随着武装斗争进行现代化的经济建设。这就是将马克思主义基本原理与中国革命实际相结合，建立革命根据地。在苏区、边区，中国共产党人运用马克思主义经济原理，结合苏区、边区等根据地的实际情况，探索制定新民主主义的财政经济政策，领导苏区、边区人民进行了新民主主义的经济建设。在这个过程中，湘籍共产党人毛泽东、刘少奇、林伯渠等是杰出代表，因为毛泽东、刘少奇在本丛书政治人物篇中有介绍，本书选择林伯渠作重点介绍。

林伯渠是杰出的无产阶级革命家、政治家，也是中共党内一位著名的财政经济管理专家，素有"红色理财家"之称。在南昌起义，中央苏区、长征路上和陕北期间，他一直在做财经和部队的供给工作。抗战开始，除了担任陕甘宁边区政府主席及在西安从事统一战线工作之外，一直兼任着中央财政经济部长、中央财政经济委员会主席。在长期的经济工作中，坚决实行财经工作为革命战争和革命军队服务兼顾改善民生的方针，注重对财政经济统一管理，并为党和国家培养了大批财经干部。林伯渠的财经工作推动了中国新民主主义经济向前发展，推动了中国革命事业向前发展，为中华人民共和国的建立做出了卓越的贡献。

本书是《推进中国现代化进程的湘学名人》丛书中的经济人物篇。综合考虑丛书的体例，有些重要的推动中国经济现代化的人物并未收入，如左宗棠、陈宝箴、谭延闿、毛泽东、刘少奇等，主要是因为这些人在政治、军事、思想等某一方面或多方面对推进中国现代化的作用更突出一些，已收入丛书的其他卷中，为避免重复之嫌，本书不再收入。另外，本书虽然是一部人物传记，但与一般人物传记有所不同，本书主要选择传主从事经济活动的事迹予以记述，对于传主其他方面的事情则略而述之。

同时需要说明的是，由于本书是一部有关湘籍经济人物中最具代表性人物的事迹汇编，因此，本书大量使用了相关领域学者的研究成果，同时斟酌使用了部分访谈史料和传主后人提供的材料，对这些材料和研究成果作了符合本书编纂体例的改写，文中有说明，此处不再一一列明，但是对于研究这些人物的学者和提供材料的传主后人的辛勤劳动，在此一并致以崇高的谢意。

本书在撰写过程中得到湖南省湘学研究院各位领导专家的诸多指导和直接支持。本卷主编为郭钦。朱有志、刘云波、刘泱泱、王兴国、王国宇、邹智贤、向志柱等同志参与了自提纲至文稿定稿的多次讨论，给作者提供了很好很多的意见和指导，在此表示感谢！书出众手，难免文风不一，同时由于作者所掌握的材料有限，不足之处和错漏之处尚多，敬请专家、读者批评指正，以便改进。

本书虽是一项集体成果，但文责自负。本卷编撰者及所编撰的人物如下：

马延炜：《曾国藩》、《李国钦》。

郭钦：《刘坤一》、《梁焕奎》、《聂云台》、《林伯渠》。

毛健：《廖树蘅》。

郭钦、王国宇、闵群芳：《范旭东》。

张江红：《熊希龄》、《李烛尘》。

郭　钦

2013 年 12 月 23 日于长沙悟楼

曾国藩 近代中国新式工业的开创者

    在近代中国经济现代化的历史进程中，浸透了深厚湘学底色的曾国藩无疑是其中关键性的人物。作为洋务运动的倡导人和发动者，他开办的安庆内军械所是中国近代第一个新式兵工厂，也是中国民族工业的摇篮，他所参与筹办的江南制造总局，对中国经济的发展曾发挥着重要作用。曾国藩所倡导和亲身参与的洋务运动，对推动近代中国的经济现代化起到了开拓性的作用。

　　他是中国近代史上声名最为显赫的人物之一，曾是共和国的缔造者毛泽东最为佩服的历史人物之一；他也是中国近代史上争议最多的人物之一，生前身后评说不断，盖棺亦未论定。当历史的车轮缓缓驶入21世纪，曾国藩——这个近代湖南几乎家喻户晓的历史人物重新走入我们的视野。当我们仔细品读他波澜壮阔的一生，就会发现，他那浸染了浓厚湖湘文化底色的一生，不仅深刻影响了当时的历史进程，也对近代中国经济现代化产生了深远的影响。

一　湘学的传承者和光大者

1811 年（清嘉庆十六年）农历十月十一日的夜半时分，在湖南省长沙府湘乡荷叶塘白勃坪（今湖南省娄底市双峰县荷叶镇天坪村）的一个普通耕读家庭里，一个婴儿呱呱坠地，他就是后来在中国近代史上声名显赫的曾国藩。

和中国许许多多传统家庭一样，作为男孩子的曾国藩从幼年起就寄托着全家人的希望。曾国藩五岁多时，就被父亲曾竹亭安排到自己的"利见斋"私塾读书，一学就是八年的时间。小小年纪的曾国藩十分争气，在科举考试这座独木桥上走得是一帆风顺。1824 年（道光四年），14 岁的曾国藩到省城长沙参加童试，即名列优等，又过了 10 年，1834 年（道光十四年），年仅 24 岁的曾国藩成功考取举人，全家上下为此欢欣鼓舞，大摆筵席。4 年后，还不到 30 岁的曾国藩参加会试，考取三甲第四十二名进士。

当曾国藩在家乡书斋中苦读用功的时候，正是近代中国社会发生重大变革的前夜。就国内情形而言，经过 170 余年的统治，清朝政权在许多方面开始暴露出它的弊病；而就国际形势而言，经过第一次工业革命的英、法等国的资本主义开始迅速崛起，为了开拓新的原料产地和寻找商品倾销地，他们将目光投向远东，东亚的印度等国相继被其攻占，拥有庞大领土和人口的中国成了他们的下一个目标。

作为富有湖湘精神文化传统的湘学，素来就有心忧天下、经世致用的优良传统。正是在湖湘这片特殊的人文土壤上，曾国藩接受了湖湘学统的熏陶，从而形成了重视实际，强调实践，注重个人道德修养的精神特质，主要体现在他对湖南乡土杰出先辈周敦颐、王夫之、陶澍等人的推崇上。

周敦颐（1017—1073），宋营道楼田堡（今湖南道县）人，北宋著名哲学家，是学术界公认的宋明理学开山鼻祖。《宋史·道学传》

说："两汉而下，儒学几至大坏。千有余载，至宋中叶，周敦颐出于春陵，乃得圣贤不传之学，作《太极图说》、《通书》，推明阴阳五行之理，明于天而性于人者，了若指掌。"将其创立理学学派提高到了极高的地位。他对曾国藩的影响，以"静"说、"诚"说为最。曾国藩曾写过一篇《主静箴》，文中说："斋宿日观，天鸡一鸣。万籁俱息，但闻钟声。后有毒蛇，前有猛虎。神定不慑，谁敢予侮？岂伊避人，日对三军。我虑则一，彼纷不纷。驰骛半生，曾不自主。今其老矣，殆扰扰以终古。"他在1842年（道光二十二年）十一月十四日的日记中，详尽地记录了自己对"主静"的体验，并将主静列为自己的日课，加以遵守。曾国藩注重"内圣"即道德修养，认为"圣学王道"的核心在于"诚"，强调"诚者，不欺者也。不欺者，心无私著者也。无私著，至虚者也，是故天下之至虚，天下之至诚者也"。

王夫之（1619—1692），字而农，世称船山先生，湖南衡阳人。他早年参加反清斗争，失败后专心著述，最后定居于湘西石船山，留下了100余种著述，共400余卷，470多万字。曾国藩受王夫之的影响，在日记中有许多记载。如他在同治元年（1862年）闰八月开始研读王夫之的《庄子解》和同年十月研读《张子正蒙注》，"四点入内室，阅王而农所注张子《正蒙》，于尽性知命之旨，略有所会。盖尽其所可知者，于己，性也；听其不可知者，于天命也。……爱人、治人、礼人，性也；爱之而不亲，治之而不治，礼之而不答，命也。圣人之不可及处，在尽性以至于命"。从同治五年（1866年）五月初起，他又阅读了王夫之的《礼记章句》、《四书稗疏》等著作，并回头再度研究《读通鉴论》、《宋论》。除此之外，自同治元年（1862年）起，曾国藩兄弟开始筹划大规模刊刻《船山遗书》，除了想方设法通过各种渠道搜集散失在各地的《遗书》外，还亲自作序，序中称："船山先生注《正蒙》数万言，注《礼记》数十万言，幽以究民物同原，显以纲维万事，弭世乱于未形。其于古昔明体达用，盈科后进之旨，往往近之。……荒山敝榻，终风掣掣，以求所谓育物之仁，经邦之礼。穷探极论，千变而不离其宗；旷百世不见知，而无所于悔。先生没后，巨儒迭兴……先生皆已发之于前；与后贤若合符契。"其对船山的景仰溢于字里行间。

在曾国藩所继承的湘学精神传统中，如果说周敦颐、王夫之等乡先贤主要从人格修养、道德建设等精神层面对他产生了影响的话，那么，早其一辈的安化人陶澍则教给曾国藩经世致用的思想理念。陶澍（1779—1839），字子霖，一字子云，号云汀、髯樵，湖南安化县小淹镇人。嘉庆七年（1802 年）进士，先后主政山西、四川等地，官至两江总督加太子少保，逝后赠太子太保衔，谥文毅。陶澍是清代中后期经世派的代表人物，任内督办海运，剔除盐政积弊，兴修水利，设义仓以救荒年。他对湖湘经世派也很有影响。例如胡林翼早年是他家的塾师，后成为女婿。左宗棠曾为他理家八年，后结为亲家。贺长龄曾是他的部属。魏源则在他幕中工作了 14 年。可见陶澍既是一代名臣，又是当时湖南经世派的领袖与核心。陶澍对曾国藩的影响，主要是他的经世思想。如他为学力主"实学"理念，他为政力求从实际出发，重实地调查研究。陶澍在任江苏巡抚时，曾支持贺长龄、魏源编纂了《皇朝经世文编》，这是曾国藩反复研读的著作之一。

1840 年前后，正是中国社会空前大变局的前夜，为了应对即将到来的世变，湖湘学统也开始了艰苦的自我调整和更新。在这一过程中，湘学精神传统中原本就十分注重的经世致用的传统得到了不断强化，王夫之等注重践履、主张实践的乡贤大儒的地位被不断提升，历来注重推崇乡土前辈的湖南士人，在一次次编辑地方志书、一次次刊刻先贤遗书的过程中，也在不断地继承并发展着这一地域文化传统。曾国藩就是在这样一种文化精神传统中成长起来的，在他的身上，蕴含着深厚的湖湘精神底色。

二　书生领兵

进入翰林院后，曾国藩的京官生涯虽然清苦，却也一路平顺。

1843 年（道光二十三年），任翰林院侍讲，任四川乡试正考官，此后又相继担任翰林院侍读，詹事府右春坊右庶子，翰林院侍讲学士等职。1847 年（道光二十七年），曾国藩参加翰詹大考，取得了第二等第四名的成绩，随后，他被任命为内阁学士，1849 年（道光二十九年）被提拔为礼部右侍郎。

正当这位从湖南乡间走出的年轻人在仕途上一帆风顺、春风得意的时候，清帝国这艘已经航行了将近 200 年的大船却正驶向一片风波莫测的水域，就在曾国藩考中进士的第二年，远道而来的英国铁甲舰在大清东部的海面上所向披靡，迫使清政府签订了割地赔款的《南京条约》。从此，清帝国再无宁日。

或许在已经知晓了其后历史事实的今人看来，《南京条约》的签订具有重要影响，是中国近代史上具有标志性的事件。但对于当时的人们而言，这些高鼻深目的洋人不过是"肘腋之患"，而出自广西深山中的，和明朝以前汉族人一样蓄着长长的头发，又自称和洋人一样信奉上帝的"太平军"才是真正的"心腹之患"。

1850 年（道光三十年），洪秀全、杨秀清等自广西桂平金田起义，随后迅速席卷大半个中国。为了对起义军进行围堵和镇压，清政府一面由中央调兵遣将，一面命各地举办团练。因母亲去世正在湖南老家服丧守孝的曾国藩奉旨"在籍举办团练"，就这样走上了历史的前台。

1852 年（咸丰二年）十二月，曾国藩抵达湖南省城长沙开始编练团练。他募农民为营勇，用儒生为将佐，朝夕训练，号称"湘勇"。其实，早在曾国藩出山前，在他的老家湘乡，已经编练过团练这种民兵性质的武装。当时的湘乡知县，江西人朱孙贻就是促成湘乡乡间士绅私人武装向地方统一武装的转变的关键人物。就在曾国藩抵达长沙的同一年，朱孙贻将所掌握的湘乡县属武装分成左、中、右三营，其中，王鑫负责左营，罗泽南负责中营，康景晖负责右营（康为湘乡四十七都绅士），并有专人负责粮草、兵器等后勤事务，湘军的雏形由此形成。在打击匪患、防备太平军等方面起到很大作用，一时声名鹊起。1853 年，曾国藩奉旨协助湖南巡抚张亮基办理团练事务，张亮基正好听说湘乡团练的声名，经商议后，决定将其调往省城，朱孙诒于是命令王鑫、罗泽南、罗信南、刘蓉等率部前往，曾国藩由此逐步掌控了这支地方武装。

武将领兵是司空见惯之事，但在曾国藩统率的湘军这里，却是书生领兵。湘乡团练的创始人朱孙诒、王鑫、罗泽南、李续宾等都是书生出身，就连曾国藩这位二品大员的前侍郎帮办团练，其实也是书生出身的文官。这班并非戎马倥偬的书生，通过以师生关系、同乡关系为纽带的联系，彼此气味相投，一拍即合，将原本民兵性质的湘勇团练，逐渐训练为能征善战的湘军，逐渐发展成为清朝后期一支重要的军事力量，并在日后的战场和官场上表现出惊人的凝聚力、战斗力和影响力。曾国藩以前礼部侍郎的振臂一呼，并实际领军带兵，逐渐成长成为湘军的实际领导者和代表性人物。就在曾国藩在湖南编练湘军的时候，刚刚上台的咸丰皇帝和他的一群大臣，已经被风云席卷的太平军打得焦头烂额。咸丰三年（1853 年）三月，太平军攻克南京并定都于此，清帝国最富庶的东南半壁尽被占领。一个多月后，太平军兵分两路，开始北伐和西征。是年十月，太平军西征军围攻武昌，正在衡阳练兵的曾国藩接到清廷谕令，让他"赶紧督带兵勇炮船，驶赴下游会剿"，为此，他四处咨询，按照广东水师的样式，进行湘军水陆两师的训练。

书生毕竟是书生，乍指挥起千军万马来，毕竟不像在书斋里吟诗作赋那般得心应手。曾国藩的领兵过程也充满了坎坷。1854 年春，曾国藩率领约两万人马的水陆两师，从衡阳起程开始准备东征。在长沙城休整了两天后，他率军继续向岳州出发。这时，镇守岳州的是太平天国翼王石达开的堂弟石祥祯，城内共驻扎着三万太平军。曾国藩本以为将面临一场恶战，没想到石祥祯听说他率重军出击，居然不战而逃，送给了自己一份大礼，结果曾国藩不费吹灰之力就占领了岳州城。初战告捷后，曾国藩立即上报咸丰帝。或许是因为这份胜利得来的太过容易，使得曾国藩产生了骄傲自满的情绪，一场接一场的失败随之而来。首先，占领岳州不到两个月，湘军就遭到了刚刚败去的太平军的反扑，1854 年农历三月初十，太平军重新占领了岳州,曾国藩狼狈逃出。仅仅十多天后,率军攻打靖港的曾国藩中了太平军的埋伏,眼看着辛苦编练多时的部队兵败如山倒,曾国藩心灰意冷,跳下了湘江,幸为身边的幕僚所救起。

接二连三的失败给了曾国藩以深刻的教训,此后他的带兵之路顺畅了许多,从咸丰四年(1854年)五月到七月,曾国藩相继攻克了常德、澧州和岳州,并且在经历了异常艰苦的城陵矶战役之后,平定了湖北。湖北的平定让咸丰皇帝兴奋异常,这位生于深宫之中,长于阿保之手,没有任何政务经历的年轻皇帝,面对父亲道光皇帝留下的烂摊子,刚刚即位就碰上了太平军这个棘手的战事,前线作战的大臣武将又拿不出任何有效的应对方案,一直令他愁眉不展。当曾国藩平定湖北的消息传来,咸丰帝说"真没想到一个书生能建此奇功"。

让咸丰帝意想不到的事情还在后头。1864年,这支由曾国藩和湖南乡下一班书生创立并带领的军队攻入了天京,正式宣告了太平天国运动的失败,也消除了困扰清廷多年的"心腹之患"。然而,这一切,咸丰皇帝都无缘得见了。因为,曾国藩拿下南京的那一年,正是同治三年(1864年),这一年,距离咸丰皇帝在热河避暑山庄的含恨离世,已经三年了。

三 "师夷智造炮制船"

咸同时期的清政府,除了应对国内农民起义的挑战外,还要应付国外殖民者的冲击。后者的坚船利炮,一方面让数倍于敌的清朝军队束手无策,只能被迫签订城下之盟;一方面也让一部分清朝官员开始意识到西式武器的威力,提出创办中国自己的军事工业的要求。曾国藩就是这些清朝官员中的一员。

1860年(咸丰十年)十一月,曾国藩上奏咸丰皇帝,提出"师夷智造炮制船,尤可期永远之利",率先提出创办军事工业的主张。按照他的规划,自行制造的第一步是购买,"购买外洋船炮,则为今救时之第一要务"。"购成之后，访募覃思之士，智巧之匠，始而演习，继而试造，不过一二年，火轮船必为中外官民通行之物，可以剿发捻，可以勤远略。"①可见，在曾国藩看来，向西方学习，创办近代军事工业，制造新式武器，其目的并不仅仅是为了镇压国内的农民起义，也有抵御外来侵略的考虑。

1861年（咸丰十一年）八月，曾国藩率军攻克安庆后不久，便在此地创办了军械所，一般称"安庆内军械所"，作为湘军的随军兵工厂，以生产子弹、炸弹、火药为主，并修理枪械，有技工和技师百余名。这是清朝官方兴办的第一所新式兵工厂，也是中国近代民族工业的摇篮，标志着中国军事工业从手工制造向机械制造的重大转变，是中国近代民族工业从无到有的第一步。其实对于当时西方先进的军事技术，湖南人曾国藩并不是第一个注意到的人。因为早在第一次鸦片战争时期，曾经主持了虎门销烟的林则徐就曾经提出过，战争爆发之初，他曾向美国商人购买了一艘重九百吨的轮船，改装成军舰。但是，曾国藩却是中国近代史上第一个在中国大地上建立工厂，试图学习并掌握西方先进军事技术的人。

第二次鸦片战争期间，英法联军攻入北京，焚毁圆明园，在清廷内部经历了被迫出逃和最高统治者由此客死热河的奇耻大辱之后，也开始正视这一问题。于是，一场轰轰烈烈的，旨在学习西方先进科学技术，师夷长技以制夷的洋务运动在中华大地上渐渐展开。

作为洋务派在地方的代表人物，曾国藩的安庆内军械所是当时中国现代军事技术的领导者。在这个兵工厂内，曾国藩作为总负责人，下属有技术人员和行政管理人员。技术人员都集中在其幕府内，由其集中指挥和派遣，负责具体的计划、设计、制图和指导施工，行政管理人员则由湘军军官担任。他为这座兵工厂的建设付出了很多心力，延揽了一批当时中国最优秀的科技制造人才，如华蘅芳、李善兰、徐寿、张斯桂等。对于购买外国轮船、试造演练等生产过

---

① 《复陈购买外洋船炮折》（咸丰十一年七月十八），《曾国藩全集·奏稿（三）》，岳麓书社1987年版，第1603页。

程的具体环节，曾国藩则亲自监督，甚至到了事必躬亲的地步。比如 1862 年（同治元年）正月二十一，"接周弢甫信，买洋船一只，湾泊城下，欲余登船阅看定夺"。①三月初七，"早饭后，出城至洋船一看。看毕，吩咐一番"。②四月十八日"出北门，看华蘅芳所作炸弹，放十余炮。"七月初四，看华蘅芳、徐寿等试验蒸汽机"其法以火蒸水汽贯入筒，火愈大则汽愈盛，机之进退如飞，轮行亦如飞，试演一小时"。③在曾国藩的大力支持下，1863 年（同治二年）十二月二十，安庆内军械所终于制成了一艘以单缸卧式双作用旋转式低压蒸汽机驱动的小火轮，曾国藩亲自登船试航，"船长约二丈八、九尺，因坐至江中，行八、九里，约计一个时辰可行二十五六里"。虽然行驶速度有限，但他将此看作未来火轮船发展的基础，"试造此船，将以次放大，续造多只"。④

1864 年（同治三年）九月，随着湘军攻克南京，曾国藩的幕府也由安庆迁往南京，军械所也随之搬迁。不久，在曾国藩的领导下，江宁机器局（后改为金陵军械制造局）创立。金陵军械制造局迅速着手建造比安庆军械所规模更大的轮船。1865 年（同治四年）五月，曾国藩奉命到山东镇压捻军，但仍十分关心金陵的军事实业，并自行出资进行资助。在曾国藩的支持下，蒸汽机轮船制造成功，该船装备了中国自行研制的第一台工业高压蒸汽机，在近代工业史上具有里程碑的意义。翌年，南京举行了中外记者参与的首航仪式，曾国藩的长子曾纪泽代父主持仪式。曾国藩对该船的性能十分满意，并将其命名为"黄鹄"号。该船的制成，在当时，也引起了西方世界的瞩目。1868 年 8 月 31 日和 9 月 5 日的英文《字林西报》，先后刊登了有关"黄鹄"号制造过程的报道。文章认为，该船的制成，是"显示中国人具有机器天才的惊人实例"。⑤这些成就的取得，与

① 《曾国藩全集·日记（二）》（同治元年正月廿一），岳麓书社 1988 年版，第 713 页。

② 同上书，第 727 页。

③ 同上书，第 766 页。

④ 同上书，第 961 页。

⑤ 徐泓：《"黄鹄"轮与金陵机械局的创办》，《江苏地方志》2007 年第 3 期。

曾国藩的努力是分不开的。

由于近代中国是在抵抗西方列强入侵的过程中，被动地接触到先进的科学技术，对当时的清政府来说，学习西方先进科技的首要目的是对内镇压农民起义，对外抵御列强入侵，所以，近代中国的经济现代化最为人瞩目的是军工技术的现代化，首先发展起来的也是军工技术。在这个过程中，作为中国近代民族经济和民族工业摇篮的安庆内军械所的创办人和负责人，曾国藩在其中的功绩是前无古人的。

四 江南造船厂的前世今生

江南造船厂（现隶属于中央直接管理的中国船舶工业集团公司）

创立了中国近代经济史、工业史上的许多个第一：在这里，诞生了中国第一台车床，自行建造了中国第一艘蒸汽推进的军舰"惠吉"号和第一艘铁甲军舰"金瓯"号，研制出了中国第一支步枪、第一

门钢炮、第一磅无烟火药和第一炉钢。新中国成立以后，这里又相继研制出中国第一艘潜艇、第一艘护卫舰，还有我国最现代化的导弹驱逐舰和为中国航天事业做出突出贡献的"远望"系列航天测控船，为中国民族工业的发展做出了巨大的贡献。

这家在中国经济现代化的历史进程中发挥了重要作用的企业的创办，同样也与曾国藩有着密不可分的关系。

多年的戎马生涯和战争中的耳闻目睹，使得曾国藩对西方先进科技，以及中国在这方面的差距有着切身的体会。1863 年，他邀请曾在美国留学的容闳到安庆会晤，双方一谈就是半个小时，数日后，百忙之中的曾国藩又第二次和容闳面谈。正是在这次谈话中，双方认为，"若以为今日欲为中国谋最有益最重要之事业，应先立一母厂，再由母厂以造出其他各种机器厂"。两年后，当接受使命，赴美购买机器的容闳第二次回国时，曾国藩联合当时也在兴办军事实业的李鸿章一起，整合已有的松江洋炮局、苏州洋炮局、金陵军械制造局等军事企业，奏请设立"江南制造总局"，厂址设在上海。

同治四年（1865 年），清政府所举办的规模最大的近代军事企业，包括机器厂、铸铜厂、铸铁厂、炼钢厂、轮船厂、枪炮厂、火药厂等在内的江南制造局成立，它就是今天"江南造船（集团）有限责任公司"的前身。曾国藩对"江南制造总局"的建设投入了很大的精力。同治七年（1868 年）闰四月初十，他行至上海，驻铁厂，查阅轮船洋炮工程。八月十三日，中国自行制造的第一艘载重 600 吨的明轮兵船驶至南京，曾国藩登船试行至采石矶，十分满意，并将其命名为"恬吉"，取"四海波恬、公务安吉"之意。其后，江南制造总局又相继制造出了三艘轮船，分别由曾国藩命名为"威靖"、"操江"和"测海"。曾国藩寄望这些轮船以巩固江海防务、提升国防水平的心情，可见一斑。

江南制造局能造船、造枪炮，生产制造能力在国内领先，关键在于直接引进了当时国际先进、国内属于空白的制造机器的生产设备，所谓的"制器之器"。容闳从美国购进的机器，不是直接生产枪炮的专门机器，而是工作母机。凭借这些母机，加上原属虹口的一部分机器，机器厂具备了制造机器的能力，制造了生产枪炮的专门机器，制造轮船所需要的车床、刨床和钻床，以及起重机、抽水机和汽炉机，这在当时处于萌芽状态的中国机械工业中堪称领先。

当时，清政府刚刚扑灭了太平天国起义和捻军起义，又和英法等国签订了《北京条约》，并开始向西方购买机器、洋炮，与这些曾经侵略过自己的敌人建立了关系，暂时获得了一个较为平静的国内外发展环境。于是，统治阶级内部的一些人士开始鼓吹"同治中兴"，以为清王朝和整个中国又重新回到了太平盛世。

但曾国藩的目光更为长远。作为洋务运动在地方的代表人物，在他看来，建立一两家能够制造洋枪洋炮的兵工厂并不是这场运动的核心目的，要实现国家的富国强兵，不仅要学习西方人的技术，还要学习西方人的学问。于是，在他领导的江南制造局内部，不仅有制造西式武器的兵工厂，还有引进西学的翻译馆。

毕生从事西方科技书籍翻译的徐寿，当时就在曾国藩的幕府内。他深知翻译西书的重要性和迫切性，一到江南制造局，就向曾国藩提出四条建议，其中第一条就是翻译西书，以探求西方科学真谛。于是，在曾国藩的支持下，江南制造局总办冯焌光、会办沈保靖等和徐寿一起，聘请了旅居上海的英国学者傅兰雅、伟烈亚力，美国学者玛高温等参加译书工作，从1867年下半年到1868年上半年，先后翻译出《汽机发轫》、《汽机问答》、《运规约指》和《泰西采煤图说》4部与机器制造密切相关的西书。当这批西书的中文译稿送交曾国藩审阅时，他不胜赞赏，兴奋不已，遂正式上奏朝廷开办翻译馆。在1868年10月写给两宫皇太后和同治皇帝的奏折中，他说："拟另立学馆以习翻译。盖翻译一事，系制造之根本。洋人制器出于算学，其中奥妙皆有图说可寻，特以彼此文义扞格不通，故虽日习其器，究不明夫用器与制器之所以然。"

正是在曾国藩这种对西方现代技术不仅要知其然，还要知其所以然的思想的指导下，建立翻译馆后的江南制造局更加重视翻译西方科技书籍。据统计，从1868年到1904年，一共翻译、出版西书159种，共1075卷，包括数学、物理、化学、天文、矿物、地质、医学等当时西方现代科技的方方面面。特别需要指出的是，江南制造局翻译的这些西学书籍，不仅指导了当时局内的生产制造实践，也对中国近代科技、学术的现代化有着深远影响。比如，现代数学中最重要的概念之——概率论最早被引入中国，就是在江南制造局翻译出版的《决疑数学》（10 卷）中。1903—1905 年译刊的日本《物理学》三编，则在中国第一次提出了"物理学"的专用名词。另外，1872 年译刊的《化学鉴原》，第一次用中文介绍了化学元素表，所用汉字表达元素符号，一直沿用至今。1883 年译刊的《化学考质》、《化学求数》，则是中国出现的第一本定性、定量化学分析著作。

五　"制器之器"与"制器之人"

在创办西式兵工厂，学习西方科学技术的同时，曾国藩还十分重视现代科技人才的培养工作。他认识到，中国要想与西方国家并驾齐驱，必须学习制造外国利器，而要造出先进的外国机器，不仅要引进外国的"制器之器"，还要培养自己的"制器之人"。

早在创建安庆军械所时，他就开始极力访募"能当其事"的科技人才。他告诫部下："求人之道，须如白圭之治生，如鹰隼之击物，不得不休。"在曾国藩的感召下，他的幕府一时云集了当时中国许多著名的科技人才，如数学家李善兰、科学家徐寿、华蘅芳等都是此时慕名投奔的。李善兰一到安庆便拿出自己翻译的《几何原本》请曾国藩帮他刊刻，曾国藩明确表示支持，且亲自为他校刊，又让自己的儿子曾纪泽为《几何原本》作序。鉴于资料缺乏、实物难觅等实际困难，曾国藩又送他们到当时清政府购买的外国轮船上去考察、学习。在曾的鼓励和支持下，徐寿、华蘅芳等"潜心研究"数月，终于制成了中国近代第一台蒸汽机模型，其结构、性能与当时西方国家的往复式蒸汽机相差无几。蒸汽机试制成功后，徐寿、华蘅芳等人于 1863 年夏研制成一艘木壳小轮船，由于初次制造，经验不足，加之材料奇缺，各项工艺技术不过关，以致"行驶迟钝，不甚得法"。曾国藩并没有责难他们，更没有因此而放弃努力，而是给予他们以充分的理解、更大的支持。正是在他的理解、鼓励与支持下，技术人员反复试验，攻克了道道难关，先后制造出了"黄鹄"号、"恬吉"号、"惠吉"号、"操江"号等新式轮船。

容闳是近代中国第一位留学生，也是一位在西方教育背景成长起来的具有爱国思想的知识分子。他曾把实现自己向西方学习、建立强大的国家的希望寄托在太平天国领导人身上，然而，由于种种原因，那些农民领袖们虽然赞赏他的计划，却无意在自己的统治区域内实现其梦想，只是给予这位洋博士一个四等爵位的虚衔。于是，满怀报国之情的容闳转而投奔了曾国藩。曾国藩很快接受了容闳的建议，选派聪颖幼童出国，资助他们接受西方的教育，为国家培养具有现代化知识，具备高素质的科学技术人才。

1871年9月，这项提议终于得到了清廷的批准。第二年，第一批幼童得以从上海起程出国。根据曾国藩的规划，按照这项人才培养计划，每年从沿海各省选出30名年龄在十三四岁至20岁的聪慧幼童赴美，连续选派四年，共计120名幼童。先入美国一般学校，再入军事院校或船政院校，连续在美学习15年，以期学到真本事，回国时30岁上下，正是可以为国效劳的年纪。而这些当年的少年也没有辜负曾国藩的希望，他们中有50多人考入了哈佛大学、耶鲁大学、哥伦比亚大学、麻省理工学院等美国著名大学，涌现出了著名的铁路工程师詹天佑，还有民国第一任总理唐绍仪（唐廷枢的侄子），清华大学第一任校长唐国安（唐廷枢的儿子），天津轮船招商局总办、著名实业家周寿臣等一大批人才，开官派留学生之先河，为日后的人才培养创下了范例，为中国的现代化打下了最初的人才基础。

遗憾的是，第一批留美幼童尚未出国，1872年3月，曾国藩在南京去世，没能亲眼看到这些他亲手选拔的人才学成归来，但他在这项留学运动中所做出的贡献是不能否认的。

1872年（同治十一年），曾国藩在南京去世，清政府赠太傅，谥号文正，入祀京师昭忠、贤良两祠。曾国藩所举办的军事实业，对中国近代的工业发展有着深刻影响，容闳后来说，"世无文正，则中国今日不知能有一西方机器厂否耳"。①对曾国藩在中国现代化发展历程中的业绩给予了高度评价。

如果我们将近代中国的历史比作一幅画作，那么，曾国藩就是在这幅画作上涂抹了一笔最为浓墨重彩的那个人。这是因为，在近代中国人探索抵御外侮、富国强兵的道路上，曾国藩和他所倡导的洋务运动是开先河的探路者。由于中国是在鸦片战争以后，由于西方列强的入侵，在外力的刺激下，被动地接受着西方的先进技术，这种伴随武力而来的西方先进的器物和制度，与中国古老的文化形成巨大的反差。先进的人士逐步开眼看世界。作为晚清重臣、洋务运动的开先河者，曾国藩逐步认识到闭关锁国无益于国家、民族的进步，更无益于巩固清政府自身的统治，于是开始向西方学习，从而开启了中国民族工业走向近现代化的进程。

虽然"师夷之长技以制夷"的著名主张并不出自曾国藩，但他却将自己这位湖南老乡的思想主张贯彻到了实地。随着洋务运动的开展，曾国藩的思想和实践超过了林则徐、魏源的主张，于是不仅有了近代的军事企业、按照西方军制建立的新式军队，也有了民用企业和学校、留学生，尤其是有了近现代的意识，有了对自己固有文化的反省，因而就有了迈向近现代化的觉悟。应当说，洋务派开启的器物层次的近现代化，不能简单地以成功或失败来进行判断。从中国现代化的进程来看，它是必经的初期阶段，是有成效的。虽然今天某些论者非议它在中日甲午战争中的不堪一击，也没能阻止中国社会的进一步沉沦，但19世纪60年代开启的器物层次的近现代化，奠定了中国早期现代化的基础，在一定程度上改变了中国社会的面貌，为20世纪后中国的现代化进程作了铺垫。②

① 李鼎芳：《曾国藩及其幕府人物》，岳麓书社1985年版，第61页。
② 王继平：《论曾国藩的现代化意识及其意义》，载《曾国藩研究》第1辑，湖南人民出版社2007年版。

刘坤一　近代中国东南经济现代化的推动者

　　刘坤一是湘军晚期的代表人物，也是洋务运动后期的代表人物，是晚清政坛风云人物，更是晚清中国经济现代化的强力推动者。抚赣十年，以传统经世之术"经旧世"，兴利除弊，薄敛轻徭，休养生息，重建江西的政治秩序、经济秩序、社会秩序。督两广，面对中外通商的现实，本着经世致用的原则继续向前迈进，在洋务运动中学步，成为中国最早对外开放地区现代化的变革者。三督两江，推动洋务复兴，成为江南维新改革成果的维护者，成为东南前沿地区现代化最有力的推动者。谋划"江楚三奏"，达到了他人生中推进中国现代化的高峰，影响着此后中国历史的进程。

　　刘坤一是在中国现代化中留下自己特定印记的一个特定人物，注定是平凡又不平凡的。说其平凡，他不过是一个久任地方督抚的人物而已。说他不平凡，无论是总督两广、两江，都是处在中国经济现代化最早最快的前沿阵地，期间推动洋务复兴，抗旨维护江南革新成果，筹划东南互保，谋划新政变革，事事名闻天下，件件惊心动魄。

一　经世之学影响了一生

刘坤一（1829—1902），字岘庄，新宁人，1829 年（道光九年）出生于新宁金城里一个乡村知识分子家庭。此时，新宁金城里刘家五房合族而居，为当地一个颇有地位的书香门第，是所谓"家世儒业，代有闻人"的大族。父亲刘孔浚，新宁县学生（秀才），曾为塾师，且以孝闻于乡里，与曾国藩有交往。

刘坤一生长在这样一个家族里，接受传统教育，接受湘学，比一般农家子弟更为便利，也受影响很深。刘坤一的父亲没有金榜题名，这是他人生的一大遗憾，自然而然地将金榜题名的希望寄托在刘坤一身上。所以不管家庭如何变化，时局如何变化，甚至当太平军席卷湖南之时，也一再令刘坤一安心读书。

刘坤一也不想辜负父辈的期望，对金榜题名的渴望，促使他寒窗苦读。青灯黄卷，其中的酸甜苦辣，在日后许多年之后，仍耿耿于怀，"敢嫌陋室暂停装，小小窗棂短短床，坐到夜深灯味好，依稀犹记读书堂"。虽然寒灯苦读，也通过了童子试，中了秀才，成为了廪生。然而，刘坤一的科举之路就此止步，此后乡试屡屡不中，只得像他的父亲一样做了一名家庭教师。

虽然刘坤一考试屡屡碰壁，但是早年的教育，尤其是那时盛行的经世致用思潮影响了他的一生。

传统湘学发展到近代，其最为重要的变化就是继承和弘扬了经世致用思潮，并把它发展到了一个新的高度。陶澍、贺长龄、魏源、邓显鹤、唐鉴等一批湖湘人士首先推动了湘学向近代转换，以曾国藩为代表的湘军人物则将湘学带到了全国各地，从而将近代湘学推向了一个新的发展阶段。还有岳麓书院、城南书院，更是湖南经世思潮的中心，湘系经世人物多数出自岳麓书院和城南书院，因此通过岳麓书院、城南书院师生的传播，湘学不仅在湖南造成了人文荟萃的局面，而且远播大江南北。

刘坤一的父亲是曾国藩的朋友，又是一个塾师，自然影响了刘坤一的成长。刘坤一的族亲刘长佑是岳麓书院的学生，早年数度在岳麓书院、城南书院学习。岳麓书院山长丁山庆对刘长佑"大器之，勖以经世之学"①。讲求经世致用是刘长佑学问的一大特色。刘坤一早年长期跟随年长自己的族侄刘长佑读书，"深获严惮切磋之益"，通过刘长佑的言传身教而受到经世致用思潮的影响。刘坤一成为湘军将领后，面对世变，如同其他湘军将领一样，也实现了从经世致用到向西方学习的转变，使湘学具备了在近代社会历史条件下的新内涵。

湘学经世思潮的基本底蕴是积极入世的价值观、笃行实践的实干精神和爱国主义精神。在面对近代社会矛盾和民族矛盾尖锐激化时，湘学经世思潮表现得千姿百态，而其最重要的就是既继承了传统的爱国主义精神，又积极倡导向西方学习。就刘坤一而言，受经世思潮的影响，积极入世而获得升迁并觅官封侯，不仅是家族所望，地方所望，也是个人实现人生理想最便捷的途径。遗憾的是，刘坤一早年的求学生涯没有实现这一目标的可能。但是，刘坤一的入世精神是远远超越常人的，当走科举之路无望时，他断然另谋出路。

非常之世，必有非常之机会。刘坤一虽然没有能够通过科举正途取得成功，却冒出另一个机会，通过"异途"进身封疆大吏。

太平天国运动爆发后，社会的大动荡给了刘坤一另谋仕途的机会，"从来乱世见真才"，"儒冠抛弃觅封侯"，正是刘坤一自身当时心情的写照。1855 年，已成为湘军悍将的族人刘长佑率楚军回援新宁，急召刘坤一入营。刘坤一投入湘军楚勇，开始了戎马生涯。

应当说，刘坤一经世致用思想，以"觅封侯"为动力，以治国平天下为目标，相继参与了湘军驰援江西、回救湖南、支援广西的战役，以及在闽粤赣桂边界与太平军余部的交战，成为湘军中的后起之秀，成为湘军中能征善战的悍将。在征战中，刘坤一屡被提升，

---

① 邓辅纶、王政慈：《刘长佑年谱》，载《湘军人物年谱》（一），岳麓书社 1987 年版，第 319 页。

由教谕、知县、知州和知府，到广东按察使、广西布政使，后又先后任江西巡抚、两江总督兼南洋通商大臣、两广总督，1890 年再任两江总督兼南洋通商大臣。刘坤一自江西开始，20 余年，在晚清政坛可谓叱咤风云。应该说，刘坤一在经济方面的作为，主要是从任江西巡抚开始的。这一年是 1865 年，10 年抚赣的历程由此起步。

赣抚时期，是刘坤一政治事业的初创时期，也是他政治思想的奠基时期。此时，正是沿海洋务运动在中国兴起发展之时，但在这 10 年中，刘坤一却未涉任何洋务，他只是力图休养生息，以稳定江西，即所谓“经旧世”。大战之后，必得休息，这是传统政治运行中的统治之术。从客观上看，由于僻居内地，且忙于军务，地方兴利除弊成为头等政治目标，故刘坤一无暇接触和领会新思想、新事物。主观上看，刘坤一成长于闭塞而又民风强悍的湘西南的邵阳，不怕死、不畏难、不服输的“宝古佬”气概染之全身。基于这样一种文化精神底蕴，苦读儒家之书的刘坤一崇尚休养生息的执政理念，志在重建江西的政治秩序、经济秩序、社会秩序。因此，整饬吏治、薄敛轻徭的传统统治政策得以在江西推行，使刘坤一获得了“能吏”的美名。

此时的中国已经进入了一个非常时代，时势的变化，经世思潮的致用性——强烈的实用主义倾向，迫使刘坤一开始认识到西方的坚船利炮（科技）对于国家的作用。

1868 年，刘坤一派人到上海购买洋枪洋炮训练营勇，这就说明他已经开始正视洋务，开始正视现实，务实地看待社会的变化与时代的需求。

1875 年 1 月 12 日，刘坤一被命署两江总督。19 日又署南洋通商大臣。3 月 13 日，他抵南京就任，仅及半年，9 月 1 日又实授两广总督，并于 1876 年 1 月 17 日抵广州接任。署两江及督两广，不仅在政治地位及权限上大大超过江西巡抚，还要掌管着“通商”、“交涉”事务，时代迫使他重新审视这个世界。上海是中外商贾会集之处，有洋务派开办的诸多新式企业，如江南制造局、轮船招商局等，也有一些外国人所办的工厂，这无疑为他认识新式经济提供了感性基础。从此，刘坤一开始了在洋务运动中学步的过程。

具有经世思潮让刘坤一在"经旧世"中获得"能吏"的好名声，也同样能使刘坤一可以在时局变化中"创新世"。

二 中国最早对外开放地区的变革者

同光之交，洋务活动渐入高潮，清政府对办军火工业及练新式海陆军的态度较以往更为积极。刘坤一署两江总督，按照清制，两江总督例兼南洋通商大臣，执掌中外交涉之总务，专辖上海入长江以上各口，兼理闽粤浙三省。这对已初具洋务思想的他来说，无疑会成为一个打开眼界、对中外大势加深认识的机会。不唯如此，此时的两江治所南京，特别是两江属下上海的繁华，更非闭塞落后的江西能望其项背。①形势的逼迫和实际政务中与洋务接触的增加，刘坤一自觉不自觉地对洋务潮流进行了观察与认识。

他先乘轮船对长江防务和江南制造局进行了巡视，并在江南制造局留驻了两天，视察了该局所造出的各种枪炮及其设备，对早期近代机器工业有了感知。考察江南制造局后，刘坤一提出了关于办洋务企业的"借材"思想。近代上海开埠后，其人口主要由三部分构成，即上海的土著、来自东南沿海的客籍和外国人。上海土著有着吴越传统的性格温顺、心灵手巧和长于手工艺的特性，东南沿海的客籍有较强悍的天性、冒险精神和在长期贸易交往中积累的同外国人打交道的经验，来自国外的工程技术人员和管理人员则有较为先进的技术和管理方法，这些共同构成了上海早期发展现代企业的人才优势。而洋务派在开办江南制造局等企业时，即不自觉地运用了这一优势。刘坤一在视察江南制造局后对此深有感触，他认定："设局制造，首在借材。上海为中外辐辏之区，技能之士鳞萃。取长

---

① 崔运武：《中国早期现代化中的地方督抚》，中国社会科学出版社 1998 年版，第 60 页。

去短，遴择易施。"①"借材"这一用语为刘坤一首创，此后不仅刘坤一遵循这一指导思想，而且认为这是发展洋务企业的首务，其他洋务派也运用了这一思想，推动着洋务运动的发展。②刘坤一接任两江总督后，开始广泛阅读沪上报刊书籍，与洋务派官员书信往来，请教、讨论如何进行洋务活动，逐渐形成了自己的洋务行动方略。依照刘坤一的个性以及他对现代化的初步认识，此时的刘坤一是谨慎小心地办洋务，尚处于试水阶段。

1876年，刘坤一到广州就任两广总督。广东是中国近代对外通商最早的地区，也就是中国最早对外开放的地区，对外交涉事务特多，加上香港、澳门事务，更是繁杂，面对如此繁杂的"交涉"、"通商"事务，刘坤一在一定意义上被身不由己地推到了社会变迁的前沿，虽然身不由己，但刘坤一却能很快适应变革的浪潮，成为中国对外开放最早地区现代化的变革者。

1876年4月，已任两广总督的刘坤一在致友人的信中认为，"洋务为最要"，③办轮船公司"自系富强之至计"，④"专设一局造洋枪，成为当今要着"。⑤刘坤一一方面谨慎，一方面又跃跃欲试，开始官办洋务企业的实践。在粤督任内，刘坤一接办了广州机器局，开办了广州火药局，购买了黄埔船坞。

广州机器局是两广总督瑞麟1873年倡办的，开始设于广州文明门外聚贤坊，1874年又在增步创办军火局。1876年，刘坤一接办了广州机器局，开始在规模上和一些重要的管理制度上谋求改进。刘坤一促进广东新式军事工业发展的另一个大举措，是他坚持必须按"新"的报销制度进行管理。

广州机器局奏准开办后，户部和工部随之规定"将用过经费银

----

①　《刘忠诚公遗集·书牍》卷十二。

②　崔运武：《中国早期现代化中的地方督抚》，中国社会科学出版社1998年版，第64页。

③　《刘坤一遗集》（四），中华书局1959年版，第1800页。

④　同上书，第1807页。

⑤　同上书，第2516页。

两，逐款详细分析开报"，特别是规定所有一切军火、什物等件，
"务须尊节，核实采办，专案造册，送部核销"，①即要求广州机器局
从人员、设备到日常用度等，必须按照以往户、工部军器则例、工
程做法来列案报销。这种核销制度是不利于近代军火工业经费报销
管理的。

1878 年夏，刘坤一在广州机器局制造 14 艘小轮船完工后上奏朝
廷，表示要改变旧的核销制度，采用新的报销制度。他上奏说这些
船是仿造外洋式样，所用机器和材料全部购自外洋，"各项价值，并
无例案可循"，所以"业已查照奏案，在于洋药厘金项下清款"。②刘
坤一的先斩后奏，清廷只能迁就。而此次报销成功后，刘坤一进而
要求更改户、工部对广州机器局的报销规定。他正式上奏称机器局
的一切工料式样做法，均已与部定军器则例、工程做法不同，所以
"按照例定工料，造册报销，必于实支经费数目，不克相符；若迁就
例文通融开造，又非核实办理之道"，要求实行"据实开单，专案详
情奏销"③的方法。刘坤一所请是洋务官办军火企业势在必行之事，
朝廷自然只有准奏。从一定意义上说，广东军事工业向现代化方向
发展的一个重要羁绊被解除了。1875 年，刘坤一正式开办的广州火
药局也是照此报销制度实行的。广州火药局本在 1874 年由巡抚张兆
栋创设于广州城外，刘坤一抵任后，尚在兴建中的该局却在停工待
料。刘坤一对此局的设立大为推崇，令一切经费从善后总局筹支，
从而加快了兴建速度。1878 年夏完工后，刘坤一依奏准的新的报销
方法，据实开单报销了 7.4 万余两兴办费，并以新的报销制度为基
础，令"将洋枪、洋炮所配火药，依照样式，陆续制造"。④从而使
火药局成为广东的又一大新式军火工业。从历史进程看，作为一项
与新式军事机器工业这一新的生产方式相适应的管理制度，这种新

① 《刘坤一遗集》（一），中华书局 1959 年版，第 463 页。
② 中国近代史资料丛刊《洋务运动（二）》，上海人民出版社 1961 年版，第
372 页。
③ 《刘坤一遗集》（一），中华书局 1959 年版，第 463—464 页。
④ 同上书，第 465 页。

的报销制度是有利于近代军用工业和民用工业的。①

1876 年 10 月，在经济拮据之时，刘坤一毅然决定购买黄埔船坞，以便将来扩充机器局，造大船大炮。

黄埔船坞又称柯拜船坞，本为英国大东轮船公司于 1845 年派柯拜到广州租中国船坞扩建而成，是英国在广州最早的船舶修造业。在刘坤一抵粤时，已发展成为黄埔船坞公司，可修 5000 吨之船，附近还有石坞一所，可修 3000 吨之船。而且还附设锅炉厂、机器厂、木模厂、货仓等，是当时广州最先进的以修造船舶为主的大型近代企业。由于该公司决定全力经营香港业务，急于出卖船坞及设备。刘坤一抵任后，鉴于广州机器局设于省城之中，工匠不多，地方窄狭，不利于向制造大批枪炮及较大型船舰方向发展，于是决定购买黄埔船坞以备用。经多方讨价还价，刘坤一利用对方急欲出手的心理，于 1876 年 10 月终于以 8 万元买下船坞。购买黄埔船坞，就船坞已有的规模及附属设备而言，也可谓做了一笔合算的买卖。这一举动对广东的整个近代军工生产乃至近代机器制造业的发展是有利的。就当时在全国而言，正由于黄埔船坞的规模和设备均居近代机器造船修船业的前列，因此，后任者张树声、张之洞等，正是基于此基地施展过他们扩充粤海军的宏图。甚至于 1881 年李鸿章要求购置铁甲舰，言及维修事宜时还说："至铁甲舰到华以后，修船须有坞基，上海及广东黄埔船坞吃水二十尺以内之船尚可设法修理。"②

在购买黄埔船坞后，刘坤一曾有制造大量木壳兵轮的计划，但只是造出了海长清号炮轮，执中、镇东、缉西三只缉私火轮及 14 只巡江用的小轮船。不过利用黄埔船坞仿造蚊船，却是刘坤一在制备船舰方面的得意之举。1877 年至 1879 年间，李鸿章向英国订购蚊船，在朝廷内外引起了轰动。1879 年 12 月，上谕令广东等省"均须酌备蚊船"，但刘坤一不愿执行这一购蚊船的上谕，而是提出了仿造

①　崔运武：《中国早期现代化中的地方督抚》，中国社会科学出版社 1998 年版，第 85 页。

②　中国近代史资料丛刊《洋务运动（二）》，上海人民出版社 1961 年版，第 442 页。

之请。即由粤省自行仿造，船身用铁骨木壳，装后膛炮，以所购黄埔船坞的机器和场地进行仿造，而且所有仿造的蚊船将来还可以随时修理，这样可不费巨款，不依靠外洋。1881 年，第一艘船完工，耗资 3.4 万两。此时，刘坤一已调任两江总督。接任者张树声说所造之船工坚料实，"洵足以资备御"。①刘坤一这种以造代购的方法是有一定远见的。

刘坤一督粤期间，对广东近代军事工业的促进作用是至为明显的。在任期内，广州机器局、黄埔船坞、广州火药局这三个军工企业已呈现出一个整体的趋势。1885 年后，张之洞正是在此基础上，组建了广东机器局这一当时堪称大型的新式机器企业。

尽管刘坤一对近代企业的涉足是从军工企业开始的，但是他接任粤督时，整个洋务运动开始由"求强"向"求富"转化，客观形势使刘坤一在办军工企业时，也向民用企业进军。刘坤一认为"西学馆、招商局及开办煤矿"，均为当务之急。综观他在粤督任期所为，除了开煤矿未果外，在西学馆和招商局上均有实际行动和一定效果，而且将两者还结合了起来。

刘坤一在购买黄埔船坞时，即将"开设西学馆"，培养新型人才提上日程，但由于"难筹巨款"，几近一年没有开办起来。1877 年，刘坤一捐出为官多年的"余资"20 万两白银，以 15 万两筹办轮船招商局广东分局，以 5 万两办赈济。其中 15 万两投资招商局广东分局所获利息则用于开办西学馆，从而"一举两得"。遗憾的是，上述促进招商局广东分局发展和以利息捐资兴学的计划，在刘坤一督粤期间并没有实现，原因是清政府将他所捐之银借为赈灾款，调往山西、陕西救灾去了，在他督粤期间并未归还。尽管刘坤一在资金上没有真正给招商局广东分局以支持，但在业务拓展方面，是颇有帮助的。1879 年 8 月，招商局广东分局主办唐廷庚要求准派招商局广东分局"合众轮"搭客前往檀香山，开辟广州到该地的航线，刘坤

---

① 中国近代史资料丛刊《洋务运动（二）》，上海人民出版社 1961 年版，第 514 页。

一认为此"一举数得"，既可分外洋之利，又可周知各国形势，还可少拐贩等弊，并可察看该处华民情形，因此"经许之"。10 月 19 日，"合众轮"试航檀香山，载客 400 余人，客运收入约 2 万元，为中外所瞩目。正是粤督刘坤一这一积极支持，招商局开辟了当时中国航运业中最长的外洋航线。1879 年，刘坤一还派李炳彰到越南设立招商局分局，由于越南担心引起法国人干预，最终没有允许。可以看出，刘坤一督粤期间对现代民用企业是积极支持的。

三 东南前沿地区现代化最有力的推动者

1879 年 12 月 27 日，刘坤一被实授为两江总督兼南洋通商大臣。1880 年 7 月 13 日抵南京接任，开始了他的二督两江。刘坤一在二督两江任上，主要精力放在实施浚黄导淮工程和筹办江防上。在实业方面，主要贡献在于配合李鸿章修了津沪电讯线和筹资开办了金陵火药局等事项。

洋务运动后期转到"求富"阶段后，架电线、开矿山可说是当时最为热门的事项。1880 年 9 月，刘坤一抵两江任所后不久，李鸿章以中俄伊犁条约的通讯为例，以电报有利防务、便利通讯为由，奏请敷设天津到上海的电线。架设电线不仅花费远较铁路少，也不太可能像铁路一样占地宽长，所以李鸿章设电线之请于 16 日上奏，到 18 日就批准了。这样，配合李鸿章完成这一沟通南、北洋通讯的电线架设，成了两江总督刘坤一的一项主要政务。

在刘坤一看来，电报的功用很多，可防夷，也可巡防弭灾，还可商用民用，因此不但支持李鸿章，而且要求"从速兴工"①。在动工之前，为了使"江宁、上海音信易达，即南北洋大臣衙门亦复呼吸相通"②，经与李鸿章函商，议定架设镇江到江宁的电线，使这一

---

① 《刘坤一遗集》（五），中华书局 1959 年版，第 2492 页。
② 《刘坤一遗集》（二），中华书局 1959 年版，第 665 页。

由天津出发，循运河，越长江，经镇江而达上海的线路，扩大了通讯覆盖面。

1881 年，津沪之间的电线架设全线动工后，刘坤一一面积极安排镇江至南京段的施工，派金陵制造局的道员龚照瑗主持，并由南洋属下的军需局负责架设电线的成本费，从南洋海防项下支付日常费，计架线约 160 余里；另一方面，他在津沪线所过辖区内，分饬徐州、淮扬、常镇、苏松四道，选派专人负责，同时派兵伺应，保护工程的实施，并拨出看护专款责成各巡厂认真看护已成之线。这一全长 3000 余里的津沪线加上 160 余里的镇宁线，在南北洋合作下，于 1881 年 4 月动工，11 月便全线竣工，12 月投入了使用。

1881 年，两江总督刘坤一还筹办了金陵火药局。他委托瑞生洋行，瑞生洋行又转托英国军火商黑鲁洋行，向英国某工厂订购了每日能选 1000 磅的全套机器，又聘来了洋行的波列士哥德负责设计并监督制造。金陵火药局自 1882 年兴工，至 1884 年建成。全厂四周有 12 英尺的高墙环绕着，有 8 个 45 英尺至 80 英尺的高烟囱，有 4 架 10 马力至 25 马力的机器，有锅炉 6 个，抽水机 6 部，厂中还挖有一条小河。火药局开办费用，包括建厂经费和购买机器费用共约 18 万余两，常年经费为 4 万两，到 1886 年增为 5.2 万两。虽然 1881 年 10 月 28 日刘坤一被罢免归里，但金陵火药局此时已筹设成功，开办只是顺理成章之事。应当说，金陵火药局也是刘坤一在二督两江任上办的一件军事工业的大事。

1890 年 11 月 22 日，罢免近 10 年的刘坤一被清廷重新任命为两江总督，25 日又兼南洋通商大臣。1891 年 4 月在南京正式接任，开始了三督两江的历程。此阶段并无创办实业之举。1894 年中日甲午战争爆发，在战火烧到中国本土的严重形势下，12 月 28 日刘坤一被任命为钦差大臣。刘坤一在整个甲午战争期间的反侵略十分坚决，主观上也相当努力，尽管他是早年的湘军悍将，也是此时硕果仅存的湘系元老，但客观效果却大打折扣，战争失败了。战争的失败刺激了他，震动了他。经历了血与火的甲午战争的刘坤一，切实而又迫切地感到了"不思易辙改弦",则"终无实际"。①晚年的刘坤一反倒步入了一个他此前不曾有过的求奋进、求开拓的时期。甲午硝烟刚刚散去,回任两江总督的刘坤一便提出了洋务新方案,内容涉及经济、军事、文化教育等领域,其洋务思想呈现成熟性的特点,其经济行为则体现出符合时代要求的显著特征。

首先,适时而发,以致用为原则。洋务后期,刘坤一提出了以铁路、矿务为核心,以铁路为入手之端,进而带动工业发展等的总体方案,目的在于求富强。刘坤一认为,采矿和兴修铁路是富强的两条重要途径。甲午战争后,刘坤一多次上书朝廷,认为:"铁路原为运兵运饷,目前则急在生财,百货流通,其利犹小,惟各省矿产甚多,为我自然之利,取之不尽,用之不竭,生财之道,无逾乎此;然非有铁路,则矿务不能畅行。"②很明显,刘坤一在此指出了铁路和矿务不仅是生财之道,而且相互促进。将中国经济的发展置于近代交通和近代矿业的兴办上,刘坤一的认识无疑是正确的。同时,刘坤一进一步将交通和能源联系起来,他说:"开办之始,即可兼办煤铁等矿,以供干路、支路之用。"③刘坤一甚至有一个全盘计划,即从修造铁路入手,带动整个矿务、工业的发展,可增加财税,富强国家。

其实,在甲午战争之后,列强将对中国经济侵略的重点,放到了铁路、矿务和银行等行业上,以便控制中国经济的要害部门;而另一方面,由于清政府鼓励民间投资设厂,国内的民族资本就呈现新的增长。因此,国内对交通发展的需求,对煤、铁等能源和金属矿藏的需求量是逐步增加的。作为统治集团一员的刘坤一的上述以路、矿为核心,以铁路为入手之端的总体变革方案,的确在客观上适应了中国资本主义发展之需求,同时也有同列强针锋相对的民族性,适应了此时中华民族反侵略的需要。

其次,坚持循序渐进,徐图自强。刘坤一为政历来稳重、谨慎,

---

① 《刘坤一遗集》(二),中华书局1959年版,第878页。
② 同上书,第890页。
③ 同上书,第883页。

从不操之过急而轻试纷更。如，早在 1875 年，他在写给何棣山的一封信中指示开煤矿、置铁炮，都应该先行试办，再分别指定地方数目。1896 年，刘坤一建议修建芦（沟桥）汉（口）铁路，并提出了分段进行的意见。要求待芦汉铁路修成后，再将其经验推广全国。

第三，鲜明的借资思想。刘坤一的借资思想包括借民资和借外资。

应当说，早期的刘坤一思想是比较保守的，"亡国灭种"的忧患，尤其对外人是有极强的排斥思想的，由此而产生的对与西方有关的东西的疏远，无疑在客观上延缓了刘坤一对西方科技认识的进程，更不用说同西方进行某种程度的合作了，这在刘坤一 10 年抚赣时期表现得尤为突出。

然而，激烈动荡与多变的时代，西方坚船利炮显示出来的科技的先进性，"师夷之长技以制夷"的近代应世方略以及在两江、两广任上的见识，使刘坤一急于寻求出路，一改以往"调和"、"中庸"的处事方式，可以说是以一种近于爱恨交加的复杂心态对待自己的民族文化和外来文化。时代洪流裹挟着刘坤一前行，前行中刘坤一又主动随时代蜕变。除了对西方科技的欢迎之外，利用外资或说借取外债甚至合资是洋务后期刘坤一思想的重大转变。如修筑铁路，刘坤一认为应当设立铁路公司，"责成公司筹款"。特别是因"中国富商较少，刻难集腋成裘，非借款外洋焉能创此非常之业？"刘坤一还着重分析借债筑路的可能性。他认为"西人知中国铁路利厚，将来可以同沾，订借巨货，当易集事"。在借债筑路问题上，一定要遵循"权柄仍在中国，使彼无所挟持"的原则。①这样，借外债兴办中国实业，既弥补了中国资金的不足，体现了灵活变通的经世风格，又避免了主权的丧失，显露出鲜明的自主意识。

中外合资是刘坤一涉外经济思想的另一重要观点。这主要体现在修筑铁路问题上。刘坤一设想"兼招中外股资"，而一旦铁路中有外资，则有可能利用外资的信誉争取到民资，因为"股本既有洋人，

---

① 《刘坤一遗集》（二），中华书局 1959 年版，第 884 页。

局章自照西法，风声一树，莫不乐从，盖有洋股在中，而华商方无顾虑，亦有华股参集，而洋商无可把持"。如何在中外合资中保持自己的权利呢？"今选诚实西人精通铁路者充当首领，各项以洋人提纲，华人副之，效则任用，否则辞退。"①这种既招"外国股本"又使用外国技术人员的思想，对于近代经济的发展不能不产生重大的影响，尤为重要的是，这一思想对于当代中国的经济活动，提供了重要的借鉴。

至于借民资，刘坤一提出新的经济管理组织形式——"商任其事"的思想，以商参与的方式解决民资的问题。甲午战争之前，清政府财政本就捉襟见肘，甲午战争之后2.3亿赔款，意味着清政府的财政更加紧张，因此开办路矿等实业必须采用新的融资方式和管理方式。因此，刘坤一认为唯一可行的方法就是利用民间资本。而这种利用民间资本不是甲午战争前的官督商办方式。刘坤一说，官督商办，官有权，商无权，势必本集自商利散于官。②当然，刘坤一倒不一定意识到封建主义的官与资本主义的商在本质上的不同。不过，从"商情"入手，刘坤一提出的"以官发其端，以商任其事"③却是符合近代产业发展规律的。商出资商自办的"商任其事"办厂新模式，既可以获取开办大型企业的资金，又可以缓解官对近代资本主义企业的封建干预，是有利于近代民族资本主义发展的。刘坤一不仅有"商任其事"的思想，而且在实际过程中，他更是"调护"民族资本，促成张謇创办大生纱厂。

甲午战争后，光绪帝下诏"以筹饷练兵为急务，以恤商惠工为本源"。"恤商惠工"就是要体恤扶植商业，鼓励民间办实业，倡导民族资本主义的发展。清政府新产业政策的出台和这一新产业政策运作模式的设定，意味着各督抚主持下的地方政府必须重新考虑政府与企业的关系，制定地方政府新的经济管理职能。处于新一轮经济发展前沿之地的刘坤一，对以往的官督商办、官商合办等经济管

---

① 《刘坤一遗集》（二），中华书局1959年版，第884页。

② 同上书，第883页。

③ 同上。

理方式不满，开始寻求新的方法。另外，新的产业政策并不要求他在经济上大力扶持民营企业，而且政府财政的窘迫与危机，也难以维系那种政府以资金投入去促进企业发展并控制企业的管理方式。刘坤一提出了一个办理江南商务、处理政府与企业的新模式——"官为调护，以图厥成"①。其基本含义，就是在近代企业初创之时，官方给予一定的扶持。最能充分展示刘坤一这一模式较完整内涵的，当推他对张謇创办大生纱厂的"调护"。

　　江苏通州地区素为棉花产区，但本地却无近代的纺纱业。1895年冬，张謇在此筹办大生纱厂。1896年初，他就与张謇商议如何兴办纱厂的具体问题，并要求尽快将纱厂建成。大生纱厂为商办，资金来源为在通州、上海两地各招股 30 万两，总计 60 万两。直到1896年10月，通州、上海两地的招股几乎无进展。在纯粹商资商办几乎不可能的情况下，张謇向刘坤一求援。恰在此时，原先由张之洞为湖北纱厂订购的"官机"40800 枚纱锭，已估价 97 万余两转到南洋经费下，而这批"官机"堆放在江边已整三年，"锈烂者十之三四"，刘坤一令上海商务道桂嵩庆贱价出卖。如此，双方一拍即合，11 月达成协议，把"官机"作价 50 万两作为大生纱厂的股金，另招商款 50 万两，共 100 万两开办纱厂，大生纱厂也相应地改为某种形式的官商合办。因而，张謇的筹办因获得现成的设备而使工厂的建设进程大大加速。然而，张謇对招收 50 万两商股仍无进展，在1891 年再次向刘坤一求援。刘坤一令张謇抵宁，经与桂嵩庆、盛宣怀多次筹商，议定了"绅领商办"方案，即将作价 50 万两的"官机"对半平分，由张謇和盛宣怀"合领分办"，在通州和上海各设一厂，这样，大生纱厂只需筹资 25 万两即可办成。为了促其成，刘坤一还令洋务局拨银 1 万两，海州分局拨银 1 万两，令桂嵩庆提钱 3 万串，统交张謇使用。同时，根据张謇的要求，分电向两淮盐务督销局等处商借款项。此后，1898 年初和年底，张謇因大生纱厂的开办问题又两次向刘坤一求援，刘坤一一面电催各处借款给张謇，一

---

　　① 《刘坤一遗集》（二），中华书局 1959 年版，第 934 页。

面饬通州知州同知协募，最终集款 4 万余元，让张謇渡过难关。1899 年 3 月，大生纱厂正式开车。从以上可以看出，刘坤一对张謇创立大生纱厂的"调护"，基本倾向就是扶持。这种扶持除了委派张謇为该厂的创办者并为之倡外，最为重要的支持就是直接给予了一定数量的资金借贷资助。这种支持虽然并非有求必应，但刘坤一的支持贯穿了大生纱厂创立的全过程。

四　敢抗朝命维护江南现代化成果的人物

1898 年的维新运动是中国早期现代化进程中的一件大事，这是资产阶级维新派探讨以何种方式进行中国现代化的大胆尝试。凭着两江总督的特殊地位，凭着湘军老帅的功绩，凭着对治国平天下的豪情和胆略，通过观察和权衡，刘坤一对维新变法逐渐从消极走向积极。

在百日维新中，刘坤一对变法诸事的态度比较消极，对康、梁维新派的"平等"、"民权"等不感兴趣，对光绪接二连三的变法诏令，也只是"可行行之"，"可办办之"，只求其稳，不求其速，这主要体现在维新变法的前期。为什么在维新变法前期，刘坤一会有这种态度？从本质上说，刘坤一并不认同维新派在政治上改变"中制"、"祖制"等体制的做法，这是其一。另外，对于维新派"快变、大变与全变"的急促的变革步骤和方式，具有相当丰富的政治经验，十分熟悉国情、地情，且一向谨慎持重的刘坤一，认为维新变法法令不仅一时难以理解，也无暇去理解，更难以一下子做到。"勿过纷更，勿涉急遽"是其行为准则。

但是 1898 年 8 月 26 日在光绪帝直接发布上谕之后，刘坤一对维新的态度发生了巨大的变化，从消极走向积极。这一变化固然是光绪皇帝的直接督责推动，更重要的在于刘坤一发现他所推行的洋务运动与维新运动有相当多的交叉点，这些交叉点不是在政治方面，主要体现在发展工商业以求富，发展新式军队以求强，以及在文化教育上引进自然科学和教育方式的改革上。所以，在忠诚观念、爱国主义以及与时俱变等合力下，刘坤一开始由消极走向积极，甚至在维新政变后，不惜抗朝命维护江南的维新成果。

刘坤一在遵旨保荐人才、筹办保甲、江南防军改练洋操、较大幅度的精简机构、通知各府可以上书言事等政治军事方面均颁布了维新措施。当然刘坤一更热衷于经济和教育方面的变革。

设立商务总局以及农务总会。1898 年 9 月，刘坤一遵照光绪皇帝的谕令在上海筹设了上海商务总局，以张謇和刘世珩为总办，并派江西候补道恽祖祁、江苏候补道蒯光典分办江南、皖北商务，向上海商务总局拨款 30 万两。同时，根据士绅之请，将上海农学报馆改为上海农学总会，并拨款支持。刘坤一是支持创办学会和学报来组织人们从事科学研究的，也通过这些研究来推动社会经济的发展。在戊戌政变后，撤商局、罢学会、封报馆成为一时潮流。但是刘坤一认为，对于不涉及政治的"农学会、农学报，商学会、商学报，实所以联络群情，考求物产，于农务、商务不无裨益，似不在禁止之例"，所以必须"准其设报、设会，或即由臣出示晓谕，以免农商有所疑畏"，[①]不仅如此，刘坤一仍让维新以来在江南出现的一些报馆等继续活动，还对上海农报馆拨款 2000 元，以解决经费不足的问题。19 世纪末，组办学会和学报还是比较新奇的事，刘坤一清醒地认识到它们的出现，对繁荣科学、昌盛经济将起到一定的作用，这也是可谓高人一等的见解。

积极筹办学堂，把经济的振兴与教育紧密结合起来。刘坤一强调教育的重要性，他把中国积弱的原因归之于缺乏精通实业的人才。"中国不贫于财而贫于人才。人才之贫，由于见闻不广，学业不实"；认为学校"务在讲求实学"，"以成经济之才"；并且强调要"分门讲求实学"，才"有裨世用"。刘坤一筹设高等学校时，鉴于经费不足，不再另设新校，而将江南储才学堂改为江南高等学堂，"分设交涉、农政、工艺、商务四大纲"，并"推广学额，多延教习，其旧有

---

① 《刘坤一遗集》（三），中华书局 1959 年版，第 1067、1068 页。

学生严加考核，分别去留"。同时，还将钟山、尊经、惜阴、文正、凤池、奎光六所书院改为府县学堂。将上海制造局广方言馆及旧有炮队营"酌量裁并"，扩为工艺学堂，并制定了在江宁先设农务学堂一所，及在陆师学堂内添设矿务学斋的计划，从而确确实实根据有关谕令，开始筹设了一个分层并包括了各类教育的地方教育体系。这个体系包括高等学校、专门学校、国外游学等层次和类别。即高等学校教授格致学及工学等（含中外天文学、外国的理学、电学、力学、光学、测学和绘图学等）。农、工、商、矿专门学校专以考验实事为主，且要设立机器、药料、试验场。学生毕业后，农学派赴本省外县之山乡水乡，考验农业；工学派赴本省外县华洋工厂，考验制造；商学派赴南北繁荣口岸，考验商务；矿学派赴本省外省开矿之山和炼矿工厂，考验采炼。这种专门学校与科技实践相联系，推动部门和行业经济发展的构想，也是符合近代教育规律的。游学人员要专门选拔一批学农、工、商科的人才。刘坤一的这些思想部分付诸了行动，有利于中国经济的现代化。戊戌政变后，各省一度恢复八股取士，废学堂、设书院。从旧学中走过来的刘坤一自然对八股以及书院的情况颇为了解，虽无可奈何也用科举制艺、试帖，但难能可贵的是，他要求"本地书院兼立课程"，教授实用的西学。刘坤一还上奏力争保留学堂。另外，戊戌政变后，刘坤一在实际中对江南商务总局的筹办，对张謇创办大生纱厂和通海农牧公司都进行了大力支持。

刘坤一在颇为险恶的历史条件下敢于抗朝命且有所作为，在众多的督抚中确实别具一格。他敢于这样做，除了一向"公忠体国"为朝廷放心外，主要还在于刘坤一的爱国主义和民族感情。刘坤一所从事的洋务活动，根本目的在于强国，从而解决日益尖锐的民族危机。因此刘坤一从自己的经世致用思想出发，对能够图强的措施和成果极力维护，这是他敢于抗朝命的勇气来源。

另外，刘坤一在经济方面所抗朝命，是为了继续推行自己的洋务复兴方案，本质上决非维护维新变法，客观上却延续了变法并维护了变法的成果。刘坤一的抗朝命，主要在于维持江南在"百日维新"中经济、文化教育等方面获得的发展。如，维新变法发生后，刘坤一还继续推行他的洋务方案。令人在徐州探得无烟新矿，招商股开发，是为了将煤"抵沪销售敌洋煤"，"为华商收回利权"。为了促进商品流通，"以轻商本"，他上奏要求对该矿从1899年（光绪二十五年）正月起，"免予完厘"。此外，还派人到日本考察工艺学堂，购买仪器等。这些举措在客观上使维新之际江南兴起的新一轮发展资本主义工商业的势头得以继续下去。①

在政治上，刘坤一做出了更异乎寻常的举动，即从戊戌政变后（戊戌年）到1899年（己亥年）末，以反对废除光绪皇帝为内容，以疆吏的身份干预了清室帝位的更动，最后使得慈禧太后放弃了废帝之举。从表面上看，这似乎只是刘坤一为了维护国家安定而维护政治权威，实际上也代表了江南地区现代化发展的一种要求。因为江南地区经济现代化起步早，发展快，民族资本主义势力相对较强，而一度锐意进取的光绪皇帝被看成是新生力量的代表，自然赢得了这一中国早期现代化最发达地区资产阶级的好感，于是保光绪帝也被看成了保中国现代化的一环。

1900年，随着义和团运动风起云涌和继之而来的八国联军入侵，民族矛盾和国内矛盾空前激化，历史又处在一个非常时机。

对于义和团运动，刘坤一先是未雨绸缪，建立危机预警机制，即当义和团运动在鲁西南和皖北、苏北地区刚刚揭开序幕时，刘坤一就对皖北的义和团实行打压；其次对江南的哥老会、盐枭剿抚兼用。由于严密防范，稳定了南方的局面。

随着北方形势的日益恶化，刘坤一加紧筹划"东南互保"。何谓东南互保？简言之，就是北方清政府与八国联军作战期间，两江总督刘坤一、湖广总督张之洞等与参战国达成协议：由各国共同保护上海租界，各省督抚各自保护长江及苏杭内地；东南各地方政府不奉行宣战诏令，列强也不得在东南地区启衅。两广总督李鸿章、闽

---

① 崔运武：《中国早期现代化中的地方督抚》，中国社会科学出版社1998年版，第205—212页。

浙总督许应骙、山东巡抚袁世凯等也加入。东南互保中刘坤一以南方督抚领袖自居，经盛宣怀等出头与列强妥协互保起了主要作用。值得指出的是，刘坤一等策动东南互保还有严拒外敌之作用，确实限制了外国列强在东南长江流域的军事活动，坚决拒绝外国军队在长江登陆。

从整个政治格局看，刘坤一等人的举动，无疑构成了一个朝廷宣战、地方讲和、北方抗战、东南自保的怪诞局面。但是，刘坤一之所以敢这样做，其根本原因又是为了维护王朝稳定的大局，并非彻底向外国势力妥协。实际上刘坤一等人是受当时"保全主义"和"地方主义"思潮的影响，是对鸦片战争以来封建士大夫所倡导的"以夷制夷"思想的延续，其最终宗旨不过是"联络一气，以保疆土"。

另外，从经济层面而言，毫无疑问，南方日益活跃的商品贸易等经济活动以及民族资本主义的发展，潜移默化地影响着官员们的思维方式和统治模式。从这个意义上说，东南互保，地方上获得完整无缺，避免了兵祸，保全了民命；而且，全国第一的东南"财赋"得以保全，尤其重要。

五　民族危机的严重关头，开启了现代化的新探索

1900年，在中国历史上注定是一个悲惨的年份，内有义和团，外有八国联军，双重夹击下，清王朝最高统治者慈禧带领光绪帝仓皇逃离京师，北方一片战火。对清政府而言，这是建国两百多年来最大的耻辱。对中华民族而言，人民就是带着这种巨大的耻辱进入了20世纪的。

昔日威震四夷的中华帝国何以衰败如此？照旧统治，已不可能。

1900年8月20日，清政府不得不以光绪帝的名义下罪己诏。五个月之后，1901年1月29日，还在流亡途中的慈禧太后以光绪皇帝的名义发布了一道改革上谕，命军机大臣、大学士、六部九卿、出

使各国大臣及各省督抚，"各就现在情形，参酌中西政要，举凡朝章国故、吏治民生、学校科举、军政财政，当因当革，当省当并，……各抒所见，通限两个月，详悉条议以闻"，然后再斟酌施行。①这道上谕的发布，标志着清末新政的开始。

中国近代历史的发展，在诸种因素的交互作用下，终于呈现出了一个与以往任何时代都不同的方式朝向现代化发展的契机。很明显，政府营造出了一个新的变革的宽松范围，的确也想主导即将开始的现代化变革。

国家的衰落，民族的危机，使任何一个有民族感情和爱国主义精神的中国人都警醒起来，寻找救亡图存之道。历来反对外来侵略的刘坤一就是在这种氛围中，时常感到"魂梦常惊，寝食俱废"。正是对于国家和民族危机的深深忧虑，促使与清王朝忧戚与共的"楚南下士"刘坤一，在清政府启动自上而下的现代化运动时，和地方督抚以及一般士绅一起拉开改革的帷幕，开始为国家谋划变革。

清廷下诏要求各督抚上言应对，自然使寄希望于变革的刘坤一等督抚热情高涨，以何种方式回复清廷，建言什么内容？倡导了东南互保的东南督抚集团，不仅稳定了东南半壁江山，也为清政府提供了主要财力，应该说是很有发言权的。政治资源、经济资源的优越性使得东南督抚们首先想到要有一个共同的话语权。对此，刘坤一的态度很明显。

新政上谕下达，刘坤一首先电告张之洞、袁世凯、盛宣怀等人，推荐张之洞主稿，"先拟大纲，俾各省行效，建议相同，庶易采择"，②明显地建议南方督抚应该统一口径，形成强大的地方意见，以便让清政府能够重视地方改革的意向。

不过由于清政府忌惮南方督抚自"东南互保"以来形成的以东南为重心的联手状况，中央政府分化了东南督抚。袁世凯首先变计，单独上奏，盛宣怀也劝刘、张分奏，自己退出了联合上奏的谋划。

---

① 中国第一历史档案馆编：《光绪宣统两朝上谕档》第26册，广西师范大学出版社1996年版，第460—462页。

② 盛宣怀：《愚斋存稿》卷50，电报27，第23页。

以刘、张为核心的东南督抚联衔建言计划在无形中宣告流产。不过，刘坤一没有动摇与张之洞联名建言的设想。建言方式由东南督抚联合上奏演化成为刘、张联合上奏。

建言的方式问题解决之后，接下来就是建言的内容问题。刘坤一这边集合了张謇、汤寿潜、沈曾植等幕僚代拟条陈，张之洞那边集合了郑孝胥、梁鼎芬、黄绍箕等人协助起草文稿。应该说就刘坤一与张之洞的个人情况而言，刘坤一除了资望较老以外，无论学识素养还是思想水平，此时都无法与张之洞相比，因此，江楚会奏变法之事由张之洞主稿也就很自然了。

经过多方吸取意见，张之洞与刘坤一又不断地进行字斟句酌的商议，到 1901 年 7 月初，一部具有划时代意义的《江楚会奏变法三折》（《变通政治人才为先拟旨筹议折》、《遵旨筹议变法谨拟整顿中法十二条折》、《遵旨筹议变法谨拟采用西法十一条折》）终于撰成。

应该说，这三折的基调是由刘坤一定的，张之洞对各方意见作了谨慎的取舍，这样的方案可谓切合时机，也切合可行的实际。所以，当江楚会奏送达朝廷时，得到朝廷谕旨的批准。慈禧太后还发布懿旨：“刘坤一、张之洞会奏整顿中法、仿行西法各条，事多可行；即当按照所陈，随时设法择要举办。”[1]正是因为得到了清政府的肯定，因此，刘、张二人所设计的现代化方案才得以可能融进政府总体方案中，然后付诸实践，以真正起到推进中国现代化的作用。所以，走现代化之路，急不得，慢不得，必须切合实际。

不过，《江楚会奏变法三折》并没有完全体现刘坤一、张之洞的现代化认识，尤其是政治现代化，这固然与刘坤一希望以一种平稳的方式和渐进的策略来实践这一次变革有关，更重要的是刘坤一对最高当权者的政治现代化态度的了解，用刘坤一的话说，就是“内间之意，过新之事不行”，如果提过新之事，最高当权者“必以为骇

---

① 《光绪宣统两朝上谕档》第 27 册，第 188 页。

人听闻，置之不理"，①反而影响整个改革进程。

显然，《江楚会奏变法三折》的出台也反映了中国早期现代化的复杂与艰难。最高当权者对现代化认识的滞后，近代中国社会经济的落后，专制制度及其文化下国民素质的普遍低下，新兴资产阶级力量微弱，这一切不仅使得现代化的任何进步都蹒跚不已，甚至由于种种顾虑，就是已有现代化认识的地方督抚也不得不瞻前顾后。刘坤一、张之洞也是如此。在他们的联合上奏中，政治方面的现代化诉求的内容是没有明确表达的。

所以，刘坤一、张之洞的改革方案重点，主要集中在经济、文化教育方面，想以政治以外的改革尤其是经济的发展促成新政的成功。在经济方面的主要目标指向是：由重商转向重工，以工业的发展带动商业的繁荣，并以农业的改良作为工商业发展的基础。

关于农业的改良。《江楚会奏变法三折》指出，"富国足民之道，以出土货为要义，无农以为之本，则工无所施，商无所运"，并认为"中国以农立国，盖以中国土地广大，气候温和，远胜欧洲，于农最宜"，指出"今日欲图本富，首在修农政"。当然，对农业的重视，已不再是传统意义上的农业生产，而是要用近代技术对传统农业进行改良，并主张：设立司农专官，专门负责农业生产的有关问题；培养农业专门人才；推广农业生产技术；鼓励官绅率先试办，以开化社会风气；进行垦荒，发展近代大农场。可见，上述对农业改良的意见，反映了中国农业的发展趋势。

关于工商业的发展。《江楚会奏变法三折》指出了中国富强之策，必须走工业的繁荣发达的道路。至于如何发展近代工业，《江楚会奏变法三折》主张从培养实业人才和学习外国新技术入手，设工艺学堂，培养技术人才；主张给优秀的技术人员以官职上的奖励；主张设立博览会推广产品，交流技术，从而改良工艺，推动产品的升级改造；主张给新产品以专利权和三年内予以免税权；主张通过制定相应的法律，使经济生活有法可依，有章可循，以建立稳定的

---

① 《刘坤一遗集》（六），中华书局 1959 年版，第 2625 页。

经济秩序。

从《江楚会奏变法三折》对经济改革的设计看，它旨在中外通商后，用近代科学技术对传统农工商业进行改造，以实现经济的现代化，并根据中国国情，以农业为基础，工业为根本，制定正确的经济发展战略。同时，主张按照国际惯例，制定各种法律法规，以理性的态度与列强竞争。

总体来看，《江楚会奏变法三折》对中国现代化推进的意义更在于通过人才的培养、对中法的整顿和对西法的采纳来图强，直接而明确涉及的是工商、农业、军事、文化、教育，乃至民风、民俗和法律等，而从所设定的破与立的内容和指向看，客观上确实是要发展资本主义的经济、军事、文化教育乃至法制，以及相应的社会风尚。

事实上，《江楚会奏变法三折》不仅在一定程度上为清末"新政"奠定了理论基础，而且是在朝廷想要变法但又不知从何下手的时候，《江楚会奏变法三折》提出了一套较为系统的变革方案，使清末新政进入具体的实施阶段。因此，刘、张的变法主张对晚清的最后一次政府主导型的现代化运动，产生了相当大的影响。对于刘坤一来说，他是《江楚会奏变法三折》的定调者，更是晚清新政早期变革的定调者和指导者。因此，在刘坤一人生的最后关头，由于《江楚会奏变法三折》，他创造了人生的又一次辉煌。

1902 年 10 月 7 日，汲汲于维护国家大小事宜，汲汲于推进中国现代化的刘坤一，心力交瘁地病逝于两江总督任上。①

从传统政治的角度看，刘坤一不过是一个异途进身的封疆大吏，不过

---

① 主要根据以下资料编写：崔运武：《中国早期现代化中的地方督抚》，中国社会科学出版社 1998 年版；李细珠：《张之洞与清末新政研究》，上海书店出版社 2003 年版。

是一个恪尽职守忠于清王朝的湘军悍将。然而，处非常之世，必有非常之道。少习举业，虽科举不第，然经世致用思潮的长期熏陶使得他每每在关键时期做出关键决断。科举无望，则另谋路径，"抛弃儒冠觅封侯"，毅然决然加入湘军，成为晚清重臣。在中国经济现代化中，看似不求高远，却能接过曾国藩、左宗棠的洋务大旗，从"经旧世"走向"创新世"，筹海防扩海军，浚黄导淮，筑路开矿，成为洋务运动后期的领军人物。更为可贵的是，当民族资本主义遭到许多人刁难之际，他却能主动地"官为调护"，促成张謇办起了大生纱厂。百日维新中，在公忠体国、振作图强与急切的复兴洋务愿望的合力下，他先消极后积极地推进江南的变革，甚至抗朝命维护江南"维新"成果，可谓别具一格。他还是晚清"新政"的倡导者，面对民族危急，刘坤一联合张之洞上了著名的《江楚会奏变法三折》，开启了近代中国新一轮的变革和发展之路，对刘坤一而言，则创造了自己人生最后的辉煌。纵观刘坤一的一生，他以自己所执掌的督抚大位推动了中国近代军事工业、民用工业以及民族资本主义工业的现代化，体现了湘学经世致用、与时俱进、求变图强的精神。

廖树蘅　近代中国铅锌矿业的先驱

　　湖南有色金属矿藏的蕴含量，为全国之冠，但碍于迷信风水观念，直至清末，湖南仍然没有出现颇具规模的开采矿产的商家，更无政府主导下的有计划地开采。而另一方面，湖南地方政府财政入不敷出，民生困顿，眼见矿藏丰富却无可奈何！廖树蘅受命于危难之际，协助巡抚陈宝箴力行新政，倡导开发矿产资源，成为被誉为"省矿之霸王"的水口山铅锌矿场的第一任总办。廖树蘅以坚忍不拔的意志、敢为人先的精神、廉洁奉公的品质，专心致力于水口山铅锌矿的开采，终于获得成功，为近代湖南矿业的发展做出了巨大贡献，成为中国近代铅锌矿业的先驱。

　　廖树蘅是湖南水口山铅锌矿的开拓者，也是最先在湖南铅锌矿业中采用西方新式采矿技术的人物，为湖南早期矿业现代化做出了杰出的贡献，是中国著名的矿业先驱。

一 一位德才兼备具有实干精神的人

廖树蘅（1839—1923），字荪畡，宁乡人。秀才出身，自幼读书，厌弃科举。所写文章，善于剖析事理，曾主讲玉潭书院。1877年（光绪三年），应义宁陈宝箴邀请，教授其次子陈三畏。陈宝箴任湖南巡抚，实行新政，大办矿业，设矿务总局于长沙。陈宝箴对廖树蘅尤为器重，于1896年（光绪二十二年），委任他开办常宁水口山矿。

湖南巡抚陈宝箴对湘省的矿产有十分正确的认识，湖南不仅是鱼米之乡，而且是矿产丰富之地。陈宝箴在光绪初年曾在巡视湖南中南部时，就发现当地矿藏丰富，但人们忌讳风水观念，认为挖掘矿产破坏风水，会给地方带来灾害，尽管有如此富矿，仍然弃之不用。反观人们生活，贫苦者饥寒交迫，三餐难以为继，以致外人称湘省为"贫国"，"田少山多，物产不丰"，实际情况原本不该如此，真是"坐在宝山上挨饿"。陈宝箴任湖南巡抚之日，就下定决心开采湖南的矿藏，以开辟财源，解决民众贫困问题，使湖南成为富裕的省份。

湖南铅锌出产，在国内列居首位，而湘省铅锌矿蕴藏量最丰富的产地，首推常宁的水口山。人谓湖南铅锌为"省矿之霸王"，而常宁产量占全省的90%，可谓霸中之霸。[1]

水口山原名荄源，为桂水入湘江之口，位于常宁县治东北方向，距离县城65里。宋代在此地设置荄源银场监，监督开采抽税，矿山草棚绵延10余里，以开采银为主，铅锌之类的矿产均被抛弃。自明代开始开采铅锌矿，但由于资金不足，矿工多有违法乱纪者，常常被官兵驱散，开采亦不能继续。清代道光、咸丰年间，再有商人开采，因水大，只能在秋冬枯水季节开工，春天停工，获利不多。

---

[1] 《湖南历史资料》1959年第4期，第151、160页。

1895 年（光绪二十一年），江西商人请得开采权，有所获利，但因争讼不休，矛盾重重。陈宝箴权衡商办与官办的利弊后，决定将水口山铅锌矿的开采权收归官办。要开采水口山的矿产资源，首先要物色一位德才兼备具有实干精神的人才，陈宝箴很快想到了廖树蘅。

二　用现代观念来开采铅锌矿

在当时的历史条件和背景中，开矿能否取得良好的成效，需要从两个方面开展工作：一是在制度的层面，是否成立专门的组织机构负责管理、协调矿产开发和销售；是否制定具有法律效力的规章制度，规范经济活动的运作，形成较为先进的管理模式。二是在技术的层面，当注意资金是否充裕；开采技术从传统到现代，是否有所改进；矿砂提炼，亦有技术上的讲究，土法新法各有优劣，宜加比较；运销与发展，息息相关，有好的运销，必然有所发展。这两个方面，都是以现代化观念来探讨廖树蘅开采水口山铅锌矿取得的成就。

廖树蘅之所以爽快地答应了陈宝箴的邀请，从个人感情而言，是因为廖、陈两人彼此信任；但更重要的是陈宝箴给予廖树蘅放手开矿的制度和"政策"保障。1895 年（光绪二十一年），陈宝箴奏请开采湖南金属矿藏，就首先奏定在省城长沙设立矿务总局。矿务总局的一个重要作用就是募集开矿的启动资金，如果资金无法到位，则开矿事业就无从谈起。当时资金的借贷很困难，一般有钱的绅士或钱庄借口矿务总局才开始经营，能否盈利不可预料，对官府开矿怀有戒心，都不肯借钱。幸好有长沙富商朱昌琳以"开辟利源，救济桑梓"为目的，于是矿务总局从朱氏经办的阜南官钱庄借到银三万两，后又从厘金、善后、房捐各局借到部分款项，但主要还是朱昌琳在资金方面的鼎力相助，廖树蘅才顺利以矿务总局的名义督办开采水口山矿产。

矿产开发要取得预期成效，除了选择廉洁、能干的人才外，还需要较为先进的管理，因此，陈宝箴在委托廖树蘅负责开采水口山矿产时，就已经与之协商制定了矿务总局章程十一条、官办章程八条等规章制度。这说明廖树蘅开矿已经意识到早期现代化的公司管理的重要性，他在水口山开采铅锌矿，所有的经济活动都以制定通行的章程条例为依据。

由湖南矿务总局章程规定可知，开采水口山矿的办法为官办，就是由官府督办，不另外招入商股。在用人方面：矿务总局由抚宪遴选廉干大员为总办；其会办、提调，则专用绅士，并由抚宪委派；收支、文案、司事，由总局选择士绅后禀请抚宪核准，再由总局任命；其各局收支、文案、司事、局勇，则由该局员选用；所用矿丁，招募本地民人充当，若无技术熟练的矿工，则向外地招募。在矿砂转运销售缉私方面：由总局在湘阴县设立转运局，水口山开采出来的矿砂须运出销售的，都要先运送到转运局收存，由总局督理销售。各局中办公人及商民人等，均不得私运私售。在设堆栈方面：所采矿砂须运至鄂、泸销售的，在汉口、上海选择地方设立堆栈一所，再委托专人经营管理矿砂的出入事宜。矿砂的销售价格，仍由总局定夺。在税收方面：官办、官商合办、官督商办各矿，均应抽税，但在创办初期，因生产销售尚未畅通兴旺，可以暂时免税。待事业有成效之时，即行酌定税则。征税之后，其余针对矿业的杂税费用一概免除。在矿砂报销方面：除据各处月报汇成清册按月申详抚宪外，所有收到各矿砂若干、运出若干、销售若干、价值若干，亦按季汇成清册申详抚宪查核。在经费报销方面：总局各项支销，按季开具实数，并汇齐各局报销清册，申详抚宪查核。在提红方面：规定每年除提税、提息、提经费外，所得盈余，应等试办一年后，由总局于年终汇数核算，酌提红成若干，分别摊匀，以为各该地方善举，及各转运局、各分局厂绅员司巡人等与该地方出卖、出租、开窿依脉指定业主奖资。在奖罚方面：所有各局委员如果廉干勤谨，功效卓著，年终由总局禀请抚宪，大则破格奖励，小则记功一次。倘操守不谨，办理不善，重则扯委究治，轻则记过一次。总局各员则由抚宪查察核夺，一体办理。凡矿必有须地方官相助办理之事，各地方官及营汛各员，或实心实力，相与有成；或自私自利，遇事规避，年终由总局禀详抚宪核夺。在拟分地分矿详细章程方面：所定各项章程，皆举大概而言。其各地、各矿、各炉情形，自不能同，办法亦即有异。有难悬揣预定者，由办理各员于开办之时详加体察，另拟细章，呈总局核准遵行。在拟用机器方面：凡开矿、提砂、泄水，妥便简捷之法，以用机器为第一，自当次第购买兴办。其办法与现在所定章程有须变通之处，彼时再行酌议。①

此外又有官办章程八条，这是廖树蘅在水口山开矿活动的具体依据。关于矿地：由总局派员与矿师登山查勘。如矿质果旺，坟墓在禁止开发外，田地庐舍又皆无妨碍，再行开办。该山除官地不论外，若系民人私业，照原契价从优契买入官。矿地之外，或有占据之处，或有妨碍地方，亦量予优价酌买入官；抑或业主自愿出租，亦可分别酌给租价，按年计算，再由矿师体量。遇有大矿用机器开采者，仿开例依脉10里内无论何人之业，均不得另开窿口，均要指定一窿起算计里，不得游移以图多占地段。关于矿质：无论何种矿质拟请开采者，均须先行呈报总局察验。有非民间所能开采者，均归官独办；其余或应归官办，应归官商合办，应归官督商办，均由总局随时相地斟酌，批示照行。关于矿厂：凡矿设厂一所，名曰厂局。该矿委员督率司事矿丁人等，亲驻局中办理一切。关于严束丁勇：援照滇南、开平矿务例，凡局、厂准设枷、笞两项刑具。遇矿丁、局勇有不法之事，或在外滋扰，由地员督察审讯，量予枷笞；如所犯过重及地方痞棍入厂滋扰者，仍移送地方官究惩；其有须调防营分驻弹压者，随时酌量禀请。关于矿炉：所采、所收之砂，可以就本处提炼者，于该矿扼要地方设立炉局。所有设炉招匠及一切应办事件，即责成该局委员办理。关于矿砂转运：所收所采之砂，有不须提炼及不能就本处提炼者，一经积有成数，由该局员分起运解转运局；其就本处提炼者，提净后解交总局。关于经费：开办之初，由该委员赴总局领款，以后即于该局所售砂价内随提随用，按

① 《湖南历史资料》1958年第4期，第150—152页。

月开具实数清册呈报总局。其委员、司事等薪水，均由本局支取。关于矿砂月报：凡厂局所采所收之砂，某种若干、起运囤积若干，按日将成数分别填注于单，按月汇成清册，申报总局。

以上陈宝箴奏办湖南矿务的"总局章程十一条"及"官办章程八条"，是开采水口山铅锌矿的政策依据，说明在开采矿藏之初，陈宝箴和廖树蘅就已经详细考虑到开矿的各种细节问题，只有事前准备充分，才能获得成功。矿务总局的成立、资金到位、各种规章制度制定完善，这些要素都为廖树蘅开采水口山矿产的成功提供了有利的条件和保障。

三　苦心孤诣，"谁识局中之艰苦！"

廖树蘅开采水口山铅矿之初，即与巡抚陈宝箴公约："既经信委，请饬官局勿荐人、勿掣肘，勿以意度未曾经临之事谕办，有效幸也，无效自行投劾，不烦举错。"[1]陈宝箴答应了他的要求，授权廖放手开采水口山矿。1896 年初，陈宝箴委派廖树蘅、喻光容两人前往水口山勘察。廖树蘅初到矿山，见四处都是草棚，住有百余户棚户，大都借拾遗矿为名，窝娼聚赌，贩卖鸦片，寻衅滋事，无所不为。夏秋之交，疾病流行，火灾频发。廖乃遍谕棚户，给予搬迁费用，让他们集中居住在山口，并清查户口，编选保甲，随时稽查，当地的秩序安定下来，以便顺利采矿。廖树蘅将初步勘察水口山矿区的情形禀报陈宝箴，其中说：

"……（该处）右、左、后三方略有小阜，惟右阜稍高，亦不过十余丈。左阜名铜鼓造，右曰锡坑；两山之间夷为平地者不过三十方丈。土人呼平坡为町。历来商民开采，多由町隧地而入，往往得佳矿。造、坑两处亦开殆遍，大部因水大难戽、资本不足，致有作辍。闻因此丧资不少；间有所获，得利亦微。惟光绪二十一年

———————
① 《长沙文史资料》1988 年第 7 辑，第 123 页。

（1895 年）有江西贾人来此承开，自春徂冬，雨泽稀少，获矿颇饶；旋因土人争讼中止。……查此矿向来开办，必在大暑节后，以水泉渐缩，可少省车戽之费，至来年清明，便当停工。树蘅以随从人多，未能停待，拟俟小满过后，就西贾所遗罐口直下以取町底之矿。现当择地支厂，招募罐夫，择日开工。山内草棚栉比，环町而居者不下百数十户，烟馆土娼赌博居其大半，大都借拾遗矿为名，暗行攘窃。兹将莠类驱出山外，择其稍良者各给以搬迁之费，令迁至山口，列屋而居，略成市街模样，编立户册，仍如小资及营工为业。让出町地，以便起工。"①

廖树蘅在着手开采水口山矿藏之时，吸取以前开矿的经验教训，首先整顿了周边的社会秩序，营造了一个稳定安全的采矿环境。开矿前的准备工作做好之后，廖树蘅以募集到的 3 万两白银为成本，于 1896 年 5 月开始动工开采矿藏，8 月即勘察到蕴含量巨大的铅锌矿，开采出大量矿砂，获得丰收。

矿场在深山中，当地人开采已久，皆用暗坑法采矿，地表千疮百孔，春夏雨多，积水很深，不能生产。廖树蘅初到矿场，见此情景，开始亦无计可施，后忽悟出明坑法，将上层土壤揭去，开一大口，上大下小，宽深十数丈或数十丈不等，迤逦斜下，作为坦坡，豁然开通，全无遮蔽。使积水流归一处，再用农家所用龙骨车将水排泄出去，然后向地下深挖采矿。关于山内水患及明坑法的创办，廖树蘅在致陈宝箴与矿务总局的禀文中说：

"查水口开采利病，得矿非难，戽水为难。罐深至二十丈以外，日夜需水夫三、四百名，自非大汗泉枯，时刻不能停工。抽水之器，截竹为之，俗称孔明车，一抽不盈升勺。前与矿师议及此山车水之费，暂时只将废罐积水车尽，非三、四千金不可；即此一项，已属不赀。……伏思湘属煅灰、采煤，向有明罐、暗罐之别。暗罐穴地深入，如此间现所办者是也。明罐则平地开一大口，宽深十数丈不等，迤逦斜下，作为坦坡，赫然开通，全无遮蔽。……今若就历年

---

① 《湖南历史资料》1959 年第 4 期，第 140 页。

山民开采之所开一明矿，召集民夫，略如兵法部勒，金鼓以齐其作息，左右以分其出入；复于矿之外沿修筑沟道，以防阳水溢入；仿制农家所用之龙骨车，以戽矿积水。每车昼夜用夫四名，更番踏之。计龙骨车一具，可抵竹筒车六条之用。向之役水夫数百名不足者，今以数十人任之有余，凡属暗矿积弊，一扫而空。"①

在另一禀文中廖树蘅又进一步指出：

"水口山虽有山名，开采之所，究竟平地。历经民人开挖，山体受戕已深，中空数十丈之地，废矿交午，何止百十；停于积潦，糜烂不堪。自来矿路之易于崩溃，积水之难于车戽，矿夫之难于出入，大都受弊于此。然查此腐溃之病块，亦只及十余丈之远，以下则石矿一道，深入无间，乃近年商民开采，积日月以凿成者。传闻明矿之内，藏矿甚多。今若不将此废壤揭去，则废矿潴蓄之水灌满石矿，不车则无以取矿，车则一昼夜非用三、四百名不可。而修整废矿之需工料，矿内昏暗之多废灯油，矿徒之出入幽潜无以稽其勤惰，种种患害，皆所不免。春夏水泉泛滥，碍难工作，更不待言！一开明矿，则土返其宅，水归其壑，外用龙骨车以戽明矿之水，内用竹筒车以戽石矿之水；水既无害，则日日可以兴工，时时可以取矿，无停役待时之事。明矿矿旺，取之明矿；明矿矿衰，取之石矿。……"②

此明坑采矿法既定，报省矿务局批准开工。不料引起一群顽固守旧官绅的强烈反对，他们认为古今中外无此种明坑采矿之法，以这种方式开矿是不会成功的，会引发灾难，百般指责廖树蘅。但廖氏不为所动，坚持自己的主张，又得到具有维新倾向的巡抚陈宝箴的大力支持，廖树蘅于是能专心从事开矿，两个月以后基本获得成功。这成功实得益于廖树蘅苦心孤诣、坚持己见。廖氏当日有言："局外之讥评，谁识局中之艰苦！"

---

① 《湖南历史资料》1959 年第 4 期，第 141 页。

② 同上。

明坑采矿不仅扩大了矿场开采的面积，而且节约了非直接采矿工人的劳动力，同时又方便了矿区的运输条件，因而大大提高了生产的效率。廖树蘅开矿取得初步成功，向矿务总局禀报说：

"本月初十，所开明矿亦矿苗迸露。连日加工采获，大如十斛之瓮、百斛之囷，磊砢璀璨于崩岩石隙间者不可数计。取之既不费力，约计一日夜所出不下三四百石。"

明坑采矿法成效卓著。日本派专家来参观考察，对此法大加赞赏，水口山之名，遂闻名中外。然而，所谓明坑法只不过是开采方法上的改进，而并不意味生产技术（工具设备）上的重大革新（它仍然属于手工生产的范围）。它的创办，虽然大大地提高了生产的效率，但随着开采的深入，"坑道渐深，起运困难；且水量过大，人力难施"，于是不能不进一步采用"西法"，"以济人力之穷"。1906年，首先于原明坑之南端"开掘第一坑斜井，并装设锅炉、抽水机、吊车、铁轨等"。至1909年（宣统元年），又设洗砂机厂，采选之法，因以改进。1911年由水口山筑一轻便铁路，直达松柏。铁道全长9里，为32磅钢轨，有机车3辆，每辆30匹马力，可挂列车15节，14节为砂车，一节为客车，全部建筑费500万元。原先人工运砂，每吨需洋1元，铁道筑成之后，运费减半，利润更为提高。[1] 1914年，复于第一坑附近开凿竖坑，即第二坑。由是，规模逐渐完善起来，职工常有二千人，多至五六千以上，为该矿黄金时代。[2]

廖树蘅自1896年（光绪二十二年）起主办水口山矿共8年，后其子廖基植接手又继续管理矿务8年，这16年期间取得了开创性的重要成就。从以下水口山铅锌矿历年矿砂产量表中可以看出其开矿成效。

---

① 张朋园：《湖南现代化的早期进展（1860—1916）》，岳麓书社2002年版，第287页。
② 《湖南历史资料》1959年第4期，第142页。

水口山铅锌矿砂产量表（1896—1912）

年份	铅砂（吨）	锌砂（吨）	总计（吨）
光绪二十二年（1896）	23	527	550
光绪二十三年（1897）	1285	196	1481
光绪二十四年（1898）	1884	3675	5559
光绪二十五年（1899）	3036	5571	8607
光绪二十六年（1900）	2791	5882	8673
光绪二十七年（1901）	2260	4806	7066
光绪二十八年（1902）	3627	5721	9348
光绪二十九年（1903）	3670	5309	8979
光绪三十年（1904）	2342	5558	7900
光绪三十一年（1905）	2079	5178	7257
光绪三十二年（1906）	1792	6662	8454
光绪三十三年（1907）	1973	10011	11984
光绪三十四年（1908）	2910	8124	11034
宣统元年（1909）	3088	8483	11571
宣统二年（1910）	2553	7787	10340
宣统三年（1911）	4035	9498	13533
1912 年	2987	9444	12431

　　从上表中可以看出，廖氏父子主持的水口山铅锌矿的开采量总趋势是稳定增长的。事实上该矿除开采铅锌矿之外，还附带开采硫黄及提炼纯银。廖氏主办的常宁水口山矿在湖南的矿产实业中，一直占重要地位。光绪三十一年（1905 年）湖南矿务总局上度支部呈文，对水口山之锌矿大加推崇：

"官办（矿）初开十九局……各局未臻宏效，仅常宁水口山一局有成。……数年以来，平江（黄金洞金矿）承用西法太早，靡费甚重，所入不敌所出。新化（锡矿山锑矿）亦因官商杂遝，开采凌乱，获利亦微。所恃资挹者，仅水口山岁入廿余万而已。"

1908 年（光绪三十四年）矿政调查局总理蒋德均上农工商部呈文亦指出，唯有水口山铅矿获利最大：

"自光绪廿二年抚部院奏设矿务总局，开采五金、煤炭各矿，共三十余处，迄今十余年……惟常宁水口山铅矿，新化锡矿山锑矿，平江黄金洞金矿三处卓有成效。其余或大水，或矿苗不旺，先后停办。三处之中，以常宁铅矿第一。"

1910 年（宣统二年）湖南巡抚杨文鼎曾以水口山矿作为抵押，发行地方公债，益见水口山矿在稳定和发展湖南经济的重要性。①

水口山铅锌矿实现了较大规模和较有成效的开采后，自然要求管理、提炼和销售等相应地与之配套。

廖树蘅在主持水口山矿开工仪式，作文祭祀山神，有"洗手奉公，勉存朝气。有渝此盟，明神殛之"等语。水口山矿已经开采多年，要有效管理好矿务，首先扫除当时官场上贪污腐化的恶习，管理者必须廉洁奉公，同时转变经营方式，降低成本，以达到营利的目的。矿砂开采之后，主要利用河道运输至武汉再销往国外。省矿务局自 1898 年起，买货轮 7 艘，雇用水手 40 余名，但船只需借助风力才能行驶，无风时仍须汽轮拖带，到武汉后又揽运商货，迟迟不归，一年之内只能往返 4 次。廖树蘅认为此种运输方式弊病百出，而且报销船工的工食、修补船只和轮船拖曳的费用，以及船关缴税等费用太高，建议直接雇用民船运输矿砂，可以节省大笔开支。廖树蘅还详细了解到，用土法炼铅，极不合算。每 100 斤黑铅砂炼子母铅（含银质在内者曰子母铅）40 余斤，内提银一两六七钱，而工价、炭料需钱四五千。原铅 40 余斤，提炼银后，存不满 30 斤，得

———————

① 张朋园：《湖南现代化的早期进展（1860—1916）》，岳麓书社 2002 年版，第 293—295 页。

不偿失。而主管的官绅只羡慕能够提炼出银子，从不过问盈亏及成本。与其土法炼铅，不如直接销售矿砂。至 1903 年（光绪二十九年），黑铅矿每吨售价多至白银七十两，少亦五六十两，而每吨的开采及运输成本大约需银十余两，仅销售矿砂获利颇丰。

廖树蘅主办的水口山铅锌矿的开采与冶炼毕竟是从事一项新兴的矿冶业，当时国内冶炼业尚非常薄弱，土法冶炼根本无利可图。因此开采出来的铅锌矿砂主要销售给洋商（收购方主要是英商亨达利洋行）。洋商购得中国矿砂运回本国冶炼成纯后，再运至中国销售，转手之间，我国吃亏甚大。如 1902 年冬英国矿商布卢特即坦白说："津、泸两制造局承用白铅（当时人多称锌为白铅），皆由外洋运来，其实外洋所卖之铅实收中国之白铅矿所炼。"水口山铅锌矿兴起之时，正是世界资本主义向帝国主义过渡时期，同时也是中国半殖民地半封建社会最终形成阶段。西方列强力图把整个中国沦为它们的原料产地和商品销售场，同时又大力向中国输入他们的"过剩资本"。于是，蕴藏丰富的水口山铅锌矿从一开始便成了列强窥伺的对象。洋商大量低价采购水口山铅锌矿砂，以之作为本国工业发展的原料，而该时期中国工业、特别是冶炼业发展的落后与薄弱，恰为洋商谋取暴利的经济活动提供了方便条件。汉口"湘矿转运局"的设立，正是专门向洋商低价销售矿砂的机构。

然而洋商垄断购买铅砂的情况，与中国民族工业的发展是根本对立的，同时洋商购砂时的肆意挑剔和压价，也往往和中国（包括湖南）官方当局榨取矿业收入，"翼辅库藏之所不逮"的意图发生矛盾。如湖南矿务总局在"上铁星使言湘省矿务现在办法帖子"（光绪三十年十二月）中称："水口山之铅砂运至汉口，屡经洋行留难挑剔，受亏甚巨。非开炉自炼，不足抵制以收回利权。"于是便逐步地采取了一些积极的措施，设厂自炼。[①]

20 世纪初期，湖南先后成立三座炼铅厂，第一座于 1903 年设于衡阳，为赵尔巽所建。初为土法，系自云南招来炉匠 50 余人，专炼

---

① 《湖南历史资料》1959 年第 4 期，第 146 页。

水口山之铅锌矿。1904 年改用新法，聘"素精化学之徐振清常川驻局"。陆元鼎时期，于炼厂附近设化学堂一所，颇有人才造就。不幸炼厂经营不善，不久停办。第二座于 1905 年设于长沙，先亦采用土法冶炼，因亏累甚大，1919 年改用新法，未见改善，1932 年两度切实整理，渐上轨道。第三座亦设于长沙，1908 年巡抚岑春蓂以水口山矿砂售予洋人，而洋人上下操纵价格，乃由矿务总局筹设黑铅炼厂。以田芸生为提调，江顺德为总工程师，为一新式炼厂，机器系江氏自美国购来，耗资 4.4 万余元。全厂装置完成，费用近 7 万元，工厂颇有规模，职工多时有千余人，少时亦三四百人，每日可炼5000 余吨矿砂。然此厂人事复杂，冶炼 5 月即行停工，议将机器搬运水口山。停工原因是矿砂不济，撤迁的理由是与水口山之矿就近。①

这样，以廖氏父子主办的水口山铅锌矿业实际上已远远超出了该山的范围，逐渐形成为包括产、炼、销的一整套庞大体系了。

经过廖树蘅等人的苦心经营，铅锌等矿产的开采不仅保持了较高的产量，而且利润也可观。当初矿务局凭借款艰难起家，很快就获得利润，偿还借款。截至 1910 年（宣统二年）底，据统计，矿务局共借过善后局银 7.44 万两，而善后局共借用矿务局银 55.33 万余两。民国以来，计矿务局解过财政公所、财政司、财政厅及前将军署，共银 180.77 万余两。以廖树蘅为代表的湖南矿务的创办者，起初各处筹借资金作为成本，期间备尝艰辛，尝试运用先进的技术和管理方法，取得成功，不仅很快还清借款，还把湖南地方政府从资金缺乏的穷困窘境中解救出来。

辛亥革命后，廖树蘅回宁乡老家休养，1923 年病逝于家。正是由于廖树蘅的开创之功，湖南水口山铅锌矿在中国工业发展史上有着重要的地位。

---

① 张朋园：《湖南现代化的早期进展（1860—1916）》，岳麓书社 2002 年版，第296 页。

自光绪 1896 年起，廖树蘅共主持矿务 8 年，其子廖基植继续管理水口山矿务又 8 年，共投入建矿开采银 119 万两，大部用于采矿的基础设施建设，期间获利则在 600 万两以上。

廖树蘅所处的时代，湖南经济仍然贫困落后，而湖南境内蕴藏丰富的有色金属矿产，可以为发展重工业提供所需的原料，但湖南地方政府却无力投入资金启动重大的发展经济的项目，只好眼睁睁地看着湖南人"坐在宝山上挨饿"。可是另一方面，当时湖南一些有钱的乡绅，他们手握雄厚资金，过着一掷千金的奢靡生活，根本不考虑投资于具有现代化色彩的新兴行业，只是热衷于购买土地、置办家产。因此，湖南经济上的贫困，首先是经济观念上的贫困。廖树蘅主持开采水口山铅锌矿，首先突破了旧观念的束缚，他不顾旧官绅的强烈反对，采用新式的"西法"，引进西方先进的生产技术，购买西方先进的生产设备开采矿产。廖树蘅还意识到早期现代化的公司管理理念和制度，对开采矿产资源的重要性。他在水口山开采铅锌矿，所有的经济活动都以制定通行的章程条例为依据，充分考虑了生产、运输、销售等各个环节之间的关系，充分考虑了如何减少生产成本，最终获得成功。廖树蘅以开矿获得的丰厚利润有力地反驳了保守势力的阻碍，他以成功的实例告诉后来者，在经济发展方面必须更新观念，吸收西方先进的生产技术，才能在新兴的现代化经济领域开创出一片新天地。

廖家父子勤勉奉公，无丝毫贪污行为，先后经历吴大澂、陈宝箴、俞廉三、赵尔巽、端方、庞鸿书、岑春蓂 7 位巡抚，皆能倚任不衰，遂成就了湖南矿业的发展。巡抚岑春蓂以树蘅有功矿业，奉请得分部主事，赏三品衔并二等商勋。这种政治上的奖赏是对廖树蘅经济成就的肯定，但廖树蘅一生淡泊名利，他殚精竭虑完成自己的使命之后，就选择归隐家乡。廖树蘅以其高尚的人格，在追求利润最大化的经济领域又树立了一座道德丰碑。

熊希龄　近代中国一流的实业家和理财家

　　熊希龄既是清末民初一位颇具社会影响的政治人物，又是一位推动中国近代经济现代化的经济人物。当代著名学者章开沅说他，"是不讲空话而做实事的可敬历史人物"，"是真诚爱国的大事业家"。在熊希龄看来，发展实业不但是养成国力之基础，是立国之本，而且对于发展军事力量、抵御外侮同样有着重要的作用。熊希龄还认为，在近代中国要发展实业，必须学习西方国家先进的经验和技术，并为我所用。受中国传统文化中的经邦济国思想，特别是湖湘文化中"经世致用"思想和近代湖南学风中务实精神的影响，熊希龄的经济活动和实业活动本质上是一种实业救国活动，饱含着对国家和人民深沉的爱。

　　熊希龄早年积极参与湖南维新运动并投身实业活动，为湖南兴办航运和铁路事业而奔走。清末，熊希龄积极兴办醴陵瓷业学堂，并创办醴陵瓷业公司。后在东北任奉天农工商局局长、在江苏任农工商局总办，筹划农工商事业。民国建立后任国务总理兼财政总长。辞去内阁总理之后，又筹办全国煤油矿事宜。晚年从事慈善事业。熊希龄是一位有着经国济世抱负的社会改革家，也是一位致力于振兴民族经济的实业家，为推动近代中国经济的现代化做出了积极贡献。

一　受经世致用的湘学熏染，推动湖南经济社会变革

熊希龄（1870—1937），字秉三，别号明志阁主人、双清居士，湖南凤凰县镇筸镇（今沱江镇）人，故人称熊凤凰。熊希龄的父亲熊兆祥为湘军将领，官至水师营统领。熊希龄的父亲常为自己是一介武夫而遗憾，总希望儿子读书成才，因而格外重视对儿子的教育培养。熊希龄幼承庭训，开始接受传统的儒家经典教义"修身"、"齐家"、"治国"、"平天下"。熊希龄从小就树立了报效国家、匡扶济危的人生理想。14岁时考中秀才，1888年底，考入沅州知府朱其懿创办的沅水（今芷江）校经堂，并得到湖南学政张亨嘉的赏识。1891年被调往长沙湘水校经堂继续深造。沅水校经堂和湘水校经堂都倡行实学教育，一改传统科举教育重视考据训诂的做法，主张经世致用，将学术研究与国家兴亡联系起来。熊希龄有幸先后在沅水校经堂和湘水校经堂求过学，受到了良好的实学教育的熏陶。特别是沅水校经堂的求学经历使他获益终身，以至于后来他在回忆这段时光时说："差不多我现在的学识，都是在那里得来的。"①正是沅湘两校经堂所倡导的务实精神，使得熊希龄能够迅速地转变思想，把眼光投入有益于国家与社会的实事，更为关注近代湖南，乃至整个中国的实业发展进程和现代化，并参与其中，为之倾注自己的智慧和思想。

1894年春，熊希龄参加殿试中进士，列二甲第63名，并被钦点为翰林院庶吉士。1895年，投身湖北军营，被张之洞任命为两湖盐务总办。1896年秋，受湖南巡抚陈宝箴之邀回湖南帮办新政。早在湖北帮办军务时，熊希龄就致函陈宝箴，建议在湖南设枪厂，发展军事工业，并且从救亡图存的角度论证了在湖南设枪厂的必要性和

---

① 周秋光：《熊希龄传》，百花文艺出版社2006年版。

可行性，他说"方今之急，莫若火器兵饷"。回湖南帮办新政后，熊希龄即奉陈宝箴之命筹设湖南枪厂，然而，在创设枪炮厂的过程中，遭遇到经费难筹的棘手问题，使他不得不放弃。这一痛楚的经历使他认识到必须发展实业，只有实现兴利致富，才有可能发展军事工业，壮大军事力量，达到救亡图存的目的。

从此，熊希龄开始把目光更多地投入湖南的民用工业。当时湖南已经着手举办的实业有开矿、火柴、电报三项。熊希龄认为，湖南要广开利源，必须要发展机器制造工业和开通内河航运。

1896年冬，熊希龄在长沙参与发起成立宝善成制造公司。他与王先谦、蒋德钧、张祖同、陈佩衡等人议定，各人分头招股，股份不足时请求官方给予补助，即官商合办。公司公推王先谦担任公司总理，聘用曾昭吉为工程师，并派人赴外洋购买相关机器设备。刚开始时，公司以制造民生器用为主，如电气灯、东洋车及银圆，矿务各局一切应用之件，等等。①

熊希龄认识到要发展实体经济，首先要发展交通运输业。他说：湖南"欲致富强，非轮船、铁路不足以创兴大利。"而筹办内河航运是熊希龄最先关注的交通事业，他说："今湖南矿产大开，以煤、铁、磺三者为最盛。芦〔卢〕汉铁路兴工，煤铁实为需要，转运不灵，势难接济。""新设和丰火柴公司，宝善成机器制造公司，均经开厂，工作日兴，货产滋多，非有轮船拖运，商贩不能畅销。"②而湖南省内河航运的开办，由于牵涉面较广，相对复杂繁难。首先，此事必须求得湖广总督的批准；而且通航又与湖北省有着千丝万缕的联系，所以还必须征得湖北巡抚的同意。此事还未付诸行动，湖北巡抚谭继洵就已获悉并表示了反对意见，他致电湖南巡抚陈宝箴，直陈湖南开办内河航运有三大弊端：一会给洋商造成借口，万一将来洋轮开到湘江，后果不堪设想；二会使湘河中从事运载以为生计的民船因之失利；三会造成湘省所赖

① 《湖南省志·第一卷·湖南近百年大事纪述》，湖南人民出版社1959年版。
② 《湖南绅士请办内河小火轮票稿》，《湘学新报》，1897年。

以征收的厘金也会因之失色。为了打消湖北巡抚的顾虑，争取理解和支持，针对谭氏所提三个问题，熊希龄致信一一作答，并分析指出湖南开通内河航运不仅可以挽回利权，而且"保湘即可保鄂"。恳切的言辞，合理的见解，终于打动了湖北巡抚谭继洵。

接下来，还必须争取湖广总督张之洞的支持。1896年初夏，熊希龄与蒋德钧以民间绅士的名义，联名递呈《上湖广总督请办湖南内河小轮船公呈》，首先以"上谕"允许苏、杭兴办小火轮为依据，指出湘省也应当准许办理。然后详细论证了湖南开办行轮的可行性与必要性。为慎重起见，熊希龄又给张之洞写了封长信，以答复先前张之洞致陈宝箴函中所提到的诸问题，并补充说明《公呈》中未言或言之未尽的问题。而后，熊希龄与蒋德钧又于1897年4月专程前往湖北请求面呈张之洞，但被张拒之门外。后经湖北著名士绅黄小鲁从中周旋，张之洞才同意接见，但对于熊、蒋呈递的《公呈》以湖南情况特殊，不可贸然从事为由，予以推诿。熊希龄、蒋德钧据理力争，迫使张之洞不得不作出一些让步，勉强同意湖南开通内河航运，但设置了许多不能为湘绅所接受的条件。于是，熊希龄又与湘绅商以湖南绅士的名义，上张之洞《请与湖北合办小火轮船书》，就湘轮创办的归属问题、厘金征收问题、货物拖运问题、与鄂省合办问题进行磋商。同时，熊希龄等还与湖北绅士吴锦章等人接洽。双方就合办行轮一事达成共识：一是轮船"必须统归湖南善后局管辖，作为善后局官轮，官督绅办，不涉商人之事"；二是对湘、鄂两省"惠平必须公溥，政令必须均平"，轮船往来湘、鄂，"其利益应南北共之"，以求"同沾利益，以昭公允"。张之洞对此事不再多言，遂于1897年7月17日，批准湘鄂绅商试办内河轮船。[①] 随后，鄂湘善后轮船局成立，并制定了章程，两省公推总董各三人，主持集股、用人、备料等事宜，分省成立南局、北局，各集银5万两，各购置大轮1艘、小轮2艘。大轮对开于湘潭至汉口，小轮各在本省境内航行。9月25日

① 许同莘：《张文襄公年谱》，商务印书馆1947年版。

正式试航并取得成功。1898 年 6 月，鄂湘善后轮船局改名为两湖轮船局，此后客货两运，盛极一时。鄂湘善后轮船局是湖南近代内河轮船发端的标志，它的勃兴对于支持地方生产发展，繁荣商品经济，保障本省经济利权，打击帝国主义侵略野心起到了不可磨灭的历史作用。

熊希龄认为铁路与轮船应相辅而行，为此，他与蒋德钧、谭嗣同等为争取粤汉铁路改道入湘做了大量的工作。粤汉铁路原定绕道江西，不经湖南。湖南维新派认为铁路"道江西有不利者六，道湖南则利铁路者九，利湖南者十"，坚决要求铁路改道进入湖南。当时，要争取铁路改道湖南，必须征得盛宣怀的同意，因为盛氏时为卢汉铁路督办。于是，1897 年 12 月在籍翰林院庶吉士熊希龄、江苏候补道蒋德钧来鄂与张之洞、盛宣怀面商。熊希龄等人认为："粤汉铁路如取道郴、永、衡、长，再由武昌以达汉口，则路较直捷；湘中风气刚健，他日练兵，可供征调。"[①]在熊希龄等地方官绅的一致努力推动下，清廷于 1898 年 1 月正式批准了自主兴修粤汉铁路的奏请。

维新运动期间，熊希龄还参加了一系列活动，如筹设时务学堂，参与组织南学会，创办和主持《湘报》等。维新运动失败后，熊希龄因参与湖南新政被革职，并被"严加管束"。但随着清末新政的实行，对戊戌党人的管束逐渐缓和。1903 年底，在常德太守朱其懿、湘巡抚赵尔巽等的帮助与提携下，熊希龄得以赴常德府任西路师范学堂监督。不久，由于庇护熊希龄的赵尔巽离湘，学务遭反对派的责难而无法办理下去。因此他"不得不舍学务而遁入实业界"。熊希龄在决定专注实业后，所做的第一件事就是赴日本考察实业。1904 年 9 月中旬，熊希龄前往日本，先后考察了北海道、东京等城市，就日本明治维新以来工业振兴的缘由本末，以及各工业门类的具体设施、各项规划和具体办法都作了详细的记录。回国后，熊希龄以考察所得，并结合湖南的实际情况，向

① 盛宣怀：《愚斋存稿》卷二，第 3 页。

新任湖南巡抚端方呈文，提出了一整套振兴湖南实业的计划和构想。端方对熊希龄的构想大为赞赏，并拨发库银 1.8 万两做资助，准许办一二所实业学校以观成效。

在得到端方的支持之后，熊希龄首先选择其故乡沅州（今芷江）作为实验之地。他在考察了沅州的实业情况之后，建议沅州太守将他自己捐资成立的沅州民立小学堂改为民立务实学堂，熊希龄任务实学堂正监督，制定《沅州民立务实学堂简章》，就建校有关事项作出规定。并决定扩建校舍，兴建试验场地，招收学员。熊希龄根据沅州已有种桑的基础，决定学堂以发展蚕业教育为主，专门设立一个蚕业专科。熊希龄还根据实际情况，分轻重缓急，特设本科与别科分别招收学员。学员学成后即到学校自办的工厂或民间工厂从事蚕业工作。为了解决经费问题，熊希龄一方面呼吁地方绅士捐款资助；一方面又向两江总督端方寻求资助，请求从沅靖开岸盐款项下拨津贴银 2000 两。基本上解决了常年经费问题。在熊希龄的筹划下，沅州务实学堂很快建立起来，并得以顺利发展。

在沅州创立务实学堂的同时，熊希龄决定改良和振兴醴陵瓷业。早在日本考察期间，他就发现东洋瓷器美观实用，广销国际市场。湖南醴陵虽自清雍正以来便有过"土法制瓷"的兴盛局面，但清末以来，"土货滞销，窑户赔累，几至歇业，皆有岌岌不可终日之势。"由于制造上的低劣粗放，醴陵瓷业几至衰落下来。熊希龄认为，在实业不发达的地方，人们很容易接受洋货，湖南地处内地，实业极为不发达，市场内洋货尤其是日货充斥，湖南的商务大半为日本所把持。要改变这种状况，唯有发展湖南自己的实业，制造出自己的新产品，从而与洋货争夺省内、国内乃至世界市场。熊希龄正是怀着这样的想法来振兴醴陵瓷业的。

1905 年 5 月，熊希龄赴醴陵进行了实地考察，他发现瓷土产地沩山、东堡等地的土质绝佳，而且醴陵瓷源丰富，产地多，已开发的即有沩山、赤脚岭、青泥山、老鸦山、茶子山、唐山坳、邓家渡等处。但由于制作技术落后，产品以釉下青茶瓷碗碟为主，质粗滞销。熊希龄相信只要改革窑式和釉药，掌握先进技术，就有可能生产出上好的细瓷来。熊希龄认为要振兴醴陵瓷业，就得先创办瓷业学堂，后设立瓷业公司。

1906 年初，湖南瓷业学堂开学，学堂设于醴陵城北姜湾的神农殿。熊希龄被任命为学堂正监督。文俊铎任副监督并兼任教员。由于熊希龄身兼数职，学校主要由文俊铎实际负责并主持工作。第一期招收学员 60 名，学生年龄在 12—16 岁，其生源来自两个方面，一是当地窑工青年子女，其祖上世代以窑工为业，有一定的动手能力，经过现代瓷业教育，技艺大进，于私于公均为有利。二是有志于瓷业的青年人，为瓷业补充新生力量。学堂分速成科、永久科，设图画、制造两种专科班。速成科首办一班，学习选土、制釉、装坯、烧窑等技术，半年毕业。另开办了艺徒班三个班，每班 30 人学习辘铲、模型、陶画等专门技能，一年毕业。永久科主要任务是培养学生掌握先进瓷业生产的技术理论知识，独立分析、解决技术问题的能力，使学生成为具备陶瓷专业技术知识的新型人才。该科首办一班招生 64 人，其中醴陵学生 48 人，四川学生 16 人，4 年毕业。学堂十分强调实习，设有临时实验和学期、学年实验等活动，实验成绩及格方可授予毕业证书。学堂的器械、标本、图书、绘具、药水等均从日本购置，还聘请了 5 名日本制陶技师，教授制陶、图画、窑务、制泥、范模等。湖南瓷业学堂为醴陵瓷业的发展培养了大批专业人才。

同年，熊希龄又招商集股 5 万元，在瓷业学堂前姜岭下成立湖南瓷业公司，自任总经理。他对湖南醴陵瓷业公司的发展前景作了整体规划："醴陵现在所制粗磁器皿便于贫民购用，不能概行改为细工，初二年内学生技尚未熟，只能模仿景镇之式，公司亦须就与本国相宜而便于人民嗜好者参酌制造。迨各学生学成回窑，改烧景式，则公司专制西式各器，抵制外货之输入，使各窑户得以余利。至五年之内各窑户如有进步，能仿西式，则公司即精益求精，专求制造输出各国之品。"①也就是说，熊希龄对醴陵瓷业的发展主张：先模

---

① 周秋光编：《熊希龄集》（第一册），湖南人民出版社 2008 年版。

仿后超越，先粗瓷后细瓷，到先夺回国内市场再跨出国门，最终达到抵制洋货乃至与洋货在国际市场上一竞高低的目的。

不久，因为熊希龄随五大臣出国考察，后又去东北任事，所以将瓷业公司总经理一职交由入股一万元的袁伯夔担任。由于事属草创，且经营管理不善，瓷业公司很快就出现了危机。1907年底，熊希龄从东北赶回湖南，在对公司进行考察之后，进行了整顿：（1）调整厂房布局，将厂房制造分为三处：上品部专做细瓷；中品部专做常瓷；下品部专做粗瓷；泥釉各料也各随精粗而设置。（2）完善机构设置，加强管理。将公司办事机构分为制造所、会计所、储藏所、陶画所、辘轳所、模型所、素烧所、锦烧所、柴科所，各所均立所长，所长向坐办负责。（3）加强制瓷技术的开发和研究。熊希龄提出，要在公司内养成研究的氛围，要想在激烈的商场竞争中站住脚，醴陵瓷业公司唯有加强研究，一步步提高职工的技术水平。

与此同时，熊希龄还对瓷业学堂进行了整顿。其具体措施有：其一，建立独立的经费核算制度；其二，贯彻实业教育的办学宗旨；其三，提倡勤俭节约的办校方针，并亲自制定预算，严格把关，对于预算外开支，决不轻予通融；其四，注重统筹全局的办事方法。

瓷业公司一方面革除各种陋习，用当时的先进设备与技术进行生产，另一方面又积极招揽良匠，延请名师，重用瓷业学堂毕业的吴寿祺、傅道惠、游先理等几批优秀生，以及釉土釉下彩绘全能艺人张逢年和既擅长釉下彩绘，又精通山水花鸟、刻瓷、微雕的彭筱琴等书画名流；研制坯釉配方和耐高温的釉下颜料，在生产细瓷方面取得了十分突出的成就，首创釉下五彩瓷器。在此之前，醴陵瓷器仅为釉下单色青花，长沙窑也只能生产釉下花三个单色。瓷业公司经过精心研制，使用深绿、海碧、茶色、玛瑙、艳黑五种色彩，将花绘在釉下瓷坯上，经过1300 °C以上的高温烧成，画面色彩从透明的釉层下显露出来。由于釉层的保护，画面平整光滑晶莹润泽，永不变色；又由于高温烧成，不使用含铅量高的熔剂，制品质地优良，不含铅、镉等有毒金属，且耐酸耐碱，比其他产品更适宜于用作食具和用具。釉下五釉问世后，立即受到国内外普遍欢迎。湖南醴陵瓷业公司的产品，在 1908 年江苏南洋劝业会评比中力压群芳，夺得一等金牌。在 1910 年的南洋劝业会和 1915 年的巴拿马博览会上再获优等奖牌。"与素负盛名之江西景德镇瓷大有并驾齐驱之势"。①

醴陵瓷业经过熊希龄的改革创新和整顿治理，很快获得了前所未有的发展，数年间，公司先后在醴陵、湘潭、长沙、汉口等地创设了第一、第二、第三、第四分公司。醴陵瓷业经熊希龄创兴，不仅其本身得到了长足发展，成为全国的八大瓷都之一，而且以釉下五彩为特征的细瓷技艺逐步传播到衡阳界牌、衡山石湾，以及新化、益阳、桃源、洪江、郴州、湘潭、株洲等地，促进了全省瓷业的发展。

熊希龄先后创办的醴陵瓷业学堂和醴陵瓷业公司，促进了醴陵瓷业的发展，使醴陵瓷业成为湘省举足轻重的企业之一，它与湖南的铁路、矿山、航运并称为湘省的四大实业，同为世人瞩目。特别是瓷业学堂培养的技术人才，数十年来，直到新中国成立后，长期工作在瓷业战线，更是做出了重要的贡献。

二 筹划和推动东北开发，以图强国富民，抵御外侮

1906 年，受盛京将军赵尔巽之邀，熊希龄远赴东北。到 1911 年 11 月，先后任奉天农工商局局长、地方自治局局长、东三省清理财政正监理官、东三省屯垦局会办及奉天造币厂总办等职，致力于东北的改制、理财、造币和垦殖等新政事业。其间于 1908 年至 1909 年一度在江苏任职。熊希龄对东三省的战略地位有着深刻认识，有感于日俄对东北的蚕食鲸吞造成我边疆危机日益加剧的紧迫形势，因而在奉天任职期间，就如何开发东北，增强国力，抵御列强入侵，作了一系列的规划。

---

① 周秋光：《熊希龄传》，百花文艺出版社 2006 年版。

早在赴欧美考察宪政期间，熊希龄就认识到这些国家经济发展的一个重要原因就是政府对商业发展的支持和鼓励，他说："无论东西各国，凡初兴实业之时，未有不由其政府之诱导奖劝以致今日之富强。"熊希龄认为东北经济落后，民智未开，政府应当起到引导、鼓励经济开发的作用。他说："一切庶政，非官为提倡，则皆裹足不前，非力以维持，则必转瞬即败，如出生之木赖支架以防风，如孩提之童须扶掖以学步。"熊希龄主张仿照西方奖劝实业的做法，召开展览会、博览会、劝业会。由政府派人出面考核评定优劣，优胜者则登报上新闻，广而告之。劣者则指出其瑕疵，使其认识到差距和不足，促使其提升产品质量。通过这样的活动，增强企业的荣辱感、责任感。而对于各工商业之间的竞争，政府则应该出面调控，因为在变法之初，实业刚刚起步时，往往会出现盲目竞争现象，为避免形成两败俱伤的局面，应运用政府力量，干预投资方向，根据市场供求加以调节。

熊希龄认为欧美国家经济的快速发展离不开交通运输业的发达，他说："查各国经济勃兴，固以铁道之短长及远洋航业之多寡为其国商务之赢黜所关，然其本国农工振兴，则实有赖于水利之功用。德国国中铁道纵横，密如蛛网，可谓盛矣……又如美国铁路长约六十万里，为全球各国之冠，而亦赖有各处运河与大洋江湖联络，航业繁盛，至二万四千艘之多。"① 熊希龄主张政府应在交通运输方面为经济发展创造便利的条件，从东北的实际情形来看，他认为东北三省铁路的修建已被列强所瓜分，几乎只剩下水运方面还可大做文章，因此他特别明确地提出，东北要优先发展水运，"宜亟力开治沟渠，以便交通"。②

熊希龄重视近代银行对实业发展的推动作用。为促进东北开发，他要求当地政府设立东三省兴业银行，强调设立地方银行为当前新政事业所必须，其不仅可以推动商业的发展，而且可以增加财政。

① 周秋光编：《熊希龄集》（第一册），湖南人民出版社2008年版。
② 同上。

他多次撰文宣传设立银行是利国利民的善举，可使个人财产流通于社会，起到促进社会公益事业的作用，而更为重要的是可以凭此摆脱日俄的金融控制。

熊希龄认为奉天农工商局应为奉天实业发展做出长远的规划，他拟订农工商局应担负的职责是经营官有财产，保护民间商业贸易以抵制外来商品冲击，以及发展实业教育。主张由农工商局以官款创办工业高等学堂、商业学堂和农业实验厂、渔业、牧养、蚕茧、浚河等公司以及工艺局、商品陈列所、实业调查所、农工银行等机构，为发展实业服务，并为商民之倡。各机构均依照西方各国章程办理，"次第设立，逐渐推广，以教育开齐民之智识，以模范新齐民之耳目，使之将来各有所业，外可以敌列强之竞争，内可以医游民之偷惰。"①

基于以上考虑，熊希龄上任伊始，便领导制定了《奉天农工商总局大概章程》，以确立健全的组织管理制度。该章程规定在局内分设总务、农务、工务、商务、会计五科；各科下又分设数课，如总务科下设机要、案牍、编撰、庶务四课。凡科长、课长以及课员，都由局长亲自选定，不称职者随时辞退。

接着熊希龄又草拟了《奉天农工商局振兴实业大纲》。该大纲从八个方面对开发做出纲领性规划：其一，助长行政，以增人民之福利；其二，精核优良，以求实业之改良；其三，酌定限制，以防投机之危险；其四，广延才技，以备官民之咨询；其五，宽筹经费，以期机关之完备；其六，联络各局，以资事务之贯通；其七，规划交通，以谋各业之发达；其八，厘定局制，以期权限之分明。

而后，熊希龄又拟订《奉天农工商局应兴应改事宜请折》，对振兴奉天实业作出了具体的计划。其内容包括十一大项：（1）兴办农业试验场并附设农业学堂；（2）兴办渔业公司并附设水产讲习所与商船学校；（3）兴办牧养公司并附设种牛牧场与种马牧场；（4）将原有的公益局改为模范工厂；（5）设商品陈列馆，将国内外各种产

---

① 熊希龄：《明志阁遗著》，上海远东出版社 1995 年版。

品相与比较，进行改良；（6）设蚕茧公司，附设蚕业讲习所与讲习学校；（7）设高等工业学堂并附设工业试验场；（8）设立浚河公司；（9）设立商业学堂；（10）设立农工银行；（11）设立实业调查所。

赵尔巽对熊希龄所提出的振兴奉天实业的各计划都表示认可与支持。熊希龄依令而行，积极开办各项设施，分轻重缓急，逐步施行，使得当时奉天的实业呈现出一派欣欣向荣的景象。

移民垦殖是熊希龄开发东北最具特色的部分。他是移民东北、巩固边防的积极鼓吹者。早在日本考察期间，他就认真研究了日本北海道移民垦殖的经验，1911 年被委任为东三省屯垦局会办后，曾邀请著名实业家张謇前往东三省考察垦务达半月之久。鉴于当时政府财政拮据，他向清政府提出以引进外资的方式，加快东三省开发，抵御日俄侵略。为此，他撰写了《东三省移民实边意见书》和《移民开垦东三省意见书》。熊希龄认为就移民的意义而言，首先是救亡之策。他说东北与俄韩边境呈现犬牙交错之势，那里地广人稀，造成东北边境无所依恃，日俄战后，两国仍有大批军队驻扎东北境内和边境地区，日俄势力得以乘机潜入，实行移民垦殖，蚕食我领土。再加之，东北境内经常有胡匪出没，边患重重。只有移民屯垦，且耕且练，寓兵于农，才能巩固边防。他甚至建议在移民人群中招募军官和军校学生，以为军屯之预备。

熊希龄认为移民目的不专在垦荒，政府应引导鼓励移民开发东北丰富的森林矿产资源，发展工商实业。政府应预先筹备各种发展实业的公司场所，提倡保护并亲自经营实业，为移民做出榜样。鼓励商民在移民区域，设立殖民银行及储蓄银行，促进商品流通和资金周转，推动实业进步。他说："振兴商务，对华商减轻厘税，用补助、保护的办法，扶其成立，轻其成本，用以抵制外货，与列国竞争。"同时也可以吸引各国商人来此投资，使东三省成为"万国工业竞争之区"，这样对日俄必然有所牵制，列强各国也不敢轻易挑起事端，东北因而成为"永久中立之地"。在他看来，这是以和平方式达到抵御外侮目的的"釜底抽薪"之计。

至于移民策略，熊希龄首先强调要尊重人民意愿，采取自愿移民垦殖方式。在出洋考察宪政期间，熊希龄就对俄美日等国移民的方式进行过比较考察。他看到西方移民有日本的官办和美国、墨西哥等国的民办两种方式。第一种方式带有强迫性质，移民逃逸者甚多，政府耗费多而收效差。第二种民办、官方监督的自殖方式，收效显著，可使移民地区"不数年而臻富强"。所以他主张清廷也应采用自愿殖民方式，人民自愿而"政府不过仅任其保护之道，或更从而补助之"。他主张政府应在移民垦殖事宜中要发挥组织性和计划性的作用，具体来说就是要求政府应充分利用天然条件，对移垦事业积极加以策划和组织，为移民指定路线，减少盲目性，便于顺序支配。经过实地考察，他认为东三省地域辽阔，物产丰富，土质肥沃，交通便利，移民有诸多天然有利条件。在我国交通运输能力不足的情况下，主张利用天然地理条件，以铁道附近及航路沿岸交通便利的地方为起点，逐渐推广，循序渐进。并由中央政府设立为移民服务的各种机构，如移民局、水陆运输交通机关等，内地各省咨议局也应设立殖民局，为愿移民者资助旅费，并给予保证书，以为保障，使之顺利到达移民之地。在接待移民方面，政府应于交通要冲之地设移民总局，在移民区"划疆分段，预为将来设治之区"。为移民开通道路，设置邮递，建立村落，便于移民定居生活，解决其后顾之忧。

熊希龄开发东北的思想与实践，因清政府的腐败无能并匆匆垮台而付诸流水。但他的远见卓识却并未被人遗忘。民国初年中国出现新的边疆危机，移民实边成为社会的共识，熊希龄编纂的《满洲实业案》、《东三省善后意见书》、《移民开垦东三省意见书》等著作在民国期间曾多次印刷，在社会上广为流传，"对于辛亥以后东三省的移民开垦和建设起了一定的指导促进作用"。他本人在 1913 年下半年至 1914 年初曾组织"名流内阁"，出任总理。在总理任期内，他主持制定了一系列经济法规章程，旨在促进工商实业发展，其中 1914 年 3 月颁布《国有荒地承垦条例》，给予移民垦殖权利以法律保护，实际上再次实践了他在清末新政时期移民垦殖的思想，为民国时期垦殖方针的确立奠定了基础。

三　奔走苏宁各地，推动东南现代化

1908 年 8 月，熊希龄接受时任江苏巡抚、湖南同乡陈启泰的邀请，为其担任幕僚，而此时的两江总督端方也希望熊希龄为其僚佐。陈委任熊希龄为江苏农工商局总办、苏属谘议局筹办处会办、抚辕文案；端委任熊希龄为督署总文案、宁属谘议局筹办处会办、南洋印刷官厂监督。熊希龄接受并担任这些职务，奔走于苏宁二地，帮助陈启泰筹划整顿苏省实业公司，厘定苏省农工商总局局制，归并经费，筹设商品陈列馆和农业实验场；帮助端方在南京办理南洋印刷官厂；并且还与当地绅士筹建宝应长湖垦殖股份有限公司。

熊希龄提出应对苏省各实业公司加以整顿和改良，加强管理。他分别上书苏抚陈启泰、江督端方和农工商部，提出了具体的整顿方案，要求各实业公司在农工商局注册备案，以便于政府加强监督管理，防止非法经营、招摇撞骗等影响实业发展的恶劣行径出现，而政府也因此可以保护各公司的合法权益，起到激励实业界的作用。在批准新公司注册之前对其进行复查，也可以降低因竞争过分激烈而给行业带来的损失，形成合理的实业布局。为了整顿和振兴苏省实业，解决商界为钱债诉讼所累的困扰，熊希龄还决定在农工商局内筹设高等裁判所，办理各种诉讼案件，为苏省工商业的发展营造一个良好的外部环境。

熊希龄认为农工商总局是管理一省实业的官方机构，其制度的合理与完善程度以及运行状况的好坏，都关系到当地实业的发展。他任苏省农工商总局总办时，决定对其局制进行改革。熊希龄认为苏省农工商总局旧制"权限混淆，办事亦迟误"，应建立起权责分明的科层制，分设总务、商务、农务、工务四科。科各有长，科下设课。计总务科下设机要、编撰、文牍、会计、庶务五课；商务科下设邮传、调查、裁判等课；农务科下设测量、艺士等课，工务科下设考察课。课设课员。各科、课人员仍由原局中各员按原职务性质改充，只有工务科关系工业，科长须另外聘用专业人员担任。尽量做到权责分明，以期提高行政效率。

熊希龄发现苏省农工商总局"一切支销经费及办事章程，均未厘定，殊不足以整齐划一"，财政支出存在许多漏洞，再加之局制改革后，新添设了一些重要人员，经费也随之增加，这就使得财务收支常常入不敷出。熊希龄认为应该根据财政的收入，来确定官位的多寡设置，同时要分清政务必需与否，弄明公务的轻重缓急。这样就可以明确经费当省者和不当省者。添设课员，聘用学识渊博的人才，给局员加薪水，这是属于不当省者；而闲职则尽可能裁汰，或者归并，以节省开支，这一类是属于可当省者。而对于费用的报销，熊希龄力图改变之前商务、农务、工艺三项造册，以致辗转腾挪、账目不清的局面。为了方便预算、决算，避免账务混乱的弊端，熊希龄将商务、农务、工艺三局归并为一局，报销统一造册，并"呈请宪核，以省繁文，而昭核实"。

熊希龄的建议"蒙宪台批准"，局制新章制定不久即颁布执行，后又根据实际情形进行了增改。熊希龄对农工商总局的机构改制和经费支销制度的改革，既是对清末官制改革的积极响应，也是适应当时苏省实业发展的形势需要。通过体制改制，提高了政府的办事效率。新增加的一些职能部门增强了农工商局的服务办事能力，从而有利于苏省实业经济的发展。

熊希龄还对苏省的具体实业情况进行了认真调查。他发现向来以富庶著称的苏省呈现出商业颓败、物价昂贵，人民的生活状况堪忧的局面。号称丝棉之乡的苏州，土货出口值反而远远不及南京与镇江，各类物品价格有增无减。熊希龄认为要改变这一状况，唯有创办两项设施：一为商品陈列馆，一为农业实验场。

熊希龄认为苏省距上海很近，交通发达，各国绅商前来游历的很多，但由于苏省道路狭隘，车马难行，外人望而却步，很少进入阊门城内繁华街市，以致造成很多精良物品，不为外人所知。设商品陈列馆，就是要向中外商民推广介绍苏省的优良物品，以广销路。

因此，熊希龄建议将阊门城外马路旁旧有营盘，改建为商品陈列馆，并附设劝工厂，又于馆西建屋数楹，以备农工商局迁入其中。陈列馆除展览苏省各类精品外，还派馆员专门为购货物者介绍本地物产，以达到畅销产品的目的。在熊希龄看来，农业实验场也是为苏省亟须筹建的设施。苏省虽然农产品冠于各省，但却不能满足人民的生活所需，颇有供不应求之势。他建议在距省十余里之外的浒墅关，圈用荒地370余亩，派员勘丈，建筑场所。并选聘技师，招收生徒，学习种植，对民间前来请教种植技术的也毫无保留传授新法，并赠送本场良种，以达到普及种植栽培技术，提高农产品产量的目的。为此，熊希龄派农工商局司道等赴浒墅关查勘土地，筹划设立实验场及农业学堂。

1908年12月，熊希龄受端方委托，担任南洋印刷官厂监督。上任后即着手整顿，为"该厂确立了良好的办厂宗旨和管理体制，以及完善的治厂办法与措施"。[①]

办厂宗旨：熊希龄说印刷官厂的目的有二：一为"杜弊"，二为"筹款"。所谓杜弊，是因民间印刷业勃兴后，不少印刷厂无视法律，侵犯版权，盗印各种官用、民用品，奸私作伪成风。特别是江南一带，作伪之风比其他地方尤为突出，这给行政改良造成严重的障碍。所谓筹款，主要是为了给国家增加税收。如果作伪之风能够制止，各种官民用品由官厂印刷，按印刷品类、价值粘贴一定的印花税，销售越多，所得税款就越多。

管理体制：熊希龄说南洋印刷官厂虽名为官办，实应注重工商，"欲求厂务之振兴，必尽去官场之习气"。他为该厂厘定的章程共有13条。规定仿造日本工场之例，将全厂事务划为商务、工务两大部，商务专管营业，工务专管制造。商务部下设会计、书记、庶务、营业四课，工务部下设制版、图案、活版、印刷四课。各课之中，又分各系。另设发行所，委会办分管之。总之，就是要做到使全厂各有统属，权责分明。

———————————

　　①　周秋光：《熊希龄传》，百花文艺出版社2006年版。

治厂办法及措施：熊希龄亲手制定《南洋印刷官厂办事通则》26 条，对本厂的办公作息时间，各任职员司的岗位责任、权限范围、操作规程、考核奖惩等，都一一作了详细具体的规定，并着重规划了四个方面：

其一，将南洋印刷官厂直接隶于总督署管辖，以求事权划一。南洋印刷官厂初立时隶属财政局管辖，但财政局要求与该厂分离独立，并得到了端方的批准。可熊希龄认为独立还是不妥。因为既然是印刷官厂，就势必要承担印刷官、民所用有关政治方面的各种印刷文件，而对这些印刷件"酌定样式，垂为法制，详令通行"，则"职厂无此权力"。因此他要求将官厂直隶于督署管辖，在督署内特设一位管印刷的文案专员，凡政治上印刷各件，各署、局、学堂应办事宜，均由该员请示总督，颁布样式，交由官厂印刷，凡有不遵守的，都会按规定给予处分。而凡关于商用印刷备件，则由官厂自主办理。这样就权限分明，避免相互干扰的情况出现。

其二，将所有印刷品区分种类，确定办法，以定先后。熊希龄说所有印刷品可以分为官用、民用、商用三项。这三项印刷品，除商用一项属于贸易，可采取纯营业性质的办法进行交易，其印刷样式也都可听其自便外，所有官用、民用各品则应统由印刷厂按官方指定的样式印行，否则将视为法律上无效。所有印刷品的定价发售，又分为甲、乙两类。甲类如官用品中的粮串、票照，民用品中的呈词、状纸、契券、合同，可由官加增定价，暗含抽税之意；乙类如官用品中的钞票，各署、局公牍、文件、图书、表册，民用品中的当票、呈折，可照工本取公平值估价，进行商业定价。并补充说明，上述各印刷品的最终定价方式应分轻重缓急，根据情形的发展渐趋完善。

其三，划定各项收入与利润分成，以求界限明晰。熊希龄说官用、民用既经区分种类，定价发售。由官加增定价的，其收入专属筹款，应由督署通报各署、局，将此款直接交给藩司或财政局，专项存储，听候拨用。而商用各品，纯属商务交易的，可专由官厂按物价直接收款，不必上缴政府。等到年终结算时，再按照商业公司办法，将之前所领用的官本银两按数算息，除去一切开支，以若干为公积金，若干为分红，若干为官利，若干为余利，列表造册，报告督署。官利一项按年上交财政局，其他赢利则听从总督指示拨付使用。

其四，变通折扣奖励办法，使厂务走向发达。熊希龄说，查中外各国商业，凡买货卖货都有经纪人，以促使买卖成交，从卖主那里收取一定的折扣以为中介费，这几乎成了世界通例。今南洋印刷官厂承印各署、局物品，也可采取给予折扣的办法。但折扣的给予不应为官方行为而应采取变通的办法，即每年可于印刷官厂的分红项下提出若干，分送各署、局，作为津贴分发给经手人，实为中介费。此外凡各省官局及商民有向南洋印刷官厂订货的，一概照商业办法、提取折扣以为酬劳。

熊希龄谋划的上述建制、办法与措施，可谓精细周到，得到了端方的支持。在熊希龄的主持下，南洋印刷官厂很快走上了兴旺发达之路。

熊希龄担任江苏农工商局总办后，总想为当地的农业发展有所作为。他经过调查发现苏省宝应县境之宝应湖（当地人称为长湖）濒湖之地，土地肥沃，适宜耕种，但常年处于荒废的状态，非常可惜。他打算和当地绅士集资重修水利，恢复旧有良田，种植作物，发展农业。1910 年春，熊希龄与当地绅士曹典初、陈庸、杨士龙、鲍友恪、朱嵩生、王宝庆、吴家达共同制定了详细的宝应长湖垦殖公司计划说明书。该说明书分地势、水道、区界、土宜、经画、预算六节详细地分析论证了建立公司的可行性，并提出了筹建公司的具体操作办法和措施。对公司的经营进行了详细的规划，对公司开办的费用进行了详细的预算。然后，熊希龄等制定了《宝应长湖股份有限公司创办简章》和《宝应长湖垦殖股份有限公司招股简章》，并于 1910 年 9 月 23 日呈文农工商部，成立宝应长湖股份有限公司，恳请恢复宝应长湖一带民业荒田，要求核准立案。呈文很快得到农工商部批复，宝应长湖垦殖股份有限公司很快就成立了。

熊希龄在苏宁任职期间，为振兴苏宁两地实业四出奔走，尽心擘画，推动东南地区现代化。他表现出来的那种求新求变、兴利除弊、勇于担当的精神，永远值得人们称道。

四　着眼未来筹办全国煤油事宜，促推国家经济发展

辛亥革命后，熊希龄开始转向共和。1912 年春任唐绍仪内阁财政总长，年底任热河都统。1913 年 7 月，被袁世凯任命为国务总理兼财政总长。1914 年 2 月辞去国务总理之职。3 月，受袁世凯委任筹办全国煤油矿事宜，至 1916 年 4 月辞去所兼各职。

熊希龄出任煤油督办时照（1915 年）

熊希龄认为煤油矿的开发有着重要意义，煤油为军事武器、交通器具的动力燃料，煤油生产的安全关系到战时军事的安全。他以欧战为例："此次欧洲战事所用潜艇、飞行机及汽车队之卓有奇功，

无一不视其所贮煤油之多寡，以卜战事将来之成败。西报议论，甚有谓德国煤油缺乏，战事难免不受其影响者。此外，美国军舰现时改用煤油已有六十余艘，是此项油矿尤为异时海军之重要燃料，可以想见矣。"①煤油又是获利最为丰厚的行业之一，他举例说"美国纽约美孚公司资本七千五百万金元，所得红股红利六百万金元"；"法人在奥国加里西亚所设之加柏提采油公司，资本三百五十万法郎，于一千九百十三年所得净利为二百一十四万八千九百五十九万法郎。"②煤油矿的开发还可为国家增加大笔财政收入。从国际上来看，石油为产油国带来了巨额税收的例证比比皆是：1909 年，俄国石油赋税收入为世界各国之最，年收消费准许等税 3805.3 万卢布，折合中国银圆为 4185.8 万元。奥匈两国，年收消费所得进口准许等税 4140 多万，折合中国银圆 1863 万元。而美国，也年收报效金 960金元，折合中国银圆 1920 万元。熊希龄分析指出，中国已在好几个省发现有产油之区，中国幅员辽阔，不亚于美洲。将来油矿真能有效开发，收入一定不会在俄、美之下。熊希龄在对比了中国与外国的人均煤油消费量之后，进一步指出中国实为世界最大的销油市场。"据俄国《克孚登那日报》载，一千九百十二年煤油输入中国者共二万三千五百万加伦，以中国人口平均计算，每人消费仅及三镑之微，较之俄国境内油产平均每人消费一百三十镑，合中国九十七八两，不及远甚。又德国报载，该国瓦斯电灯最盛，煤油消费成数甚少，一千九百十一年煤油总数仅七十六万吨。以德国人口五千六百万平均扣算，每人消费约二十二斤十二两八钱，较之俄国亦为不及。今以中、俄、德三国人口比较，照俄国每人消费九十七斤八两，以四万万人口计算，应销煤油三百九十万万斤，合六十一万九千零四十七万六千一百九十加伦。即照德国每人消费二十二斤十二两八钱，以四万万人口计算，应销煤油九十一万二千万斤。故无论与何国比较，而中国实为世界最大之销油

---

① 周秋光编：《熊希龄集》（第五册），湖南人民出版社 2008 年版。

② 同上。

市场。"①

熊希龄曾拟定、修改全国煤油矿筹办大纲两端呈文袁世凯总统，对于如何筹办中国煤油事宜提出了比较系统和完整的认识，并提出一个开发中国煤油矿的计划。他借鉴西方国家经验，结合本国的实际情况，提出了一条以政府为主导，官与商共同开发的道路。熊希龄把煤油矿的开发分为采油、制油、运油（设管）、售油四个部分。关于采油，熊希龄主张"边远各省油矿归国家专办及国家与外国商人合办，以长江流域及沿海各省油矿特许商人专事采油"。②他的理由是："在边疆各省，交通困难，非有此绝大资本不足以办理此矿，亦事势之不得不然。至于沿江沿海各省分所产油矿，则交通较便，资本较省，本国商民未始不可经营。此照美国采油机器价值计算，每凿一井，器工等费不过美金六千七百二十金元，合中国银圆一万三千四百八十元，资本较小之公司，亦可开办，似特许商民专事采油，亦属普及人民利益之一策。"而制油和设管需要巨额资本，一般商人无力承担，所以熊希龄主张这项业务应"由国家筹款办理"。为了避免煤油销售的恶意竞争，熊希龄提出煤油的销售应由国内统一定价、国外则依据市场定价的主张，并建议将其列入法案："拟于法案中将由国家规定价格载入条例，此后凡在中国境内运销煤油者，均宜遵守国家所定价格。其出口煤油运销他国者，听其自由贸易，不在此例。"他之所以强调这一点，就是为了防患于未然。他说："今国家既拟开发利源，特许本国商民采油及与外国商民合办，公司愈多，则竞争势所不免。"③恶意的价格竞争危险是随时都可能发生的。

为了把自己的煤油开采计划落到实处，熊希龄首先积极组织中外矿师，在全国开展煤油矿的探矿、勘测工作。另外，还在任国务总理期内，熊希龄即与张謇等代表中国政府和美国纽约士丹达石油

---

① 周秋光编：《熊希龄集》（第五册），湖南人民出版社 2008 年版。
② 同上。
③ 同上。

公司（美孚石油公司）签订了合同，共同开发中国石油。任全国煤油督办后，熊希龄继续主持其事。

熊希龄先于国人看到了煤油矿开发对于一个国家经济发展和税收增长的重要性，以及煤油矿开发的重要军事意义。他的煤油矿开发的主张和计划着眼于未来，具有很强的指导意义。

1916 年 6 月，袁世凯死后，熊希龄不再过问政事，而把主要精力投入赈灾、抚孤、收容伤兵、救济难民等慈善事业中。1937 年 12 月 25 日，熊希龄病逝于香港。[①]

∿∿

熊希龄是中国近代史上一位极具社会影响力的人物，是一位赤诚的爱国者，怀有经国济世抱负的政治家、慈善家、实业家和理财家。在近代中国复杂的环境中，他努力地实践着自己经国济世的远大抱负，不断地推进各项现代化事业，有力地推动了中国现代化进程。

熊希龄由于早年的湘学熏染，较早地树立了赤诚报国的人生理想和抱负。甲午战争的失败，刺激着湖南人，也刺激着熊希龄。当陈宝箴在湖南推行维新新政时，熊希龄立即投身其中，主持创办时务学堂"养成了若干勇敢有为的青年"（毛泽东语）；主办近代新闻媒体《湘报》，对近代湖南社会思想和社会风气的转变起了巨大的推动作用；创办鄂湘善后轮船局，积极奔走近代路矿建设，推动近代湖南社会经济的现代化。清末新政时期，熊希龄积极兴办醴陵瓷业，开创了一条振兴民族资本主义工业的道路。

清朝末年，面对内忧外患的祖国，熊希龄怀着一颗赤子之心，"尽力于国家和社会"，筹划开发东北，以抵抗外侮；经理苏宁，以国富民强；真可谓碌碌于道，勇于任事，尽心尽力推动着东北地区和江南地区各项事业的现代化。

民国建立，熊希龄赞襄共和，后出任国务总理兼财政总长，希望借组

---

① 主要参考周秋光《熊希龄传》，百花文艺出版社 2006 年版。

成"第一流经验与第一流人才内阁",以自己的实业之才、理财之能为国造福,推动共和事业向前发展。因此,熊内阁发布了《大政方针宣言》,其根本之点在于立足建设,将中国尽快纳入资本主义建设的轨道。然而,由于袁世凯的阻挠,这些有利于社会发展和进步的设想束之高阁。后辞去总理,专心筹划煤油事宜,仍然无法施展自己的理想和抱负,于是毅然脱离袁世凯,另辟蹊径走着自己的人生道路。他以自己的社会声望,救灾办赈,教养孤贫,抗日救亡,历尽辛劳,忠诚报国。

对于熊希龄,毛泽东这样评价他"做过许多好事,一个为人民做好事的人,人民是不会忘记他的"。是的,一个忧国忧民的人,一个披肝沥胆倾注心血办慈善事业的人,一个为中华民族的现代化事业奋斗的人,人民永远不会忘记他。

梁焕奎　近代中国锑矿业第一巨擘

　　20世纪初期，在中国锑业发展史上，湖南锑业在中国和世界领先的地位无可动摇。这一硕果，湖南人梁焕奎功不可没。他所创办的华昌公司最先采用世界上最先进的冶炼技术；最先获得政府颁予的专利；对外开拓世界市场，直接进军欧美，将公司的分销处设到美国纽约，在一战时期几乎左右了世界锑业市场。他是把中国锑业做到世界第一的近代矿业巨擘，对清末民初湖南形成以矿业为主体的民族工业体系做出了杰出贡献，并由此推动了中国工矿业的现代化。

　　梁焕奎是近代中国锑业巨擘、矿业大王、民族工业家。他所创办的华昌公司，是集采矿、炼矿、运销、出口于一体的湖南最大的近代民营矿业公司，是近代中国拥有最先进的炼锑专利技术的公司，其产品质量超过欧美公司而列世界第一。一战前后，华昌公司产品的质量高、产量大，以至于公司锑价的涨落影响着世界锑价的涨落，在世界锑业发展史上占据着非常重要的位置。

一　怀着振兴民族实业的满腔热情，毅然投身锑业

梁焕奎（1868—1930），字星甫，又字壁垣，又作辟垣、辟园。湘潭人。1868 年（同治七年）农历十月十二出生。梁焕奎父亲梁本荣原是广西临桂人，于 1856 年（咸丰六年）随其祖父梁宝善避乱来湘，落户湘潭。1874 年（同治十三年），梁焕奎 6 岁，入私塾，稍长后入湘潭昭潭书院学经史辞章等。1883 年（光绪九年），山西发生大灾，梁本荣捐资助赈，按例被录为江苏县丞，往江苏赴任。梁焕奎随父宦游。1887 年（光绪十三年），梁焕奎以诗赋见赏于太仓陆伯葵学使，补弟子员（秀才）。1890 年（光绪十六年），梁焕奎父亲升为知县，又因捐资赈灾加五品衔，遂将全家迁往江宁（南京）。此时湖南武冈人邓辅纶主讲江宁文正书院，邀梁焕奎助其评阅课卷。也因此，梁焕奎从邓氏学诗。1893 年（光绪十九年），梁焕奎在湖南乡试中中举人。1894 年（光绪二十年），中日甲午战争爆发，次年中国被迫签订《马关条约》，割地赔款，丧权辱国，引起了朝野极大的震撼。

甲午战前的湖南，是一个典型的以传统自然经济为主的省份，资本主义经济发展远较东南沿海地区迟缓。由于湖南士民思想观念的保守和守旧绅权势力的强大等原因，湖南经济近代化的闸门迟迟未能开启。甲午中日战争中湘军的溃败，刺激了一向自负的湖南人，强烈的耻辱感强化了拯救国家与民族的责任心和自信心。在维新思潮的影响下，为了救国强国、抵御侵略，湖南维新新政运动由此拉开序幕，湖南的工业现代化也由此拉开帷幕。

1895 年 9 月，直隶省布政使陈宝箴调任湖南巡抚。11 月，陈宝箴奏设湖南矿务总局。次年 2 月，陈宝箴正式设湖南矿务总局于长沙，以刘镇为总办，邹代钧为提调，梁焕奎任总局文案。

在某个程度上说，工业化是现代化最明显的特征，开发资源则

是现代化的起点。应当说陈宝箴抓住了早期经济现代化的要害。所以陈宝箴上任后，把开发湘矿当作经济方面的首要任务，以此大力开发湖南。梁焕奎作为矿务局的文案，协助陈宝箴拟奏了《湖南矿务简明章程》，对办矿的方法、经费、股份等问题作了若干具体规定。1896 年至 1897 年间，湖南创办了常宁水口山铅锌矿、新化锡矿山锑矿、益阳板溪锑矿、平江黄金洞金矿等大型官办企业。益阳板溪发现锑矿后，矿务总局成立了官办"中路久通矿务公司"。新化、益阳锑矿的大量开采，使长沙省城的炼锑业开始产生，逐渐有民族资本家在灵官渡开设大成公司、裕湘炼锑厂，灵官渡则成为长沙最大的矿产品转运码头。

1897 年，梁焕奎协助熊希龄、谭嗣同、梁启超等在长沙办时务学堂，同时积极参加湖南维新活动。是年冬，全家由湘潭迁居长沙。1898 年秋，戊戌变法失败。10 月，湖南巡抚陈宝箴被撤职，俞廉三接任湖南巡抚。1899 年，由于益阳板溪锑矿厂亏损严重，俞廉三决定将板溪锑厂由官办改为商办。在矿务方面从事管理的梁焕奎得到消息后，怀着振兴民族实业的满腔热情，毅然决定接办。

在当时而言，接办矿厂本来就不容易，接办锑矿绝非易事。因为，在湖南，历来保守观念就很严重，认为矿山开采破坏风水，矿工不务农是不务正业，矿厂聚集游民扰乱治安，以至于近代工矿业迟迟发展不起来。当洋务运动在全国热火朝天的时候，湖南几无动静。维新新政中矿业刚刚起步，主持维新者却不得不去职。维新失败，近代工业向何处去，也是一个未知数。再就是锑矿业还是一个刚刚认识的行业，结果如何，难以预料。

相传在明朝时，湖南新化等地即有锑矿开采，但是锑的得名不早于 1899 年。[①] 此前人们把锑一直认作锡，湖南锑都锡矿山得名就是由于此。1896 年，湖南巡抚陈宝箴姻亲刘鹤龄从安化带来一包矿石来省城，转送至武汉英商亨达利洋行，经检验始知为"安的摩尼"

---

① 张朋园：《湖南现代化的早期进展（1860—1916）》，岳麓书社 2002 年版，第 275 页。

（antimony），即后来所称的"锑"。

　　湖南早期锑矿开采集中在新化、益阳等地。新化约占全省三分之二，益阳板溪山则苗路广阔，占地三千余亩，易于开采。正是基于此，1897 年湖南巡抚陈宝箴遂决定先在益阳板溪、新化等地设立官办厂矿。板溪锑矿虽然占地大，但是有一个非常大的缺陷，就是锑矿生于石英脉内，成分不纯，开采成本高。益阳板溪锑矿开办后，没有获利，亏累较多。到了 1899 年，新任巡抚俞廉三对益阳厂矿失去信心，决定招商承办。

　　危难之际，梁焕奎接任板溪锑矿，其勇气可嘉，但是所面临的资金、技术、人才等问题却又令其心力交瘁。新式企业不同于旧式企业，资金、技术、人才是决定近代企业生死的基本条件。

　　梁焕奎首先遇到的问题是资金。不甘心将国家民族利益拱手让给洋人的梁焕奎，一定要接办益阳板溪锑矿，首先得找资金。好在妻子通情达理，变卖妻子所存的首饰细软获得了一部分资金；朋友黄修元、杨叔纯也愿意合伙,接办资金暂时解决了。于是合伙购得益阳板溪锑矿开采权,成立了民营久通公司,梁焕奎任董事长。这是梁焕奎经营锑矿业的开始。

实业初创,难题接踵而至,采矿炼矿最主要的是技术难题,技术难题其实还涉及技术人才问题,而矿厂要良性运行,还要管理人才,还要营销人才。

板溪锑矿虽占地宽广,但成分不纯,矿质较差,品位不高,含锑约20%至30%,提炼成本较大。而且自板溪锑矿厂运至长沙,运输成本也较高。虽然当时为了降低运输成本,在距板溪约50里的沾溪建了一个土法炼厂,将矿砂冶炼成"生锑"(硫化锑)后外运,但不能解法根本问题。

在久通公司运营过程中,梁焕奎的兄弟梁焕章做出了重要贡献。梁焕章(1873—1927),字端甫,兄弟中排行第二。1899年,长兄梁焕奎购得益阳板溪锑矿的开采权成立民营久通公司时自任董事。但梁焕奎因自己在湖南矿务局任文秘职,不便脱身,乃委派二弟梁焕章出任久通公司经理,常驻矿山。久通公司开通之初,生产方式和经营管理都十分原始,矿砂是任凭矿工随意开凿掘采,公司只负责坐山收购。加上交通不便,矿砂运出十分困难。为了降低运输成本,梁焕奎、梁焕章兄弟经多方交涉,官方同意久通公司设厂。这个厂也就是前文所讲到的在距矿山50里的沾溪所设厂,用土法冶炼后外运。

梁焕奎自己善于利用这一时期比较优越的身份,总理着久通公司,也在为公司的未来发展谋划。一方面利用优越的身份创造了有利的社会环境。梁焕奎在这一段时期,先后担任省学务处文案(1902年),省留日学生监督(1903年)、江苏金陵火药局提调(1903年)、省矿务总局提调(1903年)等职。特别是1903年,梁焕奎被湖南各界士绅推荐在北京参加了经济特科考试,名列二等,不仅显示了其极富天资的经济才能,而且扩大了知名度,也提高了公司的知名度。

另一方面,梁焕奎利用有利的身份,积极为湖南的路矿业培养人才。1903 年冬，梁焕奎向湖南巡抚赵尔巽条呈："国家富强在尽地利，而地利在矿；开采矿利在得人，非先作育人才，无从阐发地藏。"当局采纳此议，委梁焕奎创办湖南实业学堂，并任实业学堂监督。梁焕奎从湖南矿务总局拨借基金银 16000 两，在贡院旧址建立湖南高等实业学堂。聘请福建海军学堂毕业生侯官人翁幼恭司教务。教学除国文外，还用英语、法文课本。其用意盖以英美人长于采矿、而法国人长于修筑铁路，以此准备，为将来设置采矿科以及铁路科两个本科作准备，为湖南培养矿务、铁路技术人才。

1905 年春，梁焕奎眼疾发作，"两目昏翳"，"寻丈之外不复能辨人眉目"。拟去日本就医，因日俄大战，留止上海，住裕成公司。此公司系李子善经营，专销湖南矿砂，梁焕奎人有股份。此年秋天，梁焕奎终于到达日本东京求医，但他在日本遍求医药治目，毫无效果。1906 年梁焕奎自日本返湘前夕，作《留别东京诸君》，称"四载浪游三去国，一身残病暂还家"，但自信对于"夙昔所经手治学务和工矿实业，犹可从旁致力"。[①]回湘后，他专心致力于湖南矿业的发展。

1905 年，因日俄战争，锑价顿涨。1906 年久通公司获利不少，梁焕奎兄弟将炼锑技术问题又提上了日程。是年冬久通公司股东黄修元、杨叔纯退股，久通公司为梁氏所独有。同年，其弟梁焕彝在美国结束学业，梁焕奎命其又入英国皇家矿业学院深造，专攻锑、钨、铜、锡采炼工程，以备将来办矿之用。

在此之前的 1905 年，湖南地方政府为将利权归之于官府，曾自设官营锑炼厂，垄断锑矿砂的冶炼。但是，官府垄断炼销的行为使矿商所获利润大打折扣。由于利权问题，矿商采取或抵制或暗中私卖的方式，与政府的政策相抗。至 1907 年，全省许多地方从事锑业者，群起攻击官府垄断官收官炼官销之制，呈请清廷允许矿商自炼自销。清廷也苦于官营腐败、锑厂亏蚀，遂准其所请，民采官收官炼制在湖南破除，矿商可自设炼厂冶炼锑砂。由此，全省产锑矿之

---

① 梁漱溟：《梁焕奎事略》，《湖南文史资料选辑》第 18 辑。

处逐渐设立了一些炼厂。而梁焕奎则眼光更为长远，他想的不只是用原来的方法炼锑的问题，要做就要做最好的，他日思夜想的是如何引进西方先进的炼锑技术以进一步提炼纯锑。

正当梁焕奎苦心思索如何获得先进的炼锑技术时，1907年，其正在英国伦敦皇家矿业学院深造的三弟梁焕彝得知法国专家赫伦士米德（Herrenshmidt）在潜心研究低质锑砂成纯的方法。梁焕奎兄弟认为益阳板溪锑矿必须采用此法，生产方可改观。但专利要价极高，非出重金，不可到手。梁焕彝急忙将此消息函告梁焕奎。梁焕奎接到消息，喜忧参半。喜的是终于找到了自己梦寐以求的炼锑技术，忧的是到哪里去弄到这些购买专利的资金呢？

正当梁焕奎焦急不安之时，恰逢好友杨度回长沙。杨度与梁焕奎同乡又是挚友，关系非同一般。梁焕奎将欲购买专利开办纯锑炼厂一事告知了杨度。杨度极表赞同，认为机会不可错过，并认为如能获得此项专利，不仅有利于久通公司，而且对湖南整个工矿业的发展极为有利，表示愿意全力支持。杨度首先向湖广总督赵尔巽借得银圆5万，随后又向军机大臣袁世凯、直隶总督端方和山东巡抚袁树勋等借得11万银圆，部分用于购买专利，部分供按专利设厂之用。

1908年3月，梁焕奎以久通公司为基础，在长沙创设湖南华昌炼锑公司，自任董事长，主厂设在长沙南门外碧湘街一带。不久，又命梁焕彝通过洽商终以7万两白银购得法国赫伦士米德的"蒸馏炼锑法"专利。梁焕彝还奔赴英法之间采购兴建炼厂的一应设备，并邀矿冶工程学家王宠佑博士和法国工程师回国。经反复试验，华昌炼厂专利试验终于成功。几年艰辛，终于有了如此美好的结局。

二 要办就办世界一流的炼锑公司

1909年，华昌公司正式开工生产，采用了世界上最先进的炼锑技术，炼出了成色相当高的纯锑，质量超过了世界著名的炼锑公司——英商廓克逊公司。且新法炼制锑产品，"所用原料，半为数十年来弃置不用之废渣，化无用为有用"，①客观上大大提高了锑矿的利用率，因而在纯锑、锑砂和生锑的出口比重中，纯锑的比重越来越大，纯锑相对锑砂而言价格高，利润大，梁焕奎一手经营的锑业王国步入了发展的黄金时期。

华昌公司提炼纯锑的方法主要有三种：（1）将成分较低的矿砂，制成三氧化锑，再由三氧化锑，炼成纯锑；（2）由生锑烘成四氧化锑，再由四氧化锑炼成纯锑；（3）由生锑直接炼成纯锑。华昌公司设有：（a）炼氧炉24座，将成分较低的锑矿砂，混合20%的燃料，放在炉中烘炼，挥发出三氧化锑，用仓箱收集，未收集者用导管引入水池中，生成水氧。这种方法，每天可炼生砂二三吨；（b）长方形反射烘砂炉15座，每座炉分级而建，将含硫较多的生锑堆放在各级之上提炼。此种炼锑方法主要是除去生锑中的硫磺，从而生成四氧化锑。每天每炉可炼四氧化锑二千二百磅；（c）反射提纯炉19座，炉做成长方形，中间放置一大锅，将三氧化锑、四氧化锑或水氧，配以碳酸钠及木炭末一同冶炼12小时，可以提炼出纯锑，每次可得纯锑15至20吨。

因为华昌公司产品质量高于英商廓克逊公司，该商怕华昌公司挤占市场份额，便派员来湘商谈。愿为垫价包销。华昌公司创办之初，对外销售业务、市场运作方式均不熟悉，也愿意与其签约。

1910年，梁焕奎为四弟梁焕均捐得三品衔直隶候补官位，梁焕均出任湖南电报局总理。1911年，梁焕奎资助李国钦赴英国留学，就读于皇家矿业学院。1912年10月，黄兴回到长沙，居住在六堆子赐闲湖。梁焕奎为了支持革命将江西萍乡尚株岭铁矿赠予黄兴。黄兴带领广东矿冶工程师和湖南留学日本的矿业学生余焕东到达尚株岭勘矿。1913年，蔡锷任云南总督，家境贫寒。梁焕奎拿出五千银圆以借贷方式赠送给蔡锷，并声明此款已投入华昌公司新化分公司，

---

① 汉生：《十年来湖南矿业杂谈》，《湖南大公报十周年纪念特刊》，1925年，第110页。

作为蔡氏股份。1914 年，华昌公司属下的裕阜公司在资兴县瑶岗仙开采铅、砒矿，烧制磺灰时，发现一种黑色矿砂，经梁焕彝用化学干试法测定，乃是钨砂，这是中国首次发现钨矿，于是组织开发。

1914 年，华昌公司发现，英商廓克逊公司虽然包销华昌公司产品，但是华昌产品销量不升反降，遂派人调查。原来，廓克逊公司在各国市场推销产品时，首先大力推销自己的产品，而将华昌公司的产品压在其后，并不是一同推销。而当时，第一次世界大战爆发，世界各地对锑产品的需求骤然增加，伦敦锑价又低于纽约甚远。外人争买时，华昌公司则又不能违约销售。为了摆脱受制于人的被动局面，华昌公司不得不与廓克逊公司展开艰苦谈判。由于一战，英商廓克逊公司也确实难以按时收购华昌公司产品，也只得于该年 12 月达成协议，原约改为"无论售于何人若干吨，皆给予廓克逊公司以佣金。期限为一年，至 1915 年底止"。

1915 年春夏之交，锑价暴涨。8 月，为适应市场发展，华昌公司进行了机构改革，梁焕均任公司总经理；梁焕彝辞去水口山局长之职，专心办理华昌公司技术事务；梁焕廷任驻美销售经理，梁焕均的连襟李国钦任驻美销售副经理，专驻纽约负责销售工作，华昌公司将锑产品的市场直接开进了美国。梁焕奎的大弟弟梁焕章仍住板溪。作为久通公司的创始人之一，梁焕章在 1908 年华昌炼锑公司成立后久通公司为华昌分厂后，一直住在板溪，主持板溪矿山开采事宜。根据华昌公司新时期扩产的要求，开始一系列技术改革。窿内用木条支撑，用压缩空气钻孔机钻孔，采用平峒与斜井开拓。1916 年又投入巨额资金，聘请了国内最有声望的工程师谌湛溪，驻山进行大规模技术改造和扩建。在矿场安装了当时最先进的蒸汽机和全套机械设备，以保证排水、送风和直井矿石的卷扬。板溪矿场矿内坑道四通八达，自东至西贯通了整个经脉，上下左右坑道有 10 余里，深入地下 80 余丈。在主要干线中，还敷设了轻便轨道，以利于矿砂运输。矿区范围内，包括采矿工，选矿工，窿内外运输工和机械工人数常在三五千人之间，最盛时达万人以上。梁焕章一生吃苦耐劳，最后积劳成疾，于 1927 年 4 月逝世。梁焕奎作有《哭仲弟端甫》诗，其中云"劳苦忧生事，寻山入板溪，幽居颜惨惨，孤岭草萋萋。宝气生灵蟄，寒箱踏滑泥。廿年差不负，银瓮得新题"。可说是对梁焕章一生事业的概括。

一战时期，由于世界市场大量需要能造军火的锑，国际需求量大，刺激着湖南产量的大幅上升，产量扩大的同时，价格也一路飙升。长沙纯锑每吨平均市价，1913 年仅为 240 元，1915 年陡涨至 1166 元，1916 年，锑价维持 1100 元。[①]1916 年的湖南《大公报》也记载，"去岁锑价，每吨锑价涨至一千六百余两"。[②]战争景气确实让包括华昌公司在内的湖南的锑矿业猛然发展。价格一路飙涨，华昌公司盈利颇多。1915 年 7 月，公司不仅归还了原政府农商部拨给的补助款 16 万两，而且还给予了利息 9 万两，总计 25 万两。年底统计结果表明，华昌公司的生产能力较常年增长 2 倍，且公司扩股达到 96 万两。1916 年 5 月 2 日，华昌公司在湖南《大公报》发表 1915 年营业账目，营业收入高达 300 余万两，获纯利 120 万两。

1916 年，是华昌公司最为繁荣的一年。为了更好、更快地开采益阳板溪锑矿，板溪锑矿逐渐采用西法开采。同时为解决运输问题，准备修筑板（溪）桃（江）铁路，该年完成了铁路购地，购买了铁轨车头，铺枕架轨工程也已过半。由桃江至资水游筏完全造就，从资江至省城长沙运输锑产品也采用了铁驳火轮，每月运输量可达 1200 吨锑矿砂。在长沙新开工建设的炼厂也将次竣工。整个华昌公司一片红火景象。

据梁焕彝传记记载，华昌公司拥有"华运"号轮船一艘和上千吨的铁壳驳船 5 船及浅水汽轮多艘，往来于资水、湘江流域，甚至直达上海。总部坐落在长沙南门外，"从碧湘街到西湖桥河边一带，占有约十余万平方公尺面积的建筑物，它的办公大楼紧靠着面临湘江的楚湘街，包括有自己经营的轮船码头、机械修理车间、仓库、工人宿舍、堆栈、化验室和一连串大型冶炼纯锑的设备与

---

① 《锡矿山锑矿志》，1983 年，第 14 页。

② 湖南《大公报》1916 年 11 月 10 日。

厂房，并附属有电力厂与自来水厂等，再加上耸立达数十丈的——在长沙各类工厂中最高的——炼锑的烟囱和直接为华昌服务的各类大小商店，全体构成一幅资本主义的场景。"①梁焕奎三弟梁焕彝传记也记载："省垣城南一带，机声喧扰，烟突林立，厂房宿舍，鳞次栉比，湘江沿岸，火轮电艇，络绎于途，无非皆华昌所有，情况之盛，规模之大，可见一斑。"②

　　有资料显示，一战时期华昌公司在国际国内是首屈一指的。1915 年，世界总产量 37772 公吨，中国出口总量 23357 公吨，占比 61.8%。1916 年，世界总产量 70019 公吨，中国出口总量 42800 公吨，占比 61.1%。1917 年，世界总产量 54872 公吨，中国总出口量 28450 公吨，占比 51.8%；湖南出口总量 27576 公吨，占世界比 50.3%，占中国比 96.9%。1918 年，世界总产量 29737 公吨，中国总出口量 18120 公吨，占比 60.9%；湖南总出口量 16459 公吨，占世界比 55.3%，占中国比 90.8%。③比较华昌公司情况，虽然无法精确统计所产生锑、纯锑情况，但是从长沙老厂改扩建后锑产迅速增加的情况也可看出华昌公司产量之大，非同一般，当数国际国内最大。长沙老厂改建后，1912 年产生锑 5947 吨，纯锑 2307 吨；1915 年生锑产量达到 7895 吨，纯锑 7200 吨；1916 年纯锑产量高达 8600 吨。1917 年纯锑产量保持 8200 吨，1918 年虽然大幅减产，仍达到 4200 吨。就其自身而言，1908 年，华昌公司开办时总资本仅 10 万两，1916 年迅速增加至 300 余万两，获纯利 120 万两。短短的 8 年时间增加了 30 余倍，其资本规模之大在湖南各矿业中首屈一指。一战时期，除长沙老厂外，在安化、新化等地新设采锑矿场 100 多家，矿工 2 万多人，同时新设钨矿、锡矿、煤铁各矿等近百处，并投资 60 余万两准备开发江西大庾岭的钨矿。由此可见，欧战时期是华昌公司发展的黄金时期。梁焕奎创办的华昌公司成为了当时湖南最大

　　①　梁奇：《华昌炼锑公司及其创办人梁焕奎》，《湖南历史资料》1959 年第 2 期。
　　②　同上。
　　③　周维樑：《世界第一之湖南锑矿》，《湖南经济》第 2 期，第 48 页，湖南银行经济研究室编印，1947 年。

的民营矿业公司。

三　大企业华昌公司自有一套成功的秘诀

华昌公司的成功，自与董事长梁焕奎的经营管理有极大关系。梁焕奎的经营管理成功的秘诀在以下几方面有突出表现。

一是组织严密。华昌公司根据炼锑业的发展需要，设置了相当严密的组织管理体系。由股东会议产生董事会，再经董事会互选总理一人，协理一人，负责常务。在总理和协理之下，设总工程师管理工厂生产事务，下有开采、冶炼、翻砂、化验、技术工程、水电、修理等部。设理事总管厂务及辅助等事项，下有堆栈、转运、翻译、文牍、会计、收支、警务、稽查、采买等部，全部员工达数万人。各部门既各负其责，又紧密合作，在很大程度上形成了自己别具一格的产业体系。

二是使用世界上最先进的炼锑技术，同时申请专利予以保护。华昌公司使用赫伦士米特的"蒸馏炼锑法"，经过多次改进试验，成为当时世界上最先进的纯锑提炼技术。华昌公司由于得到了当时世界上最为先进的技术，其所炼锑产品质量急速提高，市场急剧扩大。为了保持技术优势和占有更大的市场。华昌公司向清朝商部申请专利10年，奏准"在湖南专利十年，无论何国官商，不准在中国境内设同样之炉座，亦不得在湖南境内，设他样提纯锑之炉座"。[①]清政府准许湖南全省各地锑砂均交华昌公司提炼并集中使用双环商标出口，这样洋商也就不可能在湖南境内廉价收购锑砂了，梁焕奎此举打破了洋商垄断湖南锑砂价格的局面，保护了湖南民族工业。中华民国建立后，华昌公司为保护矿业专利权，两次连续申请，获得专利权延至1932年。

三是人尽其才，这是经营之本。梁焕奎特别重视人才在企业发展中的关键作用，力求做到因材而用，各尽其才。还在久通公司时期，梁焕奎就注意培养实业人才，如将自己的二弟梁焕彝先后送到日本、美国、英国等地学习矿业，将三弟梁焕均、四弟梁焕廷先后送到海外学习矿务和管理技术。利用自己任湖南矿务提调等职兴办实业学堂，培养人才等。为了公司的发展，梁焕奎除聘用国内专家王宠佑、谭长生等人外，还聘用了法国机械专家，使各产业、各部门都有一流的技术人才和管理人才。另外对四个兄弟的分工，也突出了人尽其才的原则。大弟梁焕章忠厚稳重，被委任为板溪锑矿基地驻矿经理，负责矿石的开采和冶炼；二弟梁焕彝勤恳好学，善于交际，负责奔走欧美各地，广为联络。三弟梁焕均治事精干，才略不凡，任公司总经理；四弟梁焕廷曾留学美国，通习英语，被委任为驻纽约经理处经理，负责国际贸易。事实证明梁焕奎的这种安排是非常合理的，很契合几个兄弟的资质个性，便于他们在各自的岗位上施展才华。

在梁氏兄弟中，梁焕彝主管技术，为华昌公司，为中国的锑矿

---

① 梁奇：《华昌炼锑公司及其创办人梁焕奎》，《湖南历史资料》1959年第2期。

业、钨矿业做出了杰出的贡献。历史不应泯灭其功劳。梁焕彝（1876—1946），字鼎甫，兄弟中排行第三。1899年入上海南洋公学中学班。1900年入杭州日文学校。1901年，湖南官费派学生梁焕彝与张孝准二人，往日本学习采矿。梁焕彝入东京成城中学，与蔡锷成为同学。1902年梁焕彝在日本与同学蔡锷、杨笃生等同乡一起创立了湖南编译社，编发了《游学译编》刊物。1904年，梁焕彝自日本留学毕业后回国，与兄梁焕奎及友人龙绂瑞、谭延闿等捐资发起成立"湖南图书馆兼教育博物馆"，馆设长沙城东定王台蓼园。不久，仍由湖南矿务局派赴美国留学，就读于布恩司学校。1906年，考入伦敦英国皇家矿业学院，专攻矿业采炼工程，并为调查研究纯锑冶炼法，游历法、荷、德、比各国考察矿山、炼厂。1907年，梁焕彝在得知法国专家赫伦士米特在潜心研究低质锑砂成纯方法，但索要的专利费极高的情况后，立即将消息转告国内，同时赴法国洽商购买赫伦士米特发明的"蒸馏炼锑法"专利。1908年，华昌炼锑公司成立。梁焕彝在法购得专利后，又奔走英法之间采办创设长沙炼厂的一应设备，并邀请著名专家王宠佑博士和法国机械师同回长沙组装机器，经过反复试验，使该专利的应用获得成功。遂在长沙南门外碧湘街一带建设炼锑厂。1909年初华昌公司正式开工生产，梁焕奎任董事长，梁焕彝成为公司技术方面的领导者。1910年云南护院沈方伯，久闻梁焕彝大名，来电聘其远赴云南，创办宝华纯锑炼厂。1911年云贵总督李经羲一再要求梁焕彝开发云南全省矿务，并要其兼工矿学校校长，化验所所长。1913年由云南请假回湘，出任湖南水口山矿务局局长。1914年华昌公司属下的裕阜公司在资兴县瑶岗仙开采铅、砒以及烧炼磺灰（三氧化硫）的过程中，发现砒内杂有一种矿砂，质重色黑，影响炼砒，工人称之为"黝子"。主办人罗泽春收集了一些"黝子"样品，送华昌公司鉴定。梁焕彝用"化学干试法"鉴定"黝子"样品为"钨"，[1] 在中国第一个发现钨

---

① 另一说，中国人较早发现钨矿石和进行钨矿石化验的是李国钦。参见《李国钦》，载朱有志、郭钦主编《湖南近现代实业人物传略》，中南大学出版社2011年版，第196—197页。

矿，于是组织开发。后梁焕彝沿五岭山脉往东寻矿，至江西大庾发现了更丰富的钨矿。1915 年，太平洋万国博览会在美国旧金山举行。中国农商部为推动中美两国商业的互利发展，郑重推选全国工商界著名实业家组团赴美，梁焕彝也在邀请之列，4 月赴美参观考察，7月底回国。8 月，华昌公司为适应市场需要，进行机构改革，梁焕彝辞去水口山矿务局长之职，专心办理华昌扩展西法采炼事宜。为了便于板溪锑矿石外运，梁焕彝主持修筑板桃铁路。1920 年北大教授杨昌济病逝于北京，梁焕彝同兄梁焕奎及旅京湘人章士钊、蔡元培、杨度等联名发出募捐启事，恤其遗族。1923 年在湘潭谭家山煤矿开办浚发公司。1925 年任湖南省建设厅工业化研所所长及工业劝业场场长。1930 年举家迁上海。1935 年任江西省建设厅技士，开办"泰和钨矿"。旋又改任资源委员会钨矿管理处技士兼第十二事务所所长，主持开办虔南钨矿。1937 年辞去第十二事务所所长，任湖南钨业分处某厂工程师，至 1939 年解职。不久，率家人居零陵乡下。1941 年主持监理宜章及瑶岗仙矿事。1942 年全家迁居宜章，至 1946年回到长沙。不久在长沙病逝。

在梁氏兄弟中，梁焕均善于管理，后出任华昌公司总经理。梁焕均（1881—1938），字和甫，兄弟中排行第四。1903 年，长兄梁焕奎出任湖南留日学生监督，梁焕均随兄赴日本留学，学成归国后，留在长兄梁焕奎身边协助处理日常事务。1908 年，梁焕均参与华昌公司成立之事。1910 年，长兄梁焕奎以赈灾方式替其捐得三品衔直隶候补的官位，出任湖南电报局总理。1915 年因欧战锑价扶摇直上，华昌公司事务日益繁忙，公司机构进行改组。梁焕均乃辞去湖南电报局总理职务，出任华昌公司总经理，专心华昌公司管理事务。由于欧战原因，作为战备用品的锑及其产品国际市场价格飙涨。华昌公司进入极盛时期。1917 年，华昌公司再次改组，梁氏家族占 1/3，汪颂年出任总理。1918 年梁焕均在庐山小天池购地一万平方米，成立天一公司经营地产，在小天池建房修路。修通了至莲谷、姑塘、大寨、牯岭的道路和修建了疗养院以及十几幢别墅。1938 年逝世于庐山。著有《西法炼锡述要》、《炼铜法》、《调查日美铜矿游记》等书。

四是积极开拓海内外市场。由于近代中国工业基础薄弱，除国内印刷业所需不多外，锑矿砂和锑产品主要用于军事工业上，故中国锑产品主要销于国际市场，成为世界军事战备物资。在华昌公司建立之前，湖南以出口锑砂和锑制半成品为主。由于产品从矿山到出口商之前，中间层层转卖，毫无统一组织，这样就给洋商操纵提供了绝好的机会。洋商可以利用其丰厚的资本，任意垄断矿山的开采，控制出口量，操纵中国国内的价格，加上当时湖南还没有新式冶炼设备和技术，也没有化验机构："但凭洋人眼力，随意估评砂色成分，以决定收购与否和价格高低……故洋人于转手之间，多获得暴利，每担矿砂计百余斤，售价不过数百文耳。"①更有甚者，有些成色较差的锑矿，洋商借故不收不卖，非要勒索至最低价，甚至低于成本价方罢。售价低于成本，矿砂又被掠卖，国内矿商也曾做过消极抵制，"有所不能甘心，致宁废弃不卖者"②，但于事无补。华昌公司成立后，由于锑品质良好，加上专利垄断，于是迅速拓广海内外市场，华昌公司在外商云集的上海和美国纽约等地设立销售联络处，派专人负责管理销售业务。当时同华昌公司有生意往来的外国公司，有德国多福洋行的多来福，加利洋行的施来克，日本中日实业公司的山井，英国商人安利英、卜内门等。由于华昌公司对市场的迅速拓展，外商垄断中国锑业的局面迅速改观。

四　忧心中国民族工业的发展前途

1918 年，一战结束，锑价暴跌，从战争期间每吨 1000 元猛跌至 100 余元，最低时仅 20.3 元，华昌公司由于种种原因，营运不振，再次改组，汪颂年辞职，杨度出任公司总理。10 月，为反对美商运动增加湖南锑税，杨度自日本到达北京，向政府游说，请拒绝美商

① 梁奇：《华昌炼锑公司及其创办人梁焕奎》，《湖南历史资料》1959 年第 2 期。
② 同上。

要求。1919 年，华昌公司走向衰落，生产难以维持。杨度和另一股东周扶九向上海银行借款 100 万元，以出口锑砂为抵押又接纳中美贸易公司投资银 50 万两，并撤掉公司在美国所设立的推销处，委托中美贸易公司代销出口锑砂。1920 年，国际锑价继续暴跌，华昌公司运美纯锑大量积压，国内债台高筑，矿山、工厂生产完全停顿，不得不低价抛售存于纽约的锑砂，其所得仅够关税、保险、运费之用，数十万采炼成本全部亏蚀，华昌公司走过它的繁华时代，从此一蹶不振，至 1921 年宣告破产。华昌公司盛极而衰直至破产倒闭，原因是多方面的。

当然，无论是国外资本主义企业还是我国民营企业，在追逐剩余价值和尽可能高的利润方面，并无本质不同。因此引进和使用先进科学技术，扩大再生产，实行规模化，与外商竞争，可以获得更多份额的市场；利润来得更快，效率也更高。但是，规模扩大的同时，市场需求问题也就来了。像锑这种主要用于军工的产品，毫无疑问会在一战期间随着战争需求而价格飙升，获利也很大，以至于华昌公司贪大图快，过分追求规模，而后随着战后需求减少，锑价暴跌而使投入收不回来，造成债务不堪重负。

就市场经济规律而言，战争造成锑业飞速发展，固然使得公司获利甚多，但在战争后期萧条景象逐渐显露时，没有及时意识到市场的萎缩，没有及时地应对，恐怕也是重要原因。实际上，国际锑价从 1916 年起逐渐开始下滑。受其影响，国内锑矿业开始每况愈下，1916 年间下滑的速度非常快，"二三月锑价跌至九百余千，……至五六月间跌至五六百千，至七月初间，跌至二百七八十千"①，1917 年至 1919 年愈落愈下，最低时每吨跌至二三十元。与国际市场锑价涨落相关的是，1916 年以后，国际锑价不断下跌，国际锑品总产量也在不断减少，但是从中国锑产量在国际上所占比率来看，反而逐渐上升，湖南所占比率也是同样情形，可见整个国内锑业出口对此的反应是滞后的。

---

① 湖南《大公报》1916 年 11 月 10 日。

这也说明，由于锑的初级产品在对外出口中占据绝对地位，生存和发展的需要决定了锑矿行业高度依赖出口。正因为如此，华昌公司的市场也主要是在国外，因而，国际市场价格的涨落对其影响很大。这虽然是供求关系在起作用，但也说明在如何面对市场的涨落方面，不仅公司本身要调整战略，国家、政府的政策也非常重要。这实际上是民营企业的生存环境方面的问题，这些问题的解决对一个刚刚起步的民族工业来讲尤其重要。可以说，20 世纪初期国内民营经济的发展普遍缺乏这种较好的国内国际环境。

当国际锑价不断下跌时，企业为了生存，不得不加大输出量，以微利争取企业生存，增产并不意味着增加利润。相反，对于易采易炼的辉锑矿消耗更大，新化锡矿山矿富质纯（富含辉锑矿），在一战后其采量大大增加，依靠低价高质的初级产品出口，锡矿山幸存了下来。但是，对于含锑量较低的板溪矿厂而言，则由于成本高于其他矿山，因此难以生存。而华昌公司的主要矿山又是板溪矿山，当然也难以生存。另外，还有一个问题，当产品供求和价格脱节之时，生产企业如何根据价格寻找产销平衡点则显得非常重要。然而，在民族资本主义发展初期，想如何控制国内产量增长又取得较好的经济效益，是当时以出口为主的工矿企业面临的一大共同难题。当然，要在混乱的民国初期提出和解决这些问题是不可能的，但是当时湖南的锑矿业确实碰到了这个难题。

就国内外非市场因素而言，梁焕奎对当时民族工业所生存的国内国外环境有过切身体会。对此，梁焕奎在事业受挫之后，进行了总结，这些总结令人沉思，令人心痛。梁焕奎认为在当时的中国，办矿有三难：一是洋人凭借其国富兵强、资本雄厚，同其对抗竞争难；二是国内地痞恶霸人多势众，横蛮霸道，同其讲理难；三是国内局势不稳定，军阀豪强敲诈勒索，支应难。到晚年梁焕奎又继续总结道："华昌公司非败于内，实败于外……苟非洋商作祟与各方恶势力交相煎迫，内部问题调整，固不难也。"[1] 这些话道出了半殖民

① 梁奇：《华昌炼锑公司及其创办人梁焕奎》，《湖南历史资料》1959 年第 2 期。

地半封建时代中国民族工业发展艰难的真谛。

在中国近代民族工业起步之时，帝国主义对中国民族工业极尽摧残之能事。华昌公司未设立前，外商任意垄断湖南矿产开采权，任意贬低矿产收购价格，控制矿砂出口。当华昌崛起之时，特别是当华昌获得锑矿采炼专利后，外商一方面与华昌保持密切关系，争相供应采冶设备和运销产品，一方面则广泛勾结华昌以外的各地私商暗中破坏华昌专利权。尤其是当华昌将巨额资金投入冶炼厂的建设后，外商竟然卑鄙地唆使各地私商仿效，并廉价供给设备，暗中提供周转资金，让他们与华昌对抗。由于外国势力的插手，华昌公司的专利权很难维护，不得不与私商们进行价格大战，以致锑价一降再降，有时每吨不过二三十元。其他炼锑厂纷纷倒闭，华昌最终也难逃厄运。除了帝国主义侵略和摧残，国内军阀政客也肆意敲诈勒索。湖南处于南北军阀交战要冲，是各路军阀的必争之地。华昌公司后期正值北洋军阀统治时期，南北军阀你来我往，每次新军阀来旧军阀去，总要勒索一笔巨款钱财方肯罢休，还美其名曰"报效军饷"。梁焕奎终日处于惶惶不安之中。其家人因经常受到军阀土匪的要挟，连生命都难以得到保障。据记载，公司在湖北汉口德租界碧秀里有一住宅，专供避难之用，一年往返多次，时而逃汉，时而返湘。有一次，在湖南恰遇军阀唐某率军逼令报效军饷，梁焕奎带领全家老小，从后门匆匆逃至武汉，以为暂离险境，可以稍稍休息。未想到住在碧秀街后面的日本人一边四处放火，一边袭击公司住宅，一时火光冲天，枪声大作，一家老小不得已又深夜冒雨越窗而出，逃到法国租界巡捕房附近，事情平息后返回湖南。回来后，梁焕奎不得不以重金聘请洋人保护住宅，并在公司门口挂上美国洋行招牌和美国国旗，以此掩人耳目，逃避勒索。梁焕奎明知此举有辱国格和人格，却又不得不为之，其内心之痛苦是不言而喻的。他曾愤慨地说："在自己的国土上，却要靠洋人保镖，实乃奇耻大辱。"①另外各厂矿所在地区的地痞流氓与土豪劣绅沆瀣一气，仗势勒索，稍不

---

① 梁奇：《华昌炼锑公司及其创办人梁焕奎》，《湖南历史资料》1959 年第 2 期。

如意便捣毁设备、阻碍运输。对此，公司不得不长年累月派罗泽南等奔走于各地进行处理，每年耗费银数十万两。

　　早在 1907 年 39 岁时，梁焕奎就双目失明，生活行动很不方便。华昌公司倒闭后，其精神受到严重的打击，加之时局多变，治安混乱，他一面学佛，一面避居于宁乡、湘潭等地乡野以求得清静。但地方势力总认为他是腰缠万贯的富翁，仍不时上门骚扰，其内心之苦楚，真不足为外人道也！避居乡野期间，本是文人出生的梁焕奎除总结华昌公司失败的教训之外，最大的爱好就是吟诗。其诗充满思乡之念，忧国之情，离乱之感。在涉及华昌公司的诗句中，他从不隐瞒自己对帝国主义洋商的切齿之恨，颇多愤世嫉俗之词。不过在花甲之年将诗稿汇集成册时，他特意将这些诗句删除掉了，并说："洋商险毒，非我诗所能道其万一，毋使污我白纸。"①足见其对华昌悲惨命运的痛惜之情。

　　1928 年，梁焕奎远走上海，其间曾与堂弟梁漱溟相聚小叙，言谈中颇多对时局的感叹和对华昌的成败得失的总结。伤心处，喉哽声噎。此种伤心，既是对个人命运的悲叹，又何尝不是对国家民族工业发展前途的忧心。

　　1930 年，梁焕奎在庐山小天池别墅中病逝。②

　　近代锑业巨擘、矿业大王梁焕奎，在危难之际，怀着振兴民族实业的满腔热情，不惜变卖妻子首饰，多方筹措资本，接办奄奄一息的益阳板溪锑矿，体现了湘人艰苦卓绝的创业精神。他双目失明后，反而以坚韧顽强

　　①　梁奇：《华昌炼锑公司及其创办人梁焕奎》，《湖南历史资料》1959 年第 2 期。
　　②　主要参考资料：梁氏家族史编辑委员会编：《梁氏家族史资料选编》（未刊稿），2005 年；《梁焕奎年谱》（未刊稿），2007 年。彭国兴：《湖南华昌炼矿公司兴衰史》，载《长沙文史资料》1988 年第 7 辑。

的精神，专心致力于矿业的发展，创造了中国矿业史诸多传奇。以敢为人先的精神，在国内首先引进欧美最先进的冶炼技术，反复试验，终获成功，创立华昌炼锑公司，纯锑产品质量超越欧美诸国，成为世界上最先进的生产厂家。他以极大的魄力、胆略和实力，扩大公司规模和经营范围，除长沙南门口外的华昌炼锑厂外，又在安化、新化等地新设采锑矿场100多家，同时新设钨矿、锡矿、煤铁各矿等近百处。以创新开拓精神，在国内最大的商埠上海开有分销处外，敢于将公司的分销处设到美国纽约，在世界市场与各国竞争，公司锑价的涨落甚至一度影响着世界锑价的涨落。公司繁盛之时，世界为之瞩目。正因如此，20世纪初期，可以说没有人不羡慕华昌公司当时辉煌发达的场景，也可以说当时国内外矿业界，无人不知梁焕奎，无人不晓华昌公司。梁焕奎不仅推动了中国锑矿业的发展，也推动了中国矿业的发展和现代化。

聂云台　近代中国纺织工业的一面旗帜

　　聂云台是中国近代棉纺织业的一位声名卓著的企业家。他 1904 年涉足纺织业，先后成为复泰公司总经理、恒丰纺织新局总经理，创办了被称为中国民族纺织资本发展顶峰的模范纱厂——大中华纱厂，随后又参与创办和经营了大通纺织股份公司、华丰纱厂、中国铁工厂、中美贸易公司、恒大纱号，在长沙开设协丰粮栈。由于企业经营活动的一系列成功，聂云台先后当选为上海总商会会长和全国纱厂联合会副会长，成为上海滩总商会掌门人。

　　20世纪初期，在风云激荡的上海滩，无人不知恒丰纱厂，无人不晓模范纱厂大中华，还有华丰纱厂、中国铁工厂、中美贸易公司、恒大纱号……这是聂家的骄傲，是湖南人的骄傲，更是中国近代纺织工业的骄傲。

一　一个湖湘人家的家国责任、
济世情怀和担当精神

　　聂云台（1880—1953），名其杰，以字行世。衡山县东乡（今属衡东）人。父亲聂缉椝为曾国藩女婿，母亲曾纪芬是曾国藩满女。聂云台为聂缉椝（1855—1911）第三子，幼时随父在外，与兄弟姊妹延师共读，1893年随二哥聂其昌回衡阳原籍应县试，考取秀才。后在上海跟随外籍老师学习英语，涉猎电气与化学工程，精于英语。曾到美国留学，回国后正值清朝末年，国势积弱不振，于是主张"教育救国，实业救国"。聂云台后来的人生也就从实业着手，取得了杰出的成就。

　　聂家在衡山是世家大户，名望很高，以三代进士、两代翰林以及乐善好施知名远近。家世的名望对聂云台的人生观、经商观影响很深。聂云台后来专门撰文阐述了这些事，略述如下。

　　从聂云台兄弟这辈人上溯，聂继模是聂家七世祖。聂继模生于1672年（康熙十一年），为清初"积学能文而不应试"的一位民间草医。好善乐施的老人在疫病流行之年赈济贫民而"全活甚众"，率子入京会试、率子入京铨选途中屡次济人危难、施药疗疾。后人，他的七世孙——本文主人公聂云台忍不住感叹："放下自己要事，以救他人，最为难能。"述及老人80多岁之后仍为产妇危症深夜冒雪出诊时，聂其杰强调的仍然是祖先这种"舍己济人之心如此真切"的高风亮节。聂继模80岁左右撰写《诫子书》，给时任陕西镇安知县的二子聂先焘，为当时陕西巡抚陈宏谋大为赞赏。时人誉为"知民教士之法"的家书让后世读者深刻见识了传统时代一个普通湖湘人士的家国责任、济世情怀、担当精神。这种家教精神也深深影响了后世子孙，以至于在20世纪初叶繁丽华缛的上海滩商业社会中打拼的聂家，也不断致力出版聂、曾两家先德祖述之言，乃至有为家庭教育而创办的《聂氏家言旬刊》（曾用名还有《家声》、《聂氏家语》等）这样的文化产物。当然聂家这种修身齐家治国平天下的中国传统文化的传承，支持者主要是聂云台和其母亲曾纪芬，下文有详述。

聂缉椝的父亲聂亦峰亦为进士，咸丰年间点了翰林，散馆拣放广州各地当县官，长达 30 多年，官至高州府知府，补用道员。聂亦峰为湘军将领，依然秉承祖训，为官作宦"惟恐上负国恩，下辜民望，玷清芬于祖父，贻恶报于子孙"，感觉"暗中过失，负疚良多"。20 世纪 40 年代，当他的孙子聂云台再次刊刻《聂亦峰先生为宰公牍》读到这一段时，心中也像他的祖父一样生出一种畏惧感，这也是聂云台日后慈善观的重要家世来源，下文还会再说。值得指出的是，聂云台的父亲聂缉椝不得不留下"聂家子孙再也不要做官"的遗训。① 聂云台秉承父训没有再踏入官场，而是实实在在地选择了实业。

聂缉椝的父亲聂亦峰和曾国藩往来频繁。两家关系亲密，遂成儿女亲家。1869 年曾国藩将曾纪芬许配给聂缉椝。纳彩回聘之事办妥之后，1875 年，聂缉椝和曾纪芬在曾国荃的主持下结为伉俪。② 1876 年聂缉椝受刘长佑委派为滇捐局帮办，后随其姊夫陈鸿志去江宁在帮办营务处任差。1882 年聂缉椝被左宗棠派任为上海江南制造局会办。1884 年曾国荃为两江总督时，聂缉椝升任上海江南制造局总办，直至 1890 年。在聂缉椝主持下，江南制造总局甩掉了连年亏损的帽子转亏为盈，他卸任时还盈余十几万两银子。1886 年托陈鸿志在台湾报捐道员，以曾国荃保荐留江苏补用。1890 年聂缉椝由江南制造总局总办升任苏淞太道（上海道台），上任后接手官商合办的华新纺织新局。

华新纺织新局创设于 1888 年，1891 年正式开工，是中国现代纺织工业历史最悠久的纺织厂之一，也是恒丰纱厂的前身。华新纺织

---

① 秦燕春：《曾国藩的外孙聂云台——那代人的信·怕·爱》，《书屋》2010 年第 10 期。

② 曾纪芬：《崇德老人自订年谱》，见曾宝荪《曾宝荪回忆录·附录》，岳麓书社 1986 年版，附录第 17、21 页。

新局最初是由当时洋务官僚、上海道台龚照瑗呈请李鸿章设立的，创办人官方除龚照瑗外，还有上海惠通官银号负责人严信厚，商绅则有经营华新轧花厂的汤子壮、开设苏葆元药铺的苏葆元以及士绅周金箴等人。

华新纺织新局以合并华新轧花厂为基础扩展而成。华新轧花厂原有轧机80台，产品"云锦牌"棉花，曾行销于牛庄及日本。华新轧花厂合并于华新纺织新局后，仍兼营轧花业务，但产品主要供给本厂和本市机器棉纺厂。华新纺织新局筹设之初，一切筹备费用均由苏淞太道惠通官银号垫支，总办由龚照瑗自兼，实际工作则由惠通银号负责人严信厚主持。

1890年聂缉椝接任苏淞太道时，华新纺织新局尚未正式开张。由于该局为官商合办，因此聂缉椝也就继承了这个企业的筹办工作。1891年华新纺织新局开工，资本为45万两，共分4500股，每股100两，官利定为8厘。聂缉椝拥有华新纺织新局十分之一的股权，即45000两股票（合450股）。华新纺织新局的设备，最初仅有纱锭12000枚，布机200台，轧花机80台。① 这个设备和1890年开工的由李鸿章筹办的上海机器织布局（有纱锭35000枚，布机530台），或者和1892年开工的湖北织布局（有纱锭40592枚，布机1000台）相比，规模都是较小的。1893年，华新纺织新局纱锭增为15000枚，布机增为350台，规模仍不大。

1891年华新纺织新局开工后，由于得到官方的支持，加上上海全市仅有5家纱厂，竞争者少，产品销路不成问题。因此，业务情

① 关于华新纺织新局开办时的情况，有以下几种说法：（1）严中平：《中国棉纺织史稿》（科学出版社1955年版，第342页）认为，创办人为上海道台唐松岩，纱锭为7008枚，1892年增加2016枚；1894年添设布机50台。（2）徐雪军等译编：《上海近代社会经济发展概况（1882—1931）——〈海关十年报告〉译编》（上海社会科学院出版社1985年版，第32页）认为，实际经理是候补官员唐松岩，企业资本是29万两。（3）朱富康：《上海早期纱厂几点史料的考证》（参见中国近代经济史丛书编委会编《中国近代经济史研究资料（6）》，上海社会科学院出版社1987年版，第134—136页）认为，华新纺织新局筹办者是龚照瑗，建成开工时为唐松岩，资本额为29万两。（4）上海社会科学院经济研究所编著：《恒丰纱厂的发生、发展与改造》，上海人民出版社1958年版，第2页。本处以及下文所引资料数据大多来自《恒丰纱厂的发生、发展与改造》一书。

况一度比较好，每年都能按时发给股息，规模也在增大。1893 年聂
缉椝调任浙江按察使。1894 年黄幼农接任苏淞太道后官股逐渐退出，
华新纺织新局由官办性质变成了商办性质。

　　1897 年以后，华新纺织新局经营逐渐发生了困难，客观原因是
中日甲午战争以后，清政府和日本签订丧权辱国的《马关条约》，准
许日本可以在中国通商口岸设立各种工厂。英美等国则援引片面最
惠国待遇条款，获得了同样的待遇。仅在 1897 年就有英商怡和纱
厂、英商老公茂纱厂、美商鸿源纱厂及德商瑞记纱厂在上海开工。
这四家外商纱厂共有资本 4215800 两，纱锭 160000 枚，其设备占到
全上海市总设备的 53%。加上技术和设备、经营管理方面，外商的
条件非常优越，非华商纱厂所能相比。华商纱厂在强大的外商纱厂
压迫之下，在竞争上处于劣势的地位。华新纺织新局也自然相形见
绌，经营逐渐困难。主观方面则由于官商合办的原因，官商之间关
系难以理顺，官场式管理制度腐败落后、开支浩大，华新纺织新局
逐渐陷入艰难的境地。股票市价大跌，最低时每股 28 两。为了避免
倒闭，华新纺织新局逐渐采取了一些措施：1900 年，股息无法发出
时，只得以资产升值的办法，增资 20%，原有股票面值 100 两，改
为 120 两，作为补偿股东的利润，资本总额改为 54 万两。为了获得
流动资金，向德和洋行借债 8 万两。即便如此，华新纺织新局还是
连年亏损，借债也无力偿还。1904 年，由汤癸生出面组织复泰公司
租办华新纺织新局。

　　汤癸生，浙江萧山人。原为聂缉椝沪道内账房。1894 年聂缉椝
卸去沪道以后，汤癸生在上海从事商业和经营地产。1904 年，聂任
浙江巡抚，汤自告奋勇，取得聂缉椝的同意，以聂缉椝为后盾，以
资本 8 万两，自任总理，组织复泰，租办华新。

二　20 世纪初上海最大的纱厂

　　汤癸生租办期间，代聂缉椝逐渐收买华新股票。复泰租办第一

年就获得盈余 9 万余两的利润。1905 年初，汤癸生赴杭访问大股东聂缉椝，要求两家合办。就在这年春天，汤癸生病逝，复泰公司进行了改组，聂缉椝以其子聂云台出任总理，另一儿子聂管臣为协理，另聘沈梅伯为经理，蔡晋臣为纱厂厂长，涂小宾为布厂厂长，张慎卿为总账房。复泰改组后，汤家所持股票，全部售于聂家，聂缉椝逐渐掌握了华新股权的 2/3 以上。

复泰公司租办华新时，原与华新董事会拟订的租期为六年，先行试办一年，然后订立正式租约。试办一年后，由于获利丰厚，引起了华新董事会及新老股东的注意，双方再次商谈，结果订立正式租约，只是租期减少一年，至 1908 年租约届满。

聂云台总理复泰公司经营华新期间，厂中生产设备仍与华新初期相同。他重视管理，依据市场需求开工，市场需要多时，则日夜开工；反之，则一周只开工 3 天。棉纱产量，以每天 24 小时计，日产量大约 30 件左右；棉布产量以每天 14 小时计算，每月可产420000 码左右。此时，全厂职工约有 1000 余人，以女工为多，约占80%。工资分计件和计时两种，其中以计时为多，做满 1 班（12 小时）可得工资 0.25 元左右，每月工资每人约 7 元左右；技工待遇较优，除膳宿外，每月工资可得 20 元左右。

1904 年至 1908 年，复泰公司经营状况较好，每年都有盈余。除了聂云台的管理有方外，还有两个有利于民族资本主义发展的外部条件。首先，日俄战争爆发后，日本运销中国的棉纱，除东北地区略有增加外，其余各地棉纱均见减少，对国内纱市的压力大为减轻。其次，自 1899 年迄日俄战争间，上海中外纱厂曾因市况不振实行减产，因此供少需增，市场好转。

1908 年，复泰租期日满，此时纱厂经营正处于好的时期，华新董事会中的老股东龚锦章（龚照瑗的儿子）、周金箴、苏葆生和汤子壮希望收回自办，但又没有能力偿还德和洋行 8 万两借款。聂云台邀请各位董事商议。商议结果，董事会决定将全部厂产拍卖。此时，聂缉椝虽因 1905 年浙江铜元案被革职，但经济上势力仍然强大。聂缉椝为了竞拍成功，命聂管臣协助聂云台办理拍卖事宜。

拍卖华新的方案由聂管臣草拟经董事会同意，标底为 28 万两，参加竞标者缴纳保证金 2 万两，标买者出价，以 2500 两为递增单位，标价最多者得标。当时参加竞标者有三家，即聂管臣——代表聂缉椝；祝兰芳——怡和纱厂买办；高懿涵——代表杭州通益公纱厂（实际上代表龚锦章）。开标结果，聂家出价最高，以 31.75 万两得标。自此以后，聂缉椝将华新纺织新局更名为恒丰纺织新局。由于聂缉椝隐居湖南家乡，恒丰的经营管理，由其儿子聂云台和聂管臣负责主持。聂云台任总理，聂管臣任协理，朱芑臣为经理。

恒丰成立后，聂云台为促进恒丰的发展，实行了一些管理革新和技术更新，主要有以下几方面。

一是在管理方面，逐渐废除"老规"制度和包工头制度。恒丰最初沿用华新机器，以蒸汽为原动力，所以恒丰与其他纱厂一样，存在"老规"制度，就是管理蒸汽机的工匠头目，其下还有二规和三规等帮手。老规把持蒸汽机器的修理工作和技工的人事，权力很大，生产也被其牵制。1912 年，恒丰改用电气动力以后，蒸汽引擎成为无用之物，老规失去作用，该制度事实上废除。老规制度废除后，包工头制度也逐渐取消。恒丰初立时，按照复泰时期的制度，车间生产由包工头承包，工人大部分由包工头招来。这一制度原系仿效英商怡和纱厂办法，英资本家通过买办和包工头控制工人，较其自己直接控制更为有效。但对于中国厂主来说，包工头制度不利于厂主直接控制工人和获得更多的利润，在机器改用电气马达以后，聂云台就废除了包工头制。

二是更新生产设备和技术。恒丰纺织新局设备陈旧，以动力机器而言，当时采用蒸汽锅炉，热度、升降不易控制，引擎转运速度快慢不一，影响纺织品的匀度。加以锅炉设备耗煤甚多，且易生锈，常须整洗，费用很大。1912 年，上海租界工部局电气处推广电气动力，奖励各工业厂家使用电气动力，所需电力马达可以出租，租费低廉，较之使用蒸汽锅炉，便宜得多，而且可以提高产品的质量。聂云台决定趁此机会，废弃蒸汽机，采用电动机。恒丰租用工部局 15 个马达，554 匹马力，每个马达自 5 匹至 80 匹马力不等，随工程机械配置，每机装一个或数十部装一个。恒丰改用电力马达，先由纺部开始，随后推广到织部。自此以后，不仅生产成本减低，而且生产效率大为提高。至 1915 年，16 支锭扯达到 0.9 磅左右，棉纱质量也大为改进，其所出 16 支云鹤牌棉纱，成为上海纱布交易所的标准纱。棉布产量提升到每天 2 匹左右。

　　废除蒸汽机的同时，聂云台也对纺织机械进行了相应的技术更新。恒丰纺织新局的生产设备，开始时全套沿用华新时期的机器。纺机式样主要为英国制和美国制两种式样。美式主要有松花机、直立开棉机、粗纱回纱机各一部及弹花机三部。其余各机，均为英国制品。由于华新开办近 20 年，这些机器大都磨损腐蚀，所以生产效率较低，如纺 13 支粗纱每工作 23 小时，以 16 支标准计算，仅产 0.50 磅（锭扯）。根据这个生产效率，则以 15000 锭计算，每天仅能生产棉纱 21 件，全年生产仅 7660 件，这较之当时新纱厂的 16 支纱每天每锭产量 0.7 磅相去甚远。当时恒丰的棉布产量，大约每台开足 14 小时，每天可生产 1 匹（40 码），以 350 台计算，每天可生产 350 匹，全年可产 12 万匹左右。这与当时新纱厂每台每天产布量 1 匹半（60 码）比较，也大为逊色。恒丰机器设备的陈旧，严重地影响着其生产产品的质和量。为此，聂云台将旧有的不合用的 37 英寸钢丝车淘汰，买进 Dobson Bardow 40 英寸钢丝车 20 台，又将 15000 锭之细纱车的罗拉、车头、钢领等换购 Hetherington 制品。关于机器的修理与保养，除责成技工负责外，并特约瑞和洋行装配零件，请光裕洋行派技师来厂教练加润滑油的工作方法，又聘请德商瑞记纱厂英籍工程师雷达蒙为工程顾问，随时来厂视察机器保养和指导修理工程。

　　三是训练培养技术人才。聂云台早在主持复泰时期，就感到纺织技术人才的缺乏，拟自行训练培养，但直至恒丰成立以后才着手筹办。首期训练班开始于 1909 年，招学员十数名，以湘籍人员居多。训练班由聂云台亲自主持。最初训练班的课程较为简单，主要学习英算、金工，车间内则聘有英籍工程师教习实地平车等工作。训练班开办过八期。以学习生产知识、掌握技术为主要内容，期间一些培训班曾委托南通纺织工学院代办。

恒丰所生产的棉纱以 10 支、12 支、14 支、16 支、20 支为主；织布以 11 磅、13 磅、14 磅、16 磅为多。生产随市场之需要，定纺纱之支数及织布之种类。纱之商标为云鹤牌，布之商标为马牌、牛牌和羊牌。恒丰所产棉纱，除供本厂织布外，四分之三供应市场。

恒丰纺纱的原料主要为"姚花"与"火机"两种。当时上海的棉花市场集中在江湾，恒丰与江湾姚信义花号交易最多。为了便利纱布的销售，恒丰专在苏州河北岸设立发行所，营业对象为上海邻近的县乡，销售数量较大。其次，在厂前设立卖部，主要业务为零售。对本市的销售，则委托纱号和布庄。恒丰并不直接经营棉布对外埠销售，一般通过本市批发商经销，当时转口棉布，每件需纳转口税银二两，税负较洋布为重。

恒丰调度资金的办法，主要不是靠银行和钱庄，而是商业信用，采用期票的方式调度资金。例如纱厂付给棉花商的货款，一般为十天期票，而布商或纱号支付给恒丰的货款，一般为五天期票，期间相差五天。这样，只要调度得宜，就可利用商业信用得到很大一笔周转资金，又节约了利息。

1914 年一战爆发，欧美资本主义国家忙于战争，暂时放松了对中国民族资本主义的压迫。另外，交战国如英国本是纺织业大国，但因战争原因，棉织业开工不足，英制棉织品在中国市场大量减少。例如，大战以前，英国利物浦的棉花库存经常有 100 万包左右，而在 1918 年仅存 4 万包左右，纺锭则减少了 50%，开工时间仅为战前的三分之一。在这样的情况下，英国棉纺织品输出大量减少，其他各国除日本外也缺乏输出能力。就我国而言，欧战发生后，除东北地区以外，我国各地区直接进口的洋纱和棉布都呈现锐减的趋势，尤其以洋纱最为显著。这就使得大量依靠进口的棉纱和棉布市场供不应求，因此市场高涨，华商棉织业获得了丰厚的利润，形成了一个办厂的高潮。中国的棉纺织业获得了飞速的发展，恒丰纱厂发展更快，成为上海滩最大的纱厂。因为恒丰的成功，聂云台成为纺织界的翘楚，被"五四"时代的思想领袖陈独秀在《新青年》杂志推许为"我国工业巨子"，迎来了他个人事业的黄金时期。

责权利明晰也是恒丰迅速发展的一个原因。

从聂缉椝接办华新纺织新局，特别是经营复泰公司后到聂云台改组复泰为恒丰纺织新局，应当说这些企业更多的是家族企业，具有家族企业的两面性。即一方面能够聚集家族的力量，团结一心，搞好经营管理；另一方面，由于是家族企业，在工厂管理、人事关系、财务管理方面存在着难以厘清的关系，影响着企业的发展。比如，聂氏这些企业，总理、协理都是聂氏兄弟，其他高级管理职员，基本上是湖南人，连工人也大都是湘鄂籍的。恒丰所培养和使用的工程师，几乎都是湖南人，乡土观念、家族观念又阻碍着恒丰的发展。

聂缉椝在世时，聂家的大小经济活动均由其掌握。1911年聂缉椝去世，主要经济活动掌握在三儿子聂云台手中，而四儿子聂管臣、六儿子聂潞生、十儿子聂慎余协理或分管聂氏某些经济活动。"家厂不分，账务难管"几乎是家族企业的通病。1918年11月19日恒丰纱厂股份析产，定总资本60万两，资本原定为10股，每股6万两。四儿子聂管臣不愿参加这个企业，要求拆出股本，因此股份改作9股分派，每股股本定为66666.67两。聂管臣拆出股本，因恒丰对外尚有负债，按6万两九折计算，发给现金54000两。

聂家兄弟析产后，恒丰的股权分配如下：

聂崇德堂（曾纪芬）2股。

聂氏慈善户1股。

聂隽威1股。

聂云台1股。

聂潞生1股。

聂光尧1股。

聂慎余1股。

聂少萱（因出嗣关系）半股。

聂光坚（时光坚已故无后，作为聂氏教育基金）半股。

经过析产，恒丰纱厂就成为母子兄弟合伙组织的企业，析产后各方于 1918 年 11 月 19 日订立了《恒丰纺织新局合约》，议定权利义务如下：

（1）议定恒丰纺织新局资本为 98 规银 60 万两整。

（2）各房股份分作 9 股，计崇德堂（曾纪芬）占 2 股，慈善 1 股，隽威、云台、潞生、光尧、慎余各 1 股，少萱、光坚各半股。

（3）议定每股资本 66666.67 两。

（4）各房现有资本不敷，由公司暂行挪借足数，由该房认还，息金按月以 8 厘计算。

（5）各房推聂云台为公司总理，以全权处理厂务。

（6）总理应每半年邀集会议一次，报告营业盈亏情形并议决应办事件。如有要事，随时邀集特别会议。唯大致出入账目，每月报告一次或抄阅。

（7）公推查账员一人查阅账目。

（8）除官利外，凡有盈余，应作 20 股分派，公积金 4 份，折旧 4 份，股东 9 份，花红 3 份。

（9）遇有特别情形处分余利及公积，可开特别会议决定之。

在签订合约时，因聂管臣辞去恒丰协理，因此任命聂潞生为协理。因聂潞生不住厂，又任命黄益民为厂长，朱沛霖为厂长秘书。

恒丰纺织新局这个家族企业在析产之后，关系得到了厘清，加上欧战结束后初期，中国的纺织工业仍处在黄金时期，所以恒丰纺织新局得到了很大的发展，成为了上海乃至中国纺织界的一面旗帜。

恒丰资本 1918 年为 60 万两，1919 年增为 90 万两。1919 年是恒丰纱厂盈利最多的一年，除股东分红 100 万元外，还以 200 多万元新建了一些厂房、仓库、宿舍。1919 年，聂云台对生产设备进行了扩充，纺锭由 15000 锭增至 18144 锭，布机由 350 台增至 450 台。此年开始建第二厂及布厂，1921 年先后开工，纺锭增至 41280 锭，布机增至 614 台。至 1925 年，全厂纺锭总数为 44400 锭，布机 614 台，电力动力总量为 2198 千瓦，职工总数为 3046 人，棉纱年产量为 37800 包，棉布年产量为 30.3 万匹。

三　出任上海总商会会长

正是在欧战前后一段时间，独资经营恒丰的聂氏家族已成为上海商场中有名望的家族，中心人物则是恒丰总理聂云台。1920 年，由于聂云台的名望，他被选为上海总商会的会长和全国纱厂联合会的副会长，许多企业都请他去投资，做董事或董事长，以资号召。恒丰自己也开始了扩张和多种经营的过程，开设了一系列工厂和贸易公司，主要有：

大中华纱厂。1919 年 6 月由聂云台发起，公开招股。资本总额最初是为 90 万两，旋改为 120 万两，1921 年又改为 200 万两。共有纺锭 45000 锭，厂址设在吴淞的蕴藻浜，占地 150 亩。1922 年 4 月正式开工。在大中华纱厂的初期资本中，聂氏各房共投资为 23 万两，占初期总投资的 1/4 强。大中华纱厂的规模和设备，在当时都是一流的，号称"模范纱厂"。创建大中华纱厂是聂云台经济活动的高峰。

中国铁工厂。中国铁工厂系专门制造纺织机器的工厂，由聂云台等发起组织。1921 年正式成立，资本原定 35 万元，后改为 30 万元，出资人都是上海及各地纱厂老板。董事长为张謇，董事为聂云台、荣宗敬、穆藕初、徐静仁、薛文泰、刘福森、杨翰西、穆杼斋等人。总经理由聂云台兼任。该厂设于吴淞，厂房面积共 600 余平方米，专门制造纺纱、织布、摇纱、并线、经纱、打包各机，锭子、纱棍、油管、牙轮等配件，扎花、织绸、打米、榨油等机器，各种引擎及各种翻砂用料，聂云台创设此厂的本意，是因为中国自己不会制造纺织机，而向国外订购，不仅价贵，而且运输费时，连零件也要仰仗外国。因此，办自制纺织机器的工厂，发展纺织工业的机器就可以自给。但由于工厂开工以后，适值纺织市场逐渐萧条，加上股东认股不愿缴足，以致资金周转困难。另外，华商纱厂对国产制品信心不足，产品销售困难，业务未能开展。聂云台自身又集中精力经营大中华，不久即辞去中国铁工厂的总经理职务。

华丰纺织公司，即华丰纺织厂。系由聂云台、王正廷、吴善卿、李柏葆、张英甫、李国钦等人发起组织，资本 100 万两，纺锭 15000 锭，专纺 14 支、16 支、20 支纱。厂设吴淞蕴藻浜，占地 100 余亩。董事长由聂云台担任，总经理为王正廷。该厂于 1921 年 6 月正式开工。共有 1200 余名工人，1927 年为日商所收买。

中美贸易公司。这是一家外贸商业组织，资本 5 万元，为王正廷、曹霖生、朱少屏、陈光甫、孔祥熙等人发起创办，聂云台担任名义上的董事长，经理为曹霖生。

恒大纱号。1921 年建立，取名"恒大"主要是为恒丰纱厂和大中华纱厂服务的意思，恒大主要经营纱布交易并代客买卖。恒大是纱布交易所的经纪人，而纱布交易所又是当时上海市场重要的期现货中心之一，恒丰很自然和这个市场联系起来。当大中华失败后，恒大就成了恒丰的附属事业。

1920 年至 1926 年，恒丰纱厂全厂工人约有 2500 人至 3000 人，以女工为多。细纱间一般工人工资，每天约为 0.25 元，最高不过 0.30 元，最低 0.20 元。1927 年左右，每天工资约为 0.20—0.40 元左右，技工工资要高些。一般工人的工资，女工较男工少。工资的付给，工头按月计，一般工人按日计，打包间、拣花间及织布间一般按件计。发放工资，两星期一次，每两星期不请假者升工一天。

在聂氏家族的经营活动中，设在湖南洞庭湖南洲一带的种福垸，以及为了销售种福垸的粮食而设在长沙的协丰粮栈，也是赫赫有名。种福垸与恒丰有着相互依存的关系。种福垸的经营决策主要是聂缉椝，管理者为其儿子子聂其贤；聂云台在上海经营的企业为种福垸提供主要资金。

早在清末，聂缉椝就在湖南洞庭湖领垦土地。洞庭湖为湖南第一大湖泊，近代以来因多次决口致泥沙淤积，洲土蔓延扩展。湖南地方当局为增加财源，决定在洞庭湖区设立垦务局，招人领垦。1904 年聂缉椝以三千余缗的垦照费，先在南洲一带领淤田 4 万余亩，不久又收买邻近刘公垸等土地，建立种福垸。

种福垸总面积有 5 万余亩，可种面积为 4.5 万亩至 4.8 万亩。种福垸东西长 16 华里，南北宽 10 华里，东滨大通湖。经过十余年的排涝和筑堤等工程建设，到 1916 年以后种福垸渐渐丰收。当初聂缉椝买下种福垸后，主要交由儿子聂其贤经营。1920 年以后正式建立管理机构，这个机构由总理、协理、堤务局主任、保警队、外交、稽核组成，俨然一行政机关。

堤务局主任由县府委派，由种福垸的协理担任，主要职责是管理佃户，用公告形式发布有关佃务措施。堤务局设有武装组织——保警队，保警队由堤务局主任亲自率领指挥，约有 20 人至 30 人，设巡长一人，班长三人，负责种福垸的保卫工作。外交主要负责和官场以及与外界打交道。总管主要管辖佃务，下设管佃、催头、牌头等，主要是收取地租。稽核主要监督和检查垸内开支和征租情况。工程主任监修堤垸，下设监修、包头、棚头，管理和监督修堤人员。

种福垸全垸约有职员 30 人，工人 40 人，加上警员 30 人，约 100 人，月日常开支约 1500 元。职员每月底薪 20 元至 50 元，工人每月底薪约 10 元，催头每月底薪约 10 元，协理每月底薪约 140 元，稽核及工程主任、总管等高级职员约为 50 元至 100 元左右。

为了便于管理，种福垸的土地，共分东西南北四区，每区划分为若干牌，东区 10 牌、西区 10 牌、南区 5 牌、北区 9 牌，共 34 牌。每牌有土地 900 亩至 2000 亩不等，每牌设牌头管理佃务。垸内农民直接向垸主租佃土地的约有 2000 户左右（包括转租佃户在内约有 3000 户）。

种福垸的经营主要为地租收入，按实物征收，主要为稻谷，小部分为棉花。出租农田，约占 90% 以上，每年约可收租 6 万石左右；棉田约占 8% 左右，每年可收租 15000 斤左右。按种福垸的规定，农民租田，按租田亩数，免租 3%，作为屋基，如租田 100 亩，农民付租只付 97 亩，其余 3 亩不计租费。

1921 年聂云台令种福垸在长沙设立协丰粮栈，这是湖南最大的粮栈之一，经营粮食、堆栈、轧米业务。该栈可容 10 万石稻谷，以机器轧米，由于协丰粮栈信用好，其所出的粮食栈单，可做借款的押品，所售谷价也较市场略高。

种福垸之所以设立协丰粮栈，其目的有三：一是为了便于大量租谷的出售。种福垸每年有 5 万至 6 万石租谷出售，设立粮栈，可以视市场价位，主动掌握销售行情。同时，粮栈经营堆存业务，既有栈租收入，又可掌握市场粮食存销实况。二是便于种福垸自身资金调度。种福垸开支较大，修堤时支出尤其多，需款时可以以存粮或协丰的信用向银行业抵押借款。三是利用协丰作为恒丰与种福垸之间经济联系的桥梁。种福垸与恒丰之间的资金调度，或恒丰在湖南推销产品代收贷款等，都可以协丰为中介。同时，利用这种三角关系，还可以经营种福垸所在地（沅江及南县）与长沙之间，长沙与上海之间的商业汇兑业务，这样既有汇兑利益的收入，又可以无息利用大量汇兑资金，这对于恒丰尤其重要。

种福垸与恒丰有着很强的相互依存关系。在种福垸建立之初，因为筑堤排涝，需要大量的款项，恒丰以其盈余，给予源源接济。在 1904 年至 1915 年 12 年间，恒丰汇湘资金不下 60 万元，大部分用于种福垸筑堤和购买土地。1916 年以后，种福垸开始有了收益，反过来汇给恒丰的款项先后有 20 万元之多，这给聂云台在上海扩建新厂房，投资其他企业起了支持作用。而且，聂缉椝遗留下来的种福垸土地作为聂家的公产一直存在，因为该产业土地虽有 5 万亩，但因为处在湖区，经营的关键在于修堤，如果分割，势必无法管理，所以种福垸作为公产没有在 1918 年分割家产中被分散，事实上也起着维系家族感情的重要作用。

四　在整个民族纺织工业不景气的
浪潮中应对

中国的棉纺织业在 1922 年秋季始，慢慢出现了危机。1922 年，华商纱厂联合会召集同业，共谋挽救困难局面，决定停开夜工和减少运转锭数，并订出 135 两为售纱最低限价。但并无实际效果，至 8 月底纱价反跌至 124 两左右。同年 12 月，纱厂联合会又召开紧急会议，决议一律减工 25%，而实际此时已有部分纱厂减工 50%，甚至完全停工。1923 年 3 月纱厂联合会又决议全国纱厂减工 50%，而实际减工为 40%。

聂云台苦心经营的大中华纱厂 1922 年开工。开工之时，全国纱厂已面临全面的危机，大中华纱厂自不例外。这家聂云台费尽全力以聂家资本为主体的"模范纱厂"，1924 年终因债务负担忍痛拍卖。该厂董事长兼总经理聂云台作了专门总结，他认为大中华纱厂失败主要有如下原因：

一是国际汇价巨变。大中华纱厂的机器主要购自国外，以英镑结算。"本公司购机时的镑价为 5 先令左右（每两汇价），所付机价定银四分之一，即以此结定。厥后（银价）涨至 6—9 先令以至 1 辨士（便士）者结 2 万 3 千余镑，是时所结之数已共 10 万 7 千余镑。而市情颇惊慌，银行家咸谓将涨至 15 先令，遂未敢多结。……当时汇价为从来未有之变局，公司因审慎迟延而坐失机会，至为可惜。"

二是时局动荡，造成棉布棉纱市价暴落。"公司债以 1922 年 11 月成立，不过半年而公司停顿。所以亏折如此之速，则由 1923 年春间花布市价暴落之故。自公司债成立以后，即另由钱庄五家组织营运垫款银团，订立条件，银钱贸易概归银团派人主持，信用既孚，垫款遂溢过一倍以上，年底存货有 120 万两之巨，适因时会不顺，川省战事忽起，开工未几，纱价暴落 20—30 两之巨，花价亦暴落十数两之多。自是公司原有十数万两之垫款现金亏折已尽，既无垫头，则营运垫款当然不肯继续进行。适于此时银团内发生争端，竟因此而致停顿。"

聂云台所言的只是中华纱厂亏折的自身原因，实际上更重要的是国际原因。一战时期日本纱厂在中国增加一倍，而自 1923 年至 1931 年又增加了 2 倍，几乎占我国棉纺织业总设备的 45%。日本纱厂为什么能迅速发展从而摧毁我国的民族工业呢？这是由于日本纱厂利用不平等条约的保护，加上日厂有银行和财阀为后盾，资金充足，利息低廉，经营集中，在经营上和市场竞争上处于有利地位。因此，华商纱厂在政治上和经济上重重压迫之下，无法生存下去。

正如当时华商纱厂联合会所指出的:"大中华之失败,当事者于营业之计算失于周密,在所不免。然以受不平等条约之约束,外厂竞争之压迫,供过于求之打击,债主重利之盘剥为其之主要。"

从大中华失败情况的确可以看出,中国民族资本是如何的软弱,即使在民族资本空前繁荣时期,也不能独立进行再生产,而不得不依靠金融业的贷款。一旦市面发生变化,就束手无策,不能自行维持,完全听从债权人摆布。

1924年4月大中华纱厂不得不忍痛登报,以194万两资本数拍卖。拍卖之时,江浙一带正好又发生战火,上海震动,无人敢接盘。最后在无办法的情况下,以159万两折价低卖给永安公司。除去佣金、律师费、保险费等,净得153万余两,且只三成现款,余款一年后付清。

据聂云台统计,大中华纱厂"计债权人损失共45万两,公司股本1549200两(内有23700两为后招之优先股,定期存款11000两)。鄙人经手挪借之款计9万余两,未付股息计25000余两,杂欠9000两,营运垫款团项下欠13000余两,此项已由该银团代表面告允作清讫,统计各项损失总数为211万余两。"

大中华的失败,令聂氏家族共损失投资23万两,加上聂云台个人垫付债息等支出9万余两,共损失32万两,几占恒丰当时资本总额(108万两)的三分之一。对于聂氏家族而言,确实是一个很大的打击。

几乎与大中华纱厂出现问题的同时,中美贸易公司也出现很大问题。1920年聂云台去欧洲游历时,曾以董事长的名义具函委托另一董事王正廷代拆、代行。当时该公司曾向美国订购颜料价值数十万两,由上海银行承办押汇。此项颜料系德国充作赔偿美国战费的物资。在欧战期间因德国参战,颜料生产停顿,上海方面德国颜料大为缺货,价格飞涨。中美公司向美订购德制颜料时正值价格高峰,而到货之时,德国已恢复大量生产,货物涌到,市价大跌,损失达30万两至40万两,因此无力偿还上海银行的押汇欠款。聂云台作为中美贸易公司的董事长,不得不设法偿还。

在民族棉纺工业凋敝的时候，聂氏家族所投资的其他事业也不景气。如制造纺织机器的中国铁工厂，招资不足，业务无法开展，不得不改制军火。因债务关系，曾一度被债权人金城银行标卖，后来毁于炮火。华丰纺织厂在1922年也遇到不景气的浪潮，向日商东亚兴业会社借款100万日元，作为归还购机欠款之用。1923年，因为无力偿付利息由债权人委托给日华纺织会社经营，1927年被正式标卖，改称日华第八厂。

大中华纱厂、中美贸易公司、中国铁工厂和华丰纺织厂等企业经营的失败，影响着恒丰的经营。在整个民族纺织工业不景气的浪潮中，恒丰在1923年至1924年，和其他同业一样，进行了减工减产，财务也发生了困难。为了维持当时困难的局面，1924年恒丰向恒隆钱庄借款60万两。1925年由于所借恒隆钱庄之款到期仍无法归还，于是改向恒丰昌等四家钱庄借款100万两，一部分作为偿还恒隆欠款，一部分作为维持费用，借款定期一年，1926年到期又无法归还。于是求借于沙逊银行，用厂房机器做押，抵借150万两，利率为年息6厘。该笔押款曾展期三次，最后因沙逊银行坚持收回。在此情况下，1929年向浙江兴业银行借款240万两，除归还欠款外，余款作为建造第三厂的费用。

自从聂家收买华新，成立恒丰纺织新局以后，聂云台一直是恒丰和聂氏家族的中心人物。1924年，大中华纱厂失败以后，聂氏兄弟的投资都受到损失，聂云台威信大大低落，虽然仍居恒丰总理名义，实际上逐渐退出聂氏家族的中心，而由聂潞生接替。1928年聂潞生正式对外称经理，逐渐成为恒丰和聂家经济活动的中心人物。

五　借《保富法》宣扬慈善，激励人心

历史上很长一段时间，湘学几乎等同于湖湘理学，是儒家文化在湖南的表现。儒家学说中修身齐家治国平天下不仅是天下知识分子的理想追求，也是湘人的理想追求。修身齐家是治国平天下的第一步，湖南湘乡荷叶（今属双峰）曾氏家族有修身齐家的教育传统，同样，作为衡山东乡（今属衡东）望族的聂氏家族也有这个传统。聂缉椝联姻曾纪芬，继承了聂、曾两家的家族文化，聂氏后人就是在这种"双料家族文化"氛围中，深受湖湘传统文化的影响。聂家的家庭教育是持续而有效的。聂氏家庭教育主要有两种形式，一是家族发行了反映各种"聂氏家言"的刊物，一是定期的家庭集会。

1917 年夏，聂家曾发行家庭周刊一种，名叫《进德周刊》，其宗旨是发表个人思想、联络情谊，出版仅六期而止。1918 年春，聂光墀等组织《童子周刊》。1920 年春聂光地等又组织《仁勇团周刊》。① 聂光墀、聂光地均为曾纪芬孙辈。聂氏家族之所以如此看重此事，主要为"联络家庭之情感，而切磋其道义"，可见联络感情是因缘，切磋道义才是目的。1924 年夏秋之际又有《家声》创刊，1925 年有《家声选刊》正式出版。后来就经常有《聂氏家言旬刊》的出刊。

家庭集会也是家庭教育的重要形式。"家庭集益会"是家庭集会的主题，地点一般在上海辽阳路崇德堂宅（曾纪芬住处）。会议还比较正式，有干事一人记录会议言辞，执行议定事件，还有议事规则。这就是传统中国"修身—齐家"与"治国—平天下"理想的一种内在的理路一致性的表现形式。家庭集会规模多时二三十人，作为家庭精神领袖的曾纪芬必有告谕，有时还有集体唱诵诗歌以表"歌诗习礼"之意。聂云台是主角之一，曾专题宣讲《择业之指导》，这又是家庭集会的另一功能意义。聂云台本人也借家庭集会告诫下一代，说："身处城市不忘山林，生于富贵志在寒素。近年鉴于家风日趋于骄奢惰逸，深以为忧，勉自刻苦，期矫其弊。"在风云激荡，世事多艰的时代，聂云台有"改造家运"和"欲免灾厄，须仗修德"的愿望。而且这种修德向善的思想随着人生所遇的打击更加强烈。②

1926 年聂云台被迫以退休为由退居幕后，担任上海公共租界工部局董事和顾问。1927 年华丰纺织厂被日本人收购。1928 年，聂潞

---

① 聂光墀：《发刊词》，《家声》第 1 期，1924 年八月三日。
② 秦燕春：《曾国藩的外孙聂云台——那代人的信·怕·爱》，《书屋》2010 年第 10 期。

生成为聂家实际掌权人。1932 年中国铁公司毁于"一·二八"战火。1937 年至 1945 年恒丰纱厂被日本军管，期间在 1942 年被迫与日本大康纱厂合办成立"恒丰纺绩株式会社"。1943 年聂云台本人又因骨结核截去半条腿，更少过问世事。

经营事业的不如意，也促使聂云台转而信仰佛教。

本来，聂云台在早年留美时，就曾加入基督教兄弟会组织。到民国初年，他与母亲、妻子一起受洗成为基督徒。不过，随着年纪的增长，随着聂云台对欧美的观察，以及时局的变化，本受儒佛思想根深蒂固影响的聂云台改宗佛教。应当说，从前面的叙述可知，聂云台的儒佛观念最主要还是源自其家学渊源和家庭影响。一方面，聂家以儒家思想立家，家族行事深受儒家文化影响。聂家系湖南衡山望族，历经七世而不衰，前已所述，康雍先祖聂继模以《诫子书》而入《皇清经世文编》，以济人危难医病活人享誉四方，以教养子弟为官为人而深受督抚称赞，可谓德高望重。自此以降，"传及七世，迄二百年，簪缨之盛，德泽之长，屈指全湘，不可多见"[1]能世代兴盛的原因，依照聂云台的理解："大抵以孝悌为之本，而辅之以忠信仁义礼智诸美德。"[2]在此儒风甚盛的家族中，聂云台自小就深受儒家文化熏陶。而中国儒佛实际相通，聂云台自己认为："中国士大夫以儒家自命者，亦大抵对于佛教有相当之信仰。千数百年成为风俗，此事实之甚彰著者。"[3]因此，聂云台改宗佛教也是情理之事，可谓又回归到中国传统文化之中。本来就热心慈善事业的聂云台则更加热心公益，劝诫世道人心。

1942 年至 1943 年，聂云台以自己的经历撰写了《保富法》一书，在上海《申报》上连载。《保富法》全书不足两万字，分为上、中、下三篇，内容虽是宣扬因果感应，"积善之家必有余庆，积不善之家必有余殃"这类故事，但是以聂云台的身世和阅历，将所闻所

---

① 聂云台：《耕心斋笔记自序》，载《保富法》，中国城市出版社 2007 年版，第 189 页。

② 同上书，第 190 页。

③ 同上书，第 189 页。

见书写出来，在当时社会上产生了极大影响。数日之间，便收到助学献金 17 万余元之巨，柳亚子等各界名流纷纷响应，一时传为佳话。

　　其实，《保富法》并不是为了保"富"，更主要的是保"福"，实则叫人散财为善，多做公益事，利人利己，扬名后世。比如，聂云台认为要正确对待致富与保富、眼前与长远、利人与利己、得与失的问题。聂云台主张自己适度消费，勤俭节约，不给子孙留下大量财产，多回报社会，多关爱社会。聂云台的幸福观就是"不贪财方能造福"①。这个思想在上篇中特别多。在上篇中，聂云台以在上海 50 余年的经历，以湖南家乡同治、光绪年间富贵人家的后人遭遇，以自家与湘淮系世代相交的关系查知湘淮系各家的兴衰情形，以历史上的名人名家兴衰史，反复诉说"躬行廉洁，就是暗中为民造福"，宣扬"读书上进"、"务正业"、"真心利人"，否则就会"浮云散尽"、"独富的家败得格外的快"。所以"保富的方法，必须要有智慧的眼光，也就是要有辽远的见识与宏大的心量"。

　　聂云台所著《保富法》，虽是宣讲佛教，其实也是在教导人心。

六　东山再起，又创造了一段繁荣

　　抗战胜利后，原来被日接管合办的"恒丰纺绩株式会社"，则被国民党政府接收为"中国纺织建设公司第 20 厂"。

　　1945 年底，国民政府行政院长宋子文到上海视察后，颁布了《处理敌伪产业条例》："凡工厂被日寇强迫合作的，如能提出确切证件，即可申请发还。"随即，国民政府在上海成立了敌伪产业处理委员会和敌伪产业处理局。据此，聂云台向行政院宋子文以及敌伪产业处理委员会、敌伪产业处理局申诉。经过几个月的活动，1946

---

　　① 刘杰：《聂云台——〈保富法〉的哲学思想》，《法制与社会》2009 年第 3 期（中）。

年 3 月底，敌伪产业处理局以及经济部办公处先后批示："恒丰原有的厂产准予发还，惟恒丰收受日方资产作价款日金 829653 元，连同聂家售给大日本纺绩会社的股票 2250 股所得日金 135000 元，共计日金 964653 元，应按照收受时汇率合当时法币，再按目前指数折合应缴法币 1 亿 8 千万元，限一个月内缴清。"

1946 年 3 月 28 日，国民政府经济部特派员办公处召开发还会议，聂云台之子聂含章代表业主列席了会议，会议决定：

（一）关于设备方面属业主者应即发还，其在开工增添设备者，购置费用由业主归还。

（二）其属于日人增益及寄存部分，以政府迁出为原则，但双方同意时得由业主承购。

（三）工人全部由业主继续雇用。

（四）职员。业主方面承认留用工务人员 10 人，应由纺建公司撤回，唯纺建公司主张以全部留用为原则。

（五）接收期间全部费用由业主归还。

这样，聂氏家族可以以 1.8 亿的代价（约合当时黄金 1000 两左右）取得价值数万两的产业。但是抗战以后，聂家主要的生活来源皆依靠湖南种福垸的收入，因此聂云台等虽然收回了恒丰产权，但却无法付出 1.8 亿。经过讨论，聂氏家族决定求助于有多年交情的特约批发商吴锡林和吴柏年叔侄俩。

经过多次谈判，聂吴协议由吴家投入现金资本 6 亿元，聂家恒丰厂产作价 34 亿元，实际资本 40 亿元。这个协议，解决了聂家资金不足的问题。在这个基础上，1946 年 4 月 15 日，聂（甲方）吴（乙方）订立了合作契约，妥议各款的主要内容如下：

（一）甲方因战时损失之机器房屋，将来当请求政府向日本要求赔偿。此项赔偿权益，归甲方所有。

（二）甲方厂内之机器在战时被日人盗卖搬出厂外者将来如能收回，此项机器之所有权归甲乙双方之新公司共有。

（三）乙方所投资之股本 6 亿元，于订约日先交 2 亿元，其余于5 月 1 日以前交清。

（四）甲方推定聂含章，乙方推定吴柏年为共同负责执行代表，组织新公司，关于其他人事由二代表协商办理。

（五）乙方所缴资本金之临时收据，除盖用甲方原有纺织新局印章外，并由甲乙双方代表人会同盖章，将来乙方凭此掉换股款临时收据。

（六）所有呈缴敌伪产业处处理局之法币1.8亿元，基本息均归甲方负担（唯在双方签字时甲方提出利息一项改为自3月15日起至4月14日止负担一个月之利息，当经乙方表示同意）。

（七）中国纺织建设公司移交厂产时，即由甲乙双方代表前往接受承受产权，所有一切开支，均归新公司负担。

根据双方议定，恒丰纺织新局改组为恒丰股份有限公司，根据顾问会计师的建议，以8亿元的资本向国民政府经济部注册。经双方协议和股东大会通过，新公司的董事及职员一般应以聂家为正职，吴家为副职，并尽量容纳双方提出的人事名单。结果，聂云台任董事长，聂含章、吴柏年等为董事，黄立鼎等为监察人。总经理为聂含章，主管业务和生产；经理为吴柏年，主管财务及资金调度。从组织机构和重要职员安排来看，吴家虽然也参与企业领导，但是聂家仍居于支配地位。

1946 年 5 月聂吴合作经营恢复后的恒丰，最初开工 17000 枚，织机 250 台。这 17000 枚纱锭之中部分系怡和纱厂所有。1946 年 9 月，恒丰以 9.26 万元收买怡和留下来的机器和纺织机器零部件。同年还向国内外订购机器物料约合美金 4.2 万元左右。1947 年又订购梳棉机零件价值美金 2 万余元；1948 年曾以 8000 美元的代价订购美制考尔门 1947 年式自动经纱接头机。

聂吴合作下的恒丰股份有限公司，聂云台是董事长，经营大权主要掌握在聂云台的儿子聂含章以及吴家的代表人物吴柏年手中。聂家主要提供厂房机器等固定资产，吴家主要提供现金流动资产。聂家掌握股权 85%，吴家掌握 15%。但是，吴家资力比较雄厚，并有若干中小企业和几家钱庄为其后盾，调度资金有办法，因此吴家在企业中，也有举足轻重的地位。聂含章接手恒丰纺织有限公司后，接受聂云台后期办实业失败的教训，订立出经营方针：

（1）不许任何人向公司借钱宕账，公私分明。

（2）不许作盲目性扩张。

（3）坚守营业范围，勿东投资西投资。

（4）决不投机抛空栈单。

（5）专心业务，不兼职，不参加社会活动。

（6）不随意任用私人。

恒丰复业后，除分红分息、增加机器设备等固定投资外，还获取了巨大的利润。以 1946 年 5 月复业计算，当时该厂的流动资金约合棉花 6660 担（合 26 万美元），1949 年除还清一切债务外共有流动资金约值棉花 2 万担（合 78 万美元），恒丰的流动资产增益了 3 倍，恒丰纱厂又创造了一段繁荣。随后因为战争原因，陷入低谷。

新中国成立后，经人民政府多方面扶助整顿，恒丰生产逐渐从战时混乱状态中恢复，趋于好转，随后相继经过企业改造和公私合营，逐步走上了社会主义新式企业之路。

1953 年 12 月 13 日，聂云台病逝于上海。①

～～～～～～～～～～～～～～～～～～～～～～～～～～～～～～～

　　湘学最突出的特点是强调经世致用，这种经世致用精神在近代的突出表现就在于开放性和变革性。在近代中国剧烈的社会转型中，经世致用精神的开放性和变革性，很容易转化为湖湘人士推进社会变革和接纳近代西方先进科技文化的动力。湘军时代，聂云台的外祖曾国藩等一批湖湘人士敏锐地意识到西方科技文化的先进时，结合自身国家的需要，开启了具有现代化意义的洋务运动。在洋务运动后期，当清政府最大的军工企业江南制造总局发生危急之时，聂云台的父亲聂缉椝毅然担任了这个晚清最大的军工企业的会办，继而又升任总办。在任 8 年期间，以顺应时代，敢于探索的精神，延请西方技术顾问，仿制西式武器，使江南制造局这个"官营"大型企业不仅甩掉了连年亏损的帽子，在卸任时还盈余十几万两银子。

　　如果说聂缉椝所做的还只是一个官办企业的现代化管理和技术革新的话，那么他的儿子聂云台则直接推动了中国民族工业尤其是民族纺织工业的现代化。从聂云台所受的教育来看，可谓古今都具，中西兼有，文理均备，然而从他的一生来看，湖湘文化对他的影响可谓根深蒂固。这现代化从何而来，它植根于传统，又超越传统。

　　湘学倡导学贵力行。学贯中西的聂云台，选择了"实业救国"作为自己人生的目标，并一辈子为之奋斗。湘学倡导敢于创新。聂云台经营恒丰纱厂，在管理上全面废除陋规包工头制度；在技术上全面更新生产设备和技术；在人力资源上，大力培训人才。在企业融资方面，主要依靠的是商业信用，采用的是现代信托方式，用期票来调度资金，这是需要胆略和智慧的。正是这种敢于创新、敢为人先的精神，聂云台在上海滩不仅创建了恒丰纱厂，还创建了一个无论规模、设备、技术、管理都是一流的模范纱厂——大中华纱厂，这对于中国民族纺织业有着示范效应。同时，为了推

――――――――――

　　①　主要资料来源：上海社会科学院经济研究所编著：《恒丰纱厂的发生、发展与改造》，上海人民出版社 1958 年版。

动中国纺织机械技术的发展，聂云台破天荒的在全国筹备了制造纺织机械的中国铁工厂，其用意就在于为民族纺织工业的发展奠定物质技术基础。另外，还建立了纺织衍生品市场——恒大纱号，旨在推动市场良性发展。这些都是中国民族纺织业现代化发展中的有益实践和探索。

修身齐家治国平天下，是自古以来中国士子所追求的人生境界，一代又一代的湖湘士子也是如此。观察聂云台内亲和外家曾家的家庭文化，发现他们有一个共同的特征，家族文化中显赫人物的品德、志气、功业以及学风成为了一代代的楷模。无论聂云台财富有多少，观其一生，在某种意义上说，这位双料名门望族子孙中的领袖人物，在信仰上有过基督，有过释迦牟尼，在生活和生意上，出入欧美，濡染于上海洋场，但是最后还是一个儒者，因而最终还是一个儒商。进一步而言，聂云台在某种程度上继承了湘学传统文化并推动着它向着现代转化。

范旭东 中国化学工业的
开拓者

　　范旭东，中国化学工业先导人物，创造了中国化学工业史上诸多第一。1914 年，中国第一家现代化工企业——久大精盐公司创立。1920 年，中国第一座纯碱工厂——永利制碱公司正式注册成立。1922 年，中国第一家化学工业研究机构——黄海化学工业研究所建立。1934 年，中国首座合成铵工厂——永利硫酸铵厂创立，1937 年，永利南京硫酸铵厂生产出中国第一批硫酸铵产品。"科学救国"、"实业救国"是范旭东的人生信条；"敢为人先"，是范旭东不断开创中国化学工业新领域的不竭动力；"粉身碎骨，我也要干出来"，范旭东是这样说的，也是这样做的。正是范旭东的坚韧、执着，才有早期中国现代化学工业的辉煌成就。

　　回顾中国近代工业历史时，毛泽东曾经说，中国实业界有四个人不能忘记："搞重工业的张之洞，搞化学工业的范旭东，搞交通运输的卢作孚和搞纺织工业的张謇。"其实早在1945年10月范旭东病逝时，毛泽东就对范旭东作了高度评价，毛泽东的挽词是"工业先导，功在中华"。的确，在中华化学工业史上，范旭东是中国现代化学工业的开创者，一位潜心振兴中华的实业家。

一　第一个精盐工厂的成功，为中国现代化学工业奠定了第一块基石

范旭东（1883—1945），原名范源让，字明俊，湖南湘阴人。到日本留学时，改名范锐，字旭东。幼年丧父，家境贫寒，靠亲友资助入塾读书。

19 世纪末，中国民族危机日益深重，维新运动兴起，湖南省城新政如火如荼。范旭东的兄长范源濂曾入长沙时务学堂学习，戊戌变法失败后逃往日本，1900 年回国准备参加自立军起义，不料起义失败，再次逃亡。于是携弟范旭东东渡日本，此年范旭东 17 岁。

范旭东在日本时，感于日本的强盛与工业的发展有着密切关系，立志实业救国。1905 年考入日本冈山第六高等学堂学习。1908 年考入京都帝国大学化学系。1910 年毕业后留校工作。

辛亥革命爆发，清政府灭亡，民国建立。范旭东抱着科技救国、工业救国的理想，携妻回到祖国。后应财政部币制局的聘请，到天津制币厂任总稽核。他亲自到北洋、江南、广州等造币厂调查，发现银圆含银量均不足，于是向上反映，要求回炉重铸，但没有受到重视。1914 年，范旭东在财政部只领薪水，没有事做，他就觉得对不住自己所学的知识。什么是知识分子，无论是传统的"士"，还是近代以来的知识分子，大都是以天下为己任的，不能碌碌无为。所以范旭东毅然辞职，走自己的路，艰苦创业。

不久，因为懂工程之故，范旭东得到了一次赴欧洲考察盐政的机会。在近一年时间里，范旭东几乎跑遍欧洲各国矿盐产地和沿海盐场，西方的先进技术和产业规模使他眼界大开，对比之下，中国太落后了。

当时，世界上最先进的制碱法，是索尔维制碱法。一次，当范旭东来到号称"世界碱王"的英国卜内门公司时，厂家摆出一副傲慢的姿态，竟然把他领进锅炉房，说：你们中国人看不懂索尔维制碱工艺流程，所以参观我们的锅炉房就行了。这傲慢和嘲讽的话使

　　这位炎黄子孙愤然离开英国，踏上了归国的航程，面对波涛汹涌的大海，他发誓：一定要用自己的双手，创建出中国的制碱工厂。回到国内后，范旭东心潮澎湃。白手起家创办化学制碱工厂，困难太多了。由盐生碱，是化学工业通常发展的路径。而国内的盐业又是一种什么情况呢？

　　民国初年，中国市场上的食用盐都是黄中带黑的粗粒盐，又贵又脏，而且在市场上实行的是盐商分区包销的盐引制度，盐商囤积居奇，垄断市场。外商则从租界向中国市场走私细白精盐，逃避关税，牟取暴利，百姓深受其苦。

　　回到北京后，范旭东与担任过盐务署顾问兼《盐政杂志》主编的景学钤商议，计划在塘沽筹建精盐工厂，提高盐质，以办盐业来改革盐政，以先进的技术和优质的产品和引岸专商进行斗争；同时，抵御洋盐，挽回利权。范旭东表示："大时代不容任何人苟安，我等有负起担子的必要，力所能及，不可放松，要争气就趁这个时候，办工业振兴我们的民族。"其兄范源濂及师友与社会名流梁启超、卫家襄等人都很支持范旭东。于是由范旭东、景学钤等为发起人，梁启超、范源濂等为赞助人，筹备成立精盐公司。

　　1914 年 7 月，范旭东呈请北洋政府财政部盐务署批准立案，在塘沽筹建股份制久大精盐工厂。随后范旭东边试验，边进行招股建厂。原定共同招股集资 5 万元，到 1915 年 4 月，实际招股 4.11 万元。

　　在筹建精盐厂的时候，范旭东曾只身来到渤海之滨盛产海盐的塘沽，他找了一个穷孩子张汝谦做向导，在塘沽各处查看。

　　塘沽是八国联军攻打京津地区上岸的地方，昨天的战火烟云就在眼前，满目疮痍的景象引起范旭东无限的感慨。还好，塘沽那晶莹剔透的白色盐坨粒给了范旭东希望和力量。

　　塘沽不仅盐产丰富，交通也很方便，京奉铁路经过这里，水面行船可直通青岛、上海、香港、营口、大连等港口。唐山煤矿相距也不远。原料、燃料、运销都具备条件。

　　1915 年，久大精盐厂在购得的 16 亩土地上破土动工。部分机器设备由范旭东亲赴日本购买,部分交上海求新工厂制造。当年10月30日,久大精盐厂的建筑安装工程全部竣工,12月1日呈报制盐开始,12月7日获得批准,久大精盐厂正式投产。这时,范旭东特地把引导他在塘沽察看的跛脚穷孩子张汝谦找来,安排他当了久大精盐厂的工人。[①] 久大精盐厂在塘沽设立的制盐厂正式投产后,不久在天津设立了久大精盐总公司,范旭东任总经理。中国第一个精盐工厂的创办,为中国现代化学工业奠定了第一块基石。

范旭东经营久大精盐公司有许多特别之处。

在技术方面,久大精盐公司成立之初,就从日本引进了比较先进的制盐技术设备。公司采用新式制盐方法,先将海滩晒盐加工的粗盐,溶解成饱和的盐卤水,再通过过滤、沉淀杂质后,将盐水吸入位于高塔的卤箱,卤箱中放入两只长方平底大锅,烧煤熬煮结晶而成雪白精盐。这种方法生产出的精盐,较以往的锅灶熬盐、引海水进行日光晒盐的办法更纯净卫生,质量更优良。中国制盐史翻开了新的一页。

在市场方面,采取新型的经营模式,自产自销,逐步打破盐商垄断。首先确定商标为五角形的"海王星"。在天体中,海王星循环运行,寓意久大精盐公司自强不息。

旧中国的食盐销售权掌握在少数盐商手里。这些运盐专商又分引岸、纲商、票商、包商、指定商等,各据一方,都有专卖权,不许别地别人插手,否则就以"越界为私",以私盐论处。久大精盐的运销受到这些封建盐商的抵制,开工初期,主管方面只许在天津设店行销,然局面过小获利无几。这使久大精盐公司的生存和发展受到极大威胁。西方列强也横加干涉。根据《善后借款合同》规定,中国政府在北京设立盐务稽核总所,隶属中华民国财政部。盐务稽核总所设总办、会办各一人,总办由中国人担任,会办由外国人担任,第一任会办英国人丁恩声势很大,完全凌驾于财政总长之上。

---

① 许涤新主编:《中国企业家列传》第一册,经济日报出版社1988年版,第154页。

英国驻华公使更是指示盐务稽核总所英籍会办封闭长芦盐坨，欲以英国海军封锁港口，阻止盐船出港外运。

范旭东回京后，说服盐务署署长、盐务稽核总所总办张弧，通过久大精盐公司的股东杨度，将久大精盐公司生产的精盐带到袁世凯的饭桌上，经其劝说，袁世凯应允久大精盐公司的精盐在扬子江一带五个口岸出售。"海王星"牌精盐因此在长江流域打开了销售市场，局面为之大开。

久大精盐公司闯过长江流域，实际是北盐南下，这在中国盐政史上是破天荒的事情。立即引起口岸淮商的极大不满，他们全力对抗，并勾结地方驻军以筹措军饷、预借税款等手段，威胁久大精盐公司。范旭东奋力筹划经营，南北奔波，备尝创业之艰辛，终于战胜淮商。

1918 年，两湖地区闹盐荒，当地 18 家精盐商号在长沙、岳阳、湘潭、常德等地小量试销久大精盐公司的精盐，范旭东立即设法将这 18 家精盐商号组织为汉口精盐公会，实行"精盐联营"；并发动湖南、湖北各县商会向省议会请愿，要求运精盐济湘、济鄂，从而打开了两湖市场。1920 年，范旭东利用汉口精盐公会的力量，在九江组织九江精盐公会，使久大精盐公司在淮南四岸的根基更加巩固。由此业务发展极快，销路骤增。1917 年精盐销量为 12375.09 担,1923 年增加为 420694.90 担，1924 年为 438424.50 担。此后一般都在 30 万担至 40 多万担之间浮动。各地经销分店只做批发，不做零售，随运随销，获利可观。

在资本经营方面，实行多种融资方式以扩张股本。

首先，保证股东的权益。范旭东在久大精盐公司管理中推行股息分红的独特做法。他回顾说"民元时代，风气不开，办实业的人们，极不容易集资，他们不得已用借款方式募股。就是收到股款，即日用'官息'名义计息。这在经营商业，或能勉强办通，如其办工业，就很不妥。久大当时为打破这个不良习惯，章程上规定不发官息，有纯利的年度，照章分配红利，分多少也没有一定，要看纯利的大小。"他认为这种办法"是办工业必须力争的"。范旭东的这种利润分配改革，对提高公司运作效率，增加企业生产效益、消除传统管理弊端有着积极的意义。

其次，融资方式灵活。

一是范旭东以亲情、乡情以及师友关系，在亲友师长中募集股本。范旭东办事勤奋，生活俭朴，立身端正，社会声誉甚好。上至社会名流黎元洪，下至普通商人，都争相入股。

二是通过银行融资。久大精盐公司从成立之初就开始向金城银行天津行押借款项，而且除金城津行外，金城银行京、沪等分行也对久大精盐公司放款，这些放款往往由津行居间联络和担保。久大公司与金城银行业务往来极其频繁，金城银行为久大精盐公司提供大量的抵押借款和透支。这些贷款极大地充实了久大精盐公司资金来源，保证了公司的进一步发展。

三是范旭东在企业内部推行职工储蓄制度，充分利用企业职工及有关人员的存款，来扩大企业的资金来源。如 1929 年《久大精盐工厂管理规则》中明确规定："凡职工自愿储蓄者，由本厂会计处收存，职员储金月息八厘，年终结付，工人储金月息一分，每月付给。"因此，利用企业内部的资本积累是久大精盐公司另一个重要的资金来源。

从久大精盐公司的融资方式来看，股份融资是范氏企业的首选方式。在当时的情况下，具有见效快、风险小的特点，是最简单、最有效的融资方式。随着久大精盐公司的逐步发展，银行融资和债券融资在公司融资资本额中的比重日益增大，成为主要融资方式。可以说，久大精盐公司根据当时的自身条件和社会背景，灵活地采取各种融资方式，在运用借贷资本上是相当成功的。

依靠范旭东的声誉和独特的管理制度，久大公司股本扩展很快，工厂扩展也加快了。自 1918 年起，久大精盐公司又增设两个盐厂。1918 年还接收了德国在塘沽的铁道支线，收买了海河口的俄国码头。这一年，范旭东更得意的事应该是招聘了留日学生李烛尘。李烛尘专长电气化学，更善于经营管理，后来成为永久黄团体不可或缺的经理人才。1922 年，北洋政府收回日本在青岛的盐田，决定招标商办，范旭东以 80 万中标，旋与山东盐商组织永裕盐业公司，下设"永大"、"裕大"两厂。"永大"承办 19 所制盐工厂，"裕大"则承办收回的盐田。盐田被北洋政府收回时，双方商定中国每年向日本输出青盐 300 万担，由此永裕盐业公司取得我国食盐输日的供应权。[①] 1925 年，久大精盐公司资本由 1915 年第一次股东会议时的 41100 元增至 250 万元；年产量由最初的 1800 吨增到 30000 吨。

1929 年，"海王星"牌精盐打进了酱油业，这一年全国精盐总会秘书长、酱油工会特别顾问钟履坚提出"打破酱业的引岸制度"，呼吁为上海酱油减轻盐税，以便通销全国。范旭东抓住契机，在南京成立了全华酱油公司。很快，全华酱油公司制造的固体酱油遍销全国。[②]

1931 年，久大精盐公司在沿海已有盐田 10 万亩，年产量达 24 万吨。1934 年，久大精盐公司改名为久大盐业公司，经营重点转向工业用粗盐，总店由天津迁往上海。1936 年，久大精盐事业发展达到顶峰，精盐销量达 50 万担。[③]

二 第一个制碱工厂的成功，中国基本 化工的一只翅膀伸出来了

范旭东在创办制盐厂时，看到塘沽一带有盐有石灰石，就开始想进军制碱工业。碱，即碳酸钠，是最基本的化学工业原料之一。洋碱进入中国前，中国人吃的是天然碱，产在张家口、古北口一带，俗称"口碱"。口碱加工十分粗劣，不仅严重影响人体健康，还不能用于工业。中国的纯碱主要来自英商卜内门公司，其总公司设在上海，在各埠、城镇均设有分销店，由于洋碱含碳酸钠高达 99%，所以卜内门公司的洋碱很快就垄断了中国纯碱市场。碱与国计民生息

① 张同义：《范旭东传》，湖南人民出版社 1987 年版，第 23 页。
② 师俊山：《化学工业的先驱——范旭东传》，河北人民出版社 1995 年版，第 78 页。
③ 同上。

息相关，生产肥皂、纸张、玻璃、印染、食品、药品等都离不开碱做原料。第一次世界大战爆发后，远洋运输困难，外商乘机将纯碱价钱抬高，上海、天津等地许多工业企业因此陷于停顿。

其时，上海大效机器厂的厂长兼总工程师王小徐及陈调甫一起合作，在东吴大学研究室里，试制出了纯碱。王小徐及陈调甫等来到天津，辗转找到范旭东，想进行合作。

为办碱厂，范旭东按王小徐的设计，在天津太和里范旭东的家中进行建厂实验，用长芦盐制出了约 9 公斤纯碱。后来由于种种原因，合作办厂一事耽搁下来了。范旭东决定向久大精盐公司董事会提出筹设"永利碱厂"。

1917 年范旭东决定办碱厂时，与他人联名向财政部盐务署备案，得第 1415 号训令立案。

1918 年 11 月，在天津召开碱厂会议，商议筹备建厂事宜。碱厂发起人是范旭东、陈调甫、王小徐、景学钤、张弧、李穆、聂云台。

1920 年 5 月召开碱厂第一次股东会。选出范旭东、景学钤、张弧、李穆、周作民、聂云台、陈栋材为董事。范旭东任总经理。9 月又得到农商部批准以第 475 号注册，定名为"永利制碱公司"（通称永利碱厂），公司正式注册成立。

永利碱厂初期资本额为 40 万元，一部分是久大精盐公司以法人身份认股，一部分是招股。金城银行在永利碱厂筹资和增资招股方面给予了大力支持。

"永利碱厂"的筹建历经坎坷，直到 1924 年才正式开工生产，前后历经六七年，可谓十分艰难。

如果说"久大精盐"的生产方式是传统制造工艺的升级的话，那么"永利制碱"涉及的技术和工艺则代表了第二次工业革命的巅峰成就，在索尔维法制碱工厂内，完整的生产线代替了传统产业分散、独立设备的组合。要做到这些，技术是其中的核心因素。"永利制碱"筹建之初就首先遇到了技术难题。

当时世界上通行两种工业制碱方法。一种是路布兰法，以法国化学家兼医生路布兰（Nicolas Leblanc）名字命名。技术比较简单，产品质量差，副产品多。一种是索尔维法，以比利时人索尔维（Ernest Solvay）的名字命名的一种制碱方法。技术比较复杂，产品质量好，成本低，很有发展前途。索尔维法的理论不难掌握，小型实验也比较容易，但建造大厂的中间性试验难度很大，所需的数据、资料、图纸和关键性设备的安装都很复杂。

范旭东深知制碱技术关系到碱厂的成败，便向索尔维集团企业洽购制碱技术，对方竟提出了派人到永利碱厂操纵控制生产关键工序，不带徒，不传授技术，限制产品销售市场等苛刻条件。深有爱国情怀的范旭东不愿意任人摆布，决定另寻他法。由于无法从专门的设计公司购买碱厂设计方案，永利只能委托技术专家代为设计。1918 年，永利寻求设计时最先接洽的是从事中介业务的美国人安者（Unger）。在预付 2500 美元后，范旭东的兄长范源濂发现安者不过是个以经纪为业的人，于是终止合作。2500 美元算是永利制碱公司在美国寻求设计人所交的第一笔学费。

第二次寻找是委托纽约华昌贸易公司总经理、湖南老乡李国钦进行的。约在 1919 年春，李国钦找到在美国的法国工程师杜瓦尔（A. L. Duval），开始设计。同时，在美国伊利诺伊大学研究院进修的陈调甫也参与进来。按要求，杜瓦尔在设计图样的同时必须建立供试验用的雏形工厂，雏形工厂事一直拖至 1920 年 2 月才完成。为格外慎重起见，陈调甫另请曾在美国马叙逊碱业公司供职 20 余年之老工师孟德设计。永利最后放弃了杜瓦尔的设计，采用的是孟德的"仿制"方案。技术引进是永利索尔维法制碱成功的起点，不过在主设计师没有到中国实地指导的情况下，要真正能开工生产，可能还会遇到相当大的困难，后来的历史确实如此。

1920 年 12 月，陈调甫因故辞去技术主任职务，同时推荐了侯德榜任该职务。不久，范旭东委尚在美国读书的侯德榜以"碱厂制造工务"一职。侯德榜在美国认真分析了孟德的方案，发现图纸有许多地方不合适，必须做较大修改。侯德榜利用当年暑假认真修改图纸。1921 年侯德榜回国，范旭东委任他为永利碱厂技师长，负责全厂的技术工作。范旭东在永利碱厂成立了艺徒班，培训技术工人。

同时，他积极购置制碱机器设备。对碳酸塔等国内能制造的机器设备，均在国内订购；对碳酸压缩机等国内暂不能制造的关键性设备，则向国外订购。

创业难，具有开拓性的创业尤难。根据设计图样建设工厂，永利遇到的困难仍超过创业者的想象。除了因为交通原因，困难重重外，如在美国购买的锅炉、汽机、发电机、压缩机等机器设备先后运回国内。机件运到塘沽码头，离工厂还有十几里，没有铁路，全靠圆木做轨，肩扛手拽，一寸寸地挪到位。更重要的是国内技术人才在建设大型工厂方面缺少经验，在铺埋复杂管线、建设高层建筑、安装大型机件等方面都显得力不从心。1922 年 1 月 5 日，永利意外请到的高级技师李佐华（G. T. Lee）启程来华解决工厂设备安装、管线铺设等问题。李佐华对永利制碱公司的贡献很大。在永利公司建厂初期几乎起到了类似于总工程师的作用。经过几年努力，碱厂生产线终于安装完成。1924 年 8 月 13 日，永利碱厂首次试车。生产线运转正常。但又有问题出来了，生产出来的纯碱却呈暗红色，质量没有达到合格标准，与卜内门洋碱无法相比。此时，永利已耗资300 余万元，除股本外，欠银行及久大精盐公司 100 余万元。①

怎么办？

永利制碱厂虽然开工，却没有鲜花，只有质疑、指责和股东们严峻的信任危机。范旭东心中充满着苦涩，但他没有气馁，继续投资并鼓励技术人员查找原因。不久，侯德榜和李佐华等技术人员终于找到了问题所在。他们发现，由于生产设备和容器大多是铁制品。铁和氨、碳酸气产生反应，生成红色的铁锈，致使本来雪白的纯碱变色。国外采用炼焦厂的粗氨液做原料，粗氨液中含有硫化铵，硫化铵与铁容器反应后，在容器表面结成一层硫化铁保护薄膜。有保护膜的作用，生产出来的纯碱就不会呈红色。找到了问题的关键，侯德榜等技术人员考虑在氨盐水中加入适量的硫化铵或硫化钠，使

① 师俊山：《化学工业的先驱——范旭东传》，河北人民出版社 1995 年版，第142 页。

其中的硫离子同塔器、管道的铁壁接触，在表面结上一层硫化铁保护薄膜，就可使铁壁和氨盐水隔离。这样铁就不会被腐蚀，生产的纯碱自然颜色雪白。[1]

为了吸取教训，范旭东将拆下的钢管，请工人做成一张桌子，放在自己办公室里，警惕此类问题再发生。可是，几个月后制碱的主要设备皿口干燥锅又全部烧坏，生产无法继续，全厂被迫停工。碱厂停工，引发了一场对"永利"的非难。范旭东在公司董事会上认真分析了索尔维制碱法在技术上的先进性和实践过程中的困难程度，迅速提出了解决"永利"问题的三项紧急措施：一是派技术人员到美国进一步考察制碱技术；二是继续借用久大精盐公司的资金，并向银行扩大透支，解决经济困难；三是裁减职员和工人半数左右，节省开支，以渡过难关。不久，受范旭东之托，侯德榜率领一部分技术人员到美国进一步学习研究制碱技术。

英国卜内门公司在中国的总经理李德立见永利公司制碱失败，被迫停工，立即报告英国卜内门公司伦敦总行，总行首脑尼可逊亲自来到中国，企图借机吞并永利公司。尼可逊到中国后提出，愿以他们的资金技术与永利公司合作。范旭东回答，永利公司注册章程内规定股东只限于享有中国国籍者，无可变通。尼可逊还派人向范旭东暗示，愿以高于范旭东投入碱厂资金一倍的代价，收购永利碱厂。范旭东断然回答："我搞不成碱，宁可自杀，也不会出卖自己的灵魂。"[2]尼可逊无可奈何，黯然而归。

为了找到制碱失败的原因，范旭东组织永利公司技术人员对制碱的全部工艺流程进行反复检查和分析，发现从美国买回的干燥锅系生铁和熟铁合成，膨胀系数不一致，因而造成烧裂。侯德榜在美国还了解到，那种干燥锅在欧美各制碱厂早已被淘汰。当年，孟德提供的图纸就存在问题。侯德榜弄明原委后发誓要击碎列强对制碱工艺的封锁。他发电报向范旭东汇报这一情况。范旭东当即表示不

---

[1]　赵津、李建英：《规模化和本土化——永利制碱历史再评价》，《山西大学学报（哲学社会科学版）》2009年第1期。

[2]　张同义：《范旭东传》，湖南人民出版社1987年版，第47页。

惜重金，买全新的干燥锅。

1926 年 6 月 29 日，永利制碱厂重新开工，当纯净洁白的碱从煅炉中源源流出时，全厂一片沸腾。"红三角"牌纯碱诞生了，被临时裁员的三百多工人重新回到了厂里。

永利公司奇迹般地打破了国际索尔维制碱法的垄断，在中国成功实现了索尔维法制碱，国外技术专家和本土研发力量各自发挥了应有的作用，新法制碱的成功是技术引进和本土化努力的结果，可谓是"师夷长技"的最佳版本。

永利公司的成功使英国卜内门公司感到惊恐，他们想方设法挤垮经济势力还很弱的永利公司，使出降价抛售的惯用手段，在上海、汉口、长沙等地大幅度降价，甚至赊销出售。天津市场则不降价，想让永利公司的产品局限在天津本地销售，而将其他市场让出。在卜内门公司降价抛售突袭之下，永利公司产品在武汉、长沙、上海滞销，堆满了库房、站台。范旭东分析研究了市场动态，针锋相对，卜内门降价销售时，永利公司便以更大的降价幅度来抛售，并延长赊销兑款期限。与此同时，范旭东根据国际市场状态，决定将产品销往日本。日本三井财阀无制碱工厂，范旭东便与三井的津行商议，让其代表永利公司在日本试销纯碱，结果一谈即合，永利公司的纯碱以低于卜内门公司的价格让三井在日本各地销售。三井分支机构布满日本，永利公司的碱价廉物美，很快就在日本受到欢迎。这使卜内门公司在日本的碱类产品市场受到威胁。卜内门公司无法挤垮永利公司，主动派人到永利公司要求就调整纯碱价格问题谈判，双方议定英商不再减价倾销。后又签署了范旭东提出的中国纯碱市场配销额的协议，永利公司的纯碱销售额占中国市场销售总额的 51% 以上。

1928 年，在美国费城举行的万国博览会上，永利公司的"红三角"牌纯碱荣获金质奖，博览会评价"红三角"牌纯碱是"中国近代工业进步的象征"。1930 年，"红三角"牌纯碱又获得比利时工商博览会金奖证。

到 1932 年，永利制碱厂的工人达 700 人，三班工作制，每班工作三小时。年终对先进生产者给予奖金红利；对每工作三年的技术人员，给三个月假，公费去外地旅游；工厂设医院，免费治疗；设有幼稚园和小学校，职工子弟免收学费；并且设有工读班和特别班，各分一二三年级，以扫除工人中的文盲。

范旭东在发展纯碱生产的同时，又通过发行永利债券、向银行贷款等融资方式，兴建烧碱厂，使永利公司的产品增为纯碱、烧碱、洁碱三个品种。中国第一座制碱工厂的成功，范旭东说，"中国基本化工的一只翅膀伸出来了"，中国也以傲然英姿屹立于世界化学工业之林。

三 第一个独立的化工科研机构的建立，中国化学科学的希望出现了

工业的基础在科学。"中国今日若不重视科学，中国工业有何希望！"这是范旭东在创办化学工业过程中的切身感受之言。化学工业属于科技含量较高的行业，它对科学管理和技术有着较高的要求，范旭东在创业过程中，一贯以尊重科学，运用科学为原则。因此，早在 1916 年，范旭东就在久大精盐厂内部设立了一个化学实验室，用于解决久大精盐厂生产中遇到的技术难题，尤其是鉴定精盐的质量和探索长芦盐产的综合利用。在创办久大精盐厂实验室时，范旭东就说"我们惟有亲近学术，开拓我们事业的前程，才是正轨"[①]。鉴于研究"工业学术"的重要性，范旭东欲成立专门的化学工业研究机构，促推中国化学工业的发展。

从 1916 年创立的久大研究室的建立开始，范旭东就一直在精心布局。随着永利碱厂的筹建，范旭东非常清楚，作为久大精盐厂附设机构的实验室，其活动毫无疑问会"变成盐碱两厂辅助机关之形式"，以致有不能"充分发挥其效用"的危险。范旭东的心中有更

---

① 范旭东：《久大第一个三十年》，载《化工先导范旭东》，中国文史出版社 1987 年版，第 213 页。

加宏伟的计划。1920 年，范旭东在久大精盐厂附近辟地数亩，添购仪器设备，建造专门的化学工业研究室（这就是此后黄海化学工业研究社的社址所在），附设图书馆择购世界各国化学方面的专门书籍和杂志以供研究者参考，总计投资 10 万余元，巨大的投资折射出范旭东对技术创新的不懈追求。1921 年久大公司新研究室落成，规模比原研究室扩大许多。但范旭东走得更远，他独辟蹊径，要将久大精盐厂（公司）的研究室从过去附属的状态转变为专业化的独立形态。要走出这一步，范旭东明白必须首先找到一位能埋头苦干、志同道合，并具备领导才能的学科带头人作为独立实验室的负责人。天不负有心人。兄长范源濂和技师侯德榜都推荐唐山开滦矿务局总化学师孙学悟。孙学悟也为范旭东实业救国的理想所感动，毅然抛弃开滦的高薪和优厚待遇，于 1922 年初出任久大研究室主任。

在范旭东和孙学悟两人的努力下，1922 年 8 月研究室与久大精盐工厂正式分离，并改名为"黄海化学工业研究社"，久大精盐公司新研究室的屋宇及其设备全部移借黄海化学工业研究社以作基础。范旭东在《创办黄海化学工业研究社缘起》一文中写道："近世工业，非学术无以立基，而学术非研究无以探其蕴，是研究一事，尤为最先之要务也。"他带头将自己创办久大公司、永利公司所获酬劳金捐给黄海社，甚至表示，"就是典当裤子，也要办黄海"。受其感召，其他发起人也纷纷将永利公司章程内所规定之创办人全体所得报酬金，悉数永远捐作黄海社研究学术之用。①黄海化学工业研究社是我国第一个独立的民办化工科研机构，中国化学科学的希望出现了。

黄海化学工业研究社设社长一人，由孙学悟担任，另设主任一人，辅助社长处理各种事务，下设研究部和事务部。研究部分为调查、化验、工程三股，各股均设股长一人，辅助主任管理各股事务。事务部主要负责文牍、会计、庶务、图书、仪器、药品等工作，各

---

①　《天津文史资料选辑》第 23 辑，第 116 页。

设事务员一人管理各项事务。

黄海化学工业研究社实现组织独立时，也实现了研究员和工厂技师之间在学术和工程方面的创新分工，研究任务由黄海化学工业研究社延聘专家担任，不再由两厂技师兼任，但两厂技师仍作为黄海社的"当然研究员"，以使"学问与实施交相为用"。黄海化学工业研究社建立后，陆续添聘了一批化学和化工类的杰出人才，其中包括留美的卞柏年、区嘉炜、卞松年、蒋导江博士，留法的徐应达博士，留德的聂汤谷、肖乃镇博士以及获得双科博士的赵之泯。黄海化学工业研究社的高级研究员，主要就是由这些拥有博士和硕士学位的留学归国人才组成。

黄海化学工业研究社经过不断扩充后，"规模略备"，设有定性分析室、定量分析室、工业化学试验室和动力室等，并附设图书馆，收藏中西化学工业参考图书达 5000 余种，另订有十多种专门杂志，以供研究人员随时参考。社内组织研究分有机、无机两大部分，从事合成、分析及发酵、制造等科目的研究。在近代落后的旧中国，民族企业建立如此完善的研发机构，实属一大奇观。

黄海化学工业研究社独立后，范旭东为之确立了三大目标："（1）协助久大永利之技术，（2）调查及分析资源，（3）试验长芦盐卤之应用。"在制碱成功后，研究社终于在制碱之外重新发掘出一批新的研究方向。黄海化学工业研究社决定将未来研发的重点放在轻重金属（国防工业急需的材料）、肥料（农业发展所需）、菌学（农产开发）以及水溶性盐类（化工医药）等方面，这就说明范旭东始终将黄海化学工业研究社自身的研究目标和民族的复兴、国家的富强联系在一起。

此外，范旭东后来还赞助成立了静生生物研究所，并在久大公司成立 30 周年之际发起成立了海洋研究室，主张"以化工学术，从事海洋资源之研究而开发之"，这在中国科技史上亦属创举。①

1928 年永利公司纯碱的生产和销售都渐入正轨后，范旭东开始

---

① 李玉：《论范旭东的企业家素质》，《盐业史研究》1996 年第 4 期。

思考永利公司新的发展目标，他和黄海化学工业研究社的孙学悟讨论化肥在农业发展中的作用以及国外合成氨工业的发展情况，有意确立中国的氮气工业。1931 年黄海化学工业研究社重定社章，根据新的章程，特设特别科目室、农业化学室、分析化学室、冶金及机械室以及出版室，其中特别科目室的研究内容就包括"酵菌化学"的研究，而农业化学室则研究硫酸钲（硫酸铵）工业等相关技术。正是黄海化学工业研究社未雨绸缪，黄海化学工业研究社的先期研究，后来创设永利化学工业公司南京钲厂，造出了中国第一批硫酸铵也就水到渠成了。如果说永利公司制碱是"延续过去"（延续久大公司对海盐的开发传统），那么农业化学则是纯粹的"开辟未来"。

可见黄海化学工业研究社是永久黄团体（由永利制碱公司、久大精盐公司和黄海化学工业研究社组成）营造其核心竞争力的组织保证和战略举措，范旭东"创设黄海化学工业研究社，称为本团体神经中枢，意义重大不言可喻"，的确如此。

黄海化学工业研究社除对酸碱技术的进一步研究外，将酒精、发酵、制药、炼铝等工业纳入研究视野，并获得了一系列研究成果。抗日战争时期，黄海化学工业研究社移迁四川，科研人员本着抗日救国的信念和斗志，继续创造辉煌。新中国成立后，黄海化学工业研究社迁往北京，由人民政府接管，改称为"中央人民政府重工业部综合工业试验所第三部"。各研究室已调整为菌学室、有机室、无机室、分析室、化工室及一个修配车间，计职工 100 余人。

范旭东、孙学悟等黄海化学工业研究社一大批社会精英抱宏远之志愿，集毕生精力追逐并实践自己的梦想。他们用自己的行动真实地叙述着知识分子的心愿，他们的身上承载了时代转型期知识分子的社会责任。①

"永利"、"久大"、"黄海"联合组成"永久黄团体"后，创办了《海王》旬刊作为企业内刊。《海王》累计出版 600 多期，范旭

---

① 赵津、李健英：《黄海社与近代中国创新精神的塑造》，《南开学报（哲学社会科学版）》2013 年第 4 期。

东先后亲自为该刊撰稿逾百篇。1932 年，范旭东在塘沽为"永久黄集团"设立联合办事处，《海王》改由办事处领导。《海王》是永久黄团体的喉舌，宣传永久黄团体的"四大信条"。这四大信条是："一、我们在原则上绝对地相信科学。二、我们在事业上积极地发展实业。三、我们在行动上宁愿牺牲个人，顾全团体。四、我们在精神上以能服务社会为最大光荣。"

从永久黄团体的发展史可以看出，四大信条是永久黄团体企业精神的体现，是永久黄团体发展的精神支柱。四大信条昭示了永久黄团体创办人的爱国情操，昭示了永久黄团体创办人"服务社会"的价值观与道德观，昭示了企业员工奋发图存、自强不息的精神。四大信条是继承中国传统文化中忧国忧民的忧患意识和民族气节的体现，由此产生了企业强大的凝聚力、感召力、生存力和竞争力。①

四　第一个硫酸铵厂的建立，中国基本化工的另一只翅膀又伸出来了

酸和碱是基本化工的两翼，是国家工业的命脉。中国制碱工业建立起来了，但国内各种酸类化学产品仍为外国公司垄断。1929 年 1 月，范旭东向国民政府实业部递交报告，要求发展基本化工，提出以 2000 万元发展纯碱、硫酸、合成氨、硝酸等工业的计划。但这一计划没有得到实业部的答复。

1930 年 12 月，孔祥熙继任国民政府实业部部长，制订了十项实业计划，其中一项是创办硫酸铔（"硫酸铔"今已改称"硫酸铵"，本文改称通用的"硫酸铵"）厂。1931 年，实业部在上海设立中国氮气公司筹备委员会，择要聘任金融、工业及上海各界名流为委员，范旭东收到了聘请他为中国氮气公司筹备委员会委员的通知。9 月 28 日，出席了实业部在上海召开的筹备委员会会议。会

---

① 张克生：《我国早期企业文化的结晶——"永久黄四大信条"》，《道德与文明》1994 年第 2 期。

后，范旭东赴汉口、黄石港及湘潭等地做实地调查，拟为设厂做准备。

英国卜内门公司和德国蔼奇颜料工业公司对创办硫酸铵厂十分关注，致函表示，英、德两公司愿与中国政府合作组织中国氮气公司，在中国创办硫酸铵厂。英国政府几次派人对中国政府施加压力，并提出极为苛刻的办厂条件，要求 12 年内不得在湖南、湖北、江西、安徽、江苏、浙江、福建、四川八省自办和让其他外国公司开设硫酸铵厂，由英、德组织联合公司包销中国氮气公司所出产品等，实业部拒绝了这种无理甚至故意刁难的要求。

1933 年底，国民政府实业部最后决定将硫酸铵厂交由范旭东创建的永利制碱公司承办，并限令两年半内建成投产。范旭东接受承办硫酸铵厂任务后，于 1934 年 3 月召开了临时董事会议，决定将永利制碱公司更名为永利化学工业公司，在天津设立管理处，以统一经营管理制碱和制酸工业。随即派侯德榜、余啸秋等到上海、南京考察硫酸铵厂建厂厂址，最后选择了南京下游 40 华里的长江北岸六合县的卸甲甸作为厂址。

为了解决建厂所需巨额资金问题，范旭东决定接纳上海几家银行为公司股东，取得了上海商业储蓄银行、浙江兴业银行、金城银行、中国银行、中南银行和交通银行的资助，商约口头借款 1200 万元。同时全面调整永利制碱公司的资金，增添资本 350 万元。再以发行债券的方式，筹集资金 550 万元，支援兴建硫酸铵厂。这样，开办硫酸铵厂的基金基本得到解决。范旭东在上海电示永久黄团体同人："硫酸铵厂事，经几许波折，渐得各方面同情，资金有着；决由自办，前途荆棘，尚待刈除，负责至重。切盼吾同人本以前创办三公司之刻苦精神，为中国再奋斗一番，虎口余生，值得努力，谅具同感。"①

1934 年 4 月，范旭东派侯德榜带领几位技术娴熟的工程师赴美考察、引进技术设备。为了节省投资，凡在国内、厂内能制造的机

---

① 张同义：《范旭东传》，湖南人民出版社 1987 年版，第 85 页。

器设备，均自己生产制造。不引进成套设备，只择优引进关键单机。侯德榜在美国购买设备，手中过往的资金以千万计，并没有人查账监督，但是侯德榜的财务记录比谁都清楚。

1935 年春，设计绘图工作陆续完成。经过近两年半的筹建，在长江边的农田上，耸立起了高大密布的厂房，可停泊万吨货轮、起卸重达百吨机器的江岸码头也竣工落成。1936 年，从美、英、德、瑞士等国购买的机器先后运到卸甲甸。

1937 年 2 月 5 日，硫酸铵厂正式投产，日产硫酸铵 250 吨，硝酸 40 吨。范旭东欣慰地说，"我国先有纯碱、烧碱，这只能说有了一翼；现在又有合成铵、硫酸、硝酸，才算有了另一翼。有了两翼，我国化学工业就可以展翅腾飞了。""这个工业不为外商掠去，而由永利接过来自办，未尝不是国家之福。"①

---

① 《永利厂史资料》第二卷。

永利硫酸铵厂设备精良，所制产品供不应求；且生产技术远超我国同期工业水平，是国内首屈一指的化工企业，亦是亚洲地区最大的化工厂。硫酸铵厂的成功创建，使范旭东的事业进入鼎盛时期。在此前后，范旭东还在南京参与创办全华化学工业社，出任常务董事；在上海创办中华造船厂，任董事；主办中国工业服务社，任社长；在上海与天原化工厂合组中华化学工业会；在天津组设河北经济协会等。

五　下决心再创立一个化工中心

就在事业鼎盛发展时，1937 年 7 月 7 日，日军侵华战争全面爆发。战火在南北燃烧。8 月 7 日，塘沽沦陷，工厂被迫停工，艰苦创办的化学工业之城遭到毁灭性的打击。

淞沪会战期间，范旭东组织南京硫酸铵厂职工，利用已有的设备和材料，赶制军需炸药，制造地雷壳、军用铁锹、飞机尾翼等支援前线战场。11 月，上海失守，日军逼近南京。日本军方想夺取南京硫酸铵厂这亚洲第一流的工厂。于是给范旭东施加压力，逼其答应合作。范旭东表示："宁举丧，不受奠仪。"日军气急败坏，将南京硫酸铵厂作为军需火药基地纳入重点轰炸范围。

就在日军飞机狂轰滥炸时，范旭东乘一艘小火轮急驶卸甲甸。这里已成为火海，到处是残垣断壁。范旭东在冒着烟的废墟上找到目光呆滞的侯德榜，忍不住相拥泪涌。范旭东决定将重要图纸，转运武汉、四川，运不出去的烧掉。能拆的仪表、机件、工具分批运走，运不走的投入长江。

南京沦陷后，蒋介石曾先后召见南开大学校长张伯苓、天津大公报社长胡霖和"久大"、"永利"两公司负责人范旭东，对他们在天津和塘沽所办事业遭到的损失表示慰问，拨经费协助在大后方重新创业。范旭东为了保存中国微弱的化学工业，代表"久大"、"永利"接受了政府的拨款 100 万，作为在四川建厂的部分资金。为此，范旭东在汉口召集公司负责人会议，他说："抗战后，我们的最大收获，我认为就是大势强逼着我们必得发挥创造能力。想苟安、想维持现状，立刻就站不住脚"，"不能起一丝一毫颓废的杂念，行为要更加纯洁、勇敢，自不待说，必当尽心竭力，从种种角度，创造新的环境，救国兼以自救。"①他号召：就是大家在一个桶里掏稀粥喝，也不能散。通过讨论，职工的认识统一，下决心再创立一个化工中心。

会后，范旭东派人到湖南、四川勘测建厂地址，后因湖南战事紧张，各厂均拟在四川重建。汉口会议后，永久黄团体三厂一社的负责人、工程技术人员，以及一些老技工，先后在汉口华中办事处集中，分别乘船到达重庆。范旭东也随行迁移。

初到华西，范旭东制定了华西化工建设的几条原则：（1）无论能否全部实现，工程计划必须做到完整，至少要包括酸、碱、炼焦三个单位构成一体。万一无力同时并举，不妨分期施工建筑。（2）各单位的规模以适应目前力量与市场为标准，但计划必须留有余地。（3）原料力求自给，如凿新式盐井，自采煤炭、黄铁矿、石灰石等。（4）选择厂址，必须注重为华西化工中心之地，且应顾及将来与西南、西北各省畅通无阻。

1938 年，经国民政府资源委员会同意，范旭东率侯德榜等人应四川盐务局长缪云台的邀请去勘察厂址，最后决定"永利"川厂设在犍为县岷江东岸五通桥东南十里的老龙坝。这里地下资源丰富，盐卤储量较大，煤产也丰富，还有制碱工艺必不可少的石灰石。而且水陆交通发达，是一处适合创办化学工业的地方。但是这里人烟稀少，满目苍凉。

"永利"川厂厂址选定后，新的一轮创业之路开始了，他们风餐露宿，开山凿洞，用双手削平山头，盖起厂房、学校、医院、宿舍。因凿石取土量太大形成地窝，积水成湖，竟达百亩，被人们冠上"百亩湖"之称。在四川创业期间，范旭东以民族利益为重，进一步

---

① 范旭东：《远征》，《海王》旬刊第 13 年第 5—8 期。

将自己深沉而真挚的爱国思想在实业活动中体现了出来。范旭东经常鼓励同人们说：“关于复兴化工，日来进行其力，吾等在未死之前，尽一分，算一分，只要多少于抗战建国费了心力，始不愧也。”①范旭东将老龙坝改称为“新塘沽”，还在厂外山石上镌刻“新塘沽”三个字，以示其志。接着，黄海化学工业研究社也迁到了五通桥镇。

久大公司入川后经四川盐务局批准，在自贡自流井的张家坝建起了“久大”自贡模范食盐厂。“久大”技术人员对四川井盐生产方法进行改造，设计了用风力浓缩卤水的设备，用杉木搭成“枝条架”，将卤水引上架顶，然后洒在枝条架上层层叠叠的细竹枝上，让其滴落到地面池里，即能结晶成盐粒，再用干锅熬盐。这种方法使产量大大增加，“久大”川厂较快地打开了局面。范旭东还经常激励“久大”自贡制盐厂的职工们，说：“本公司的生命已同祖国交织在一起，……简单地讲，只要祖国存在一天，吾们决努力苦干一天，……虽然这里头吾们实含有无限的辛酸，会遭遇无数困难，但为了中国的制盐工厂，决不消灭于敌人的侵略，决不屈服于敌人的炸弹；同时为了由工业方面培养吾们长期抗战的力量，本公司拿出剩余的力量贡献祖国，实义不容辞。”②爱国之行动踏踏实实，爱国之语感人肺腑，催人奋进。

在复兴原有事业的同时，范旭东还利用简单的设备，扩大生产。与金城银行合资 100 万元，创办中国化学企业公司，分别在重庆和五通桥设厂，制造食盐副产品和颜料。后又设立三一厂，生产化学原料。在威远设恒兴堂煤矿等。

“永利”川厂建成后，在工艺技术方面遇到了问题。“永利”川厂附近的犍乐盐场的卤水含盐量只有 8%—12%，用原来的索尔维法工艺煎熬成盐，再用于制碱，价格太昂贵，只能改用其他技术工艺。德国发明的查恩法制碱，盐的利用率可达 90%—95%，用于四川井

---

① 唐汉三：《学习范先生工作精神》，《海王》旬刊第 20 年第 17 期。

② 范旭东：《在久大自贡模范制盐厂落成开工大会上的致词》，《自贡文史资料选辑》第 15 辑。

盐制碱较为适宜。范旭东决定亲赴德国考察，拟买下查恩法专利。

1938 年 8 月，范旭东率代表团到达柏林，但德国拒绝中国人参观制碱工厂。在购买专利的谈判中，他们故意抬高价格，而且提出将来使用查恩法专利的产品，不准在东三省销售。谈判未果，代表团成员力主自行设计。范旭东采纳了大家的意见，致电国内："因有辱国权，不再买查恩法专利。"①

侯德榜根据范旭东的筹划安排，离德赴美，考察制定实验方案，范旭东特地选派两名技术人员做侯德榜的实验助手。1939 年初，在香港设立了实验室，所有实验由侯德榜在美国遥控指挥。后试验规模扩大，实验室迁往上海法租界。同时还派人到哥伦比亚大学实验室做相关实验。1941 年，试验室西迁四川五通桥进行，进展较为顺利，进一步确定了新法制碱的工艺和操作条件。3 月 15 日，范旭东提议命名这一新的制碱方法为"侯氏碱法"。② 这是一个与查恩法完全不同的氨碱联合流程。至 1943 年，在侯德榜的遥控指挥下，氨碱联合流程试验取得成功，食盐利用率高达 97%。中国人终于依靠自己的努力打破了西方人的技术封锁。"侯氏碱法"为世界制碱工业开创了新纪元，也得到国际上的公认。1943 年 10 月 22 日，侯德榜被英国化工学会授予名誉会员荣誉。③

为了配合"侯氏碱法"工艺，范旭东决定成立"永利"川厂深井工程处，亲自赴美购买打井器材和"侯氏碱法"所需技术设备。他在给朋友的信中说："此行预定三个月，拼老命了啊。"④1940 年 12 月 6 日，范旭东乘远洋客轮到达美国西海岸波特兰，侯德榜在码头迎接。在此后的 55 天时间里，他几乎跑遍美国各地，采购新厂设备、深井器材；订购了福特等货运卡车 200 辆；与化工机械公司签订购置化工设备产品的协议等。

1941 年 11 月，范旭东飞抵香港，恰遇珍珠港事件发生，日军进

①　《永利厂史资料》第一卷。
②　张同义：《范旭东传》，湖南人民出版社 1987 年版，第 107 页。
③　同上。
④　孙学悟：《追念范兄》，《海王》旬刊第 19 年第 4 期。

入香港。范旭东被困香港岛，忍痛烧掉一部分与公司业务和制碱技术有关的随手记录。他后来回忆说："生平没有比这次更难过的事。"经筹划，范旭东以难民身份申请获取离港证。1942年1月18日，他们乘渡船过海，沿九龙、深圳离开香港。历经千难万险，3月2日回到重庆。

战争使运输异常困难，从美国购买的设备器材等开始取道越南，用火车或汽车途经广西、贵州运回四川。1940年，越南海防港口被封锁，经海防港口内运的设备约500吨，被日军劫拦，损失惨重。运输不得不改道滇缅线，这是最后一条国际通道。范旭东用在美国购置的载重汽车成立运输队，并亲赴缅甸视察，就地规划和指挥抢运设备器材。1942年5月，范旭东随车队指挥近百辆崭新的满载设备器材的福特卡车，组成了永利公司的第一运输车队，经滇缅国际线路近3000公里的跋涉，终于抢运回来一部分设备和器材。然而战局急转直下，日军进入缅甸，抢劫了永利公司滇缅西路沿途的部分车辆器材。

由于运输困难，外购器材无法到齐，"侯氏碱法"一时用不上，而后方用碱急切，"永利"川厂改用路布兰制碱法，以当地所产的硝、石灰石、煤为原料小量制碱以资供给。同时，办煤矿、玻璃厂、汽油厂和瓷器厂，利用已有的技术力量和设备，多途径发展生产。两年前为探寻"新塘沽"地下盐卤情况，试凿深井工作就开始了，因深井器材短缺，凿井无法正常进行。范旭东指挥抢运的深井器材运到后，1942年9月28日，终于使深井凿至三千五百尺，除发现天然气、石油及淡卤外，期望找到的黑盐卤也找到了。永久黄团体坚持生产抗战急需物质，对全民抗战帮助巨大。1942年，国民政府再次请范旭东出任国民政府实业部部长。范旭东1935年曾婉言谢绝国民政府出任实业部长的邀请，这次又以"矢志实业，无心为官"为由，再次拒绝了国民政府的邀请。

1943年，世界反法西斯战争捷报频传，范旭东以实业家特有的战略思维，开始考虑战后的中国化工事业。已界花甲之年的范旭东在重庆沙坪坝南园家中，运筹了战后复兴旧厂、建设新厂的十厂计划。第一年是扩充塘沽永利碱厂；修复南京卸甲甸铵厂；完成五通桥合成铵厂工程；建设五通桥硝酸、硝酸铵及硫酸厂。第二年、第三年要建设的新厂是湖南株洲水泥厂、青岛食盐电解厂、株洲炼焦厂、株洲玻璃厂、南京新法制铵厂。十大工厂的复兴、建设计划，包含着他拯救民众和国家于危难的愿望，也体现了他实业救国、复兴民族的伟大抱负。

为实现这个伟大抱负，范旭东开始寻找资金。1944 年，范旭东与上海银行总经理陈光甫、民生实业公司经理卢作孚等人，以民族工商业者代表身份，参加在美国召开的战后工商国际开发会议。期间，范旭东向美国进出口银行申请 1600 万美元的贷款，以引进技术设备。1945 年 6 月，美国进出口银行因钦佩范旭东的高尚人格，同意向范旭东贷款 1600 万美元，但要求有政府担保。范旭东回国后，立即将贷款一事报告国民政府行政院。

1945 年 9 月 17 日，毛泽东在重庆谈判期间，于重庆桂园举行茶会，招待实业界人士。毛泽东高度赞扬范旭东等人为办化学工业所做出的贡献，并邀请他在国内和平实现后，到解放区去办工厂。之前，范旭东曾和在重庆的中共代表周恩来、林伯渠、董必武多次交往。中共地下组织负责人龚饮冰，经组织同意，以个人名义和范旭东达成协议，创办了私营建业银行，以帮助范旭东实现"战后宏图"筹集资金。范旭东深有感触地说："中国的未来，看来只有靠中国共产党，才有希望。"①

范旭东盼望和平早日实现，耐心等待行政院的答复，他不仅有十厂计划，还有一个自营内河航运的想法，即用自己的轮船将久大公司的食盐和永利公司的纯碱、硫酸铵，由产地经长江运到鄂、湘两省，再将永利公司在湖南宁乡的清溪煤矿产的烟煤运回南京，供应合成铵厂。还准备在几个地方建设化工基地，为我国发展化学工业建立基础。

1945 年，国民政府行政院对范旭东要求借款担保一事给予了

---

① 章执中：《我所知道的爱国实业家范旭东》，《湖南文史资料选辑》第 17 辑。

"不予批复"的答复，预料的最坏结果变成了现实。10月2日，范旭东病倒在重庆沙坪坝南园简朴的卧室里，两天后因黄疸病和脑血管病同时发作逝世。

周恩来代表毛泽东来到范旭东寓所灵堂，敬献了毛泽东亲笔题写的"工业先导，功在中华"挽幛；周恩来和王若飞合写了"奋斗垂卅年，独创永利久大，遗恨渤海留残业；和平正开始，方期协力建设，深痛中国失先生"挽联。范旭东逝世，中国失去了一位奋发有为的爱国实业家，历史留给后人一声长长的叹息。①

范旭东，中国近代化学工业的先驱和奠基人，毕生致力于"实业救国"、"科技强国"的伟大实践，谱写了一曲曲可歌可泣的爱国创业歌。范旭东之所以能从一个身无分文的留学生发展成为一个"功在中华"的化工巨子，是同他卓越的企业家爱国精神、科学精神和儒商精神分不开的。

民国初建，在日本东京帝国大学享有优越教职的范旭东毅然回国，立志献身祖国的化学工业。首先下决心创办精盐工厂，揭开了中国盐业史和化工史上崭新的一页。随后以"粉身碎骨"的爱国精神，硬是建起了中国第一座纯碱工厂，第一座合成铵厂，终于使中国基本化工的两只翅膀长出来了。抗战发生后，面对家仇国恨，范旭东不仅直接组织永利硫酸铵厂职工利用现有设备和原材料，赶制军需用品，而且还在日寇谋求合作时，毅然决然表示："宁举丧，不受奠仪。"表现出宁为玉碎，不为瓦全的民族气节。在四川创业期间，范旭东以民族利益为重，进一步将自己深沉而真挚的爱国思想在实业活动中体现了出来。他说，"只要祖国存在一天，吾们决努力苦干一天"，"为了由工业方面培养吾们长期抗战的力量，本公司拿出剩余的力量贡献祖国，实义不容辞。"爱国之行动踏踏实实，爱国之语言感人肺腑，催人奋进。

①　参见吴广义、范新军《苦辣酸甜——中国著名民族资本家的路》，黑龙江人民出版社1988年版；许涤新主编《中国企业家列传》第一册，经济日报出版社1988年版。

范旭东致力于振兴中国化学工业，而化工则属于科技含量较高的行业，它对科学管理和技术有着较高的要求。这一点，作为化工专家的范旭东是很清楚的，因而他在创业过程中，一贯以尊重科学，运用科学为原则。范旭东说："非学术无以立其基，而学术非研究无以探其蕴，是研究一事，尤为最先之要务也。"基于此，范旭东创办了"能够供一百位化学师研究之用"的新型化工研究所——黄海化学工业研究社，这是范旭东"在原则上绝对相信科学"的最好注脚，这是范旭东崇尚科学的最好证明。

早年的范旭东受过传统教育，接受过湘学的熏陶，后来不管走得多远，一直是遵循湖湘经世致用传统的，即以天下为己任，是一个地地道道的儒商。儒商之为儒商，就是有一个救国救民的理想。范旭东的理想就是要改变国家的落后面貌，寻找一条实业救国、科学救国的路，寻找一条打破国外垄断、发展现代化学工业的路。所以范旭东在"久永黄团体"营造了一种为国家奋斗的气氛。范旭东自豪地说："久大整个机构，自成一种风气，自股东以至全体同事，事业心都非常重，不大计较一己的得失。"范旭东一直把他的创业，称为书生事业，书卷气很重。为什么要办黄海化学工业研究社，范旭东想的是要真正使国家强大，就必须重视科学研究。他说："我辈书生，识见浅陋，确信要复兴中国，首先必要争取科学这套新武器，重建中国的百工技艺于科学基础之上，才能救贫，才能医弱。"救贫医弱，在一个贫弱的旧中国，这是何等的决心，需要何等的努力！

"不为当世功名富贵所惑，至心皈命为中国创造新的学术技艺"，这是范旭东说的，他也是这样做的。这就是一个真正的知识分子的精神，这就是一个知识分子的追求，这正是范旭东崇高之所在。

李烛尘　中国现代盐碱工业的开创者

李烛尘经历了从清末秀才到爱国民族实业家，又到中华人民共和国政府经济工作领导者的人生历程。20世纪二三十年代，他与范旭东、侯德榜一起创办了亚洲最大的永（永利化学工业公司）、久（久大盐业公司）、黄（黄海化学工业研究社）企业团体。他不惧艰难，眼光独到，思想先进，不断地追求盐碱技术的改进与创新，即使在抗日战争时期，企业历经周折迁入内地，他也能因地制宜，把企业做得有声有色，把创造的财富尽可能地支援抗战。他追求真理与正义，争取民主、和平，长期与中国共产党保持亲密联系，并多次与国民党据理抗争。李烛尘一生始终为祖国强盛、民族振兴而艰苦奋斗。

　　李烛尘是我国著名的民族实业家，永久黄团体的奠基者之一；他是忠贞的爱国者，为了民族的利益，他竭尽全力，谋求企业的发展，支援抗日救国；他是知名的政治活动家，长期与中国共产党保持亲密合作，是中国民主建国会的创始人之一；他又是中华全国工商联合会创始人和卓越的领导人之一。中华人民共和国成立后，是我国轻工系统任期长达12年的部长。

一　立志实业救国，开创盐碱大业

李烛尘（1882—1968），湖南永顺人。父亲李绍贤在当地开一饭铺，全家赖以为生。幼读私塾十余年，并得开明绅士郁圆初长期资助，乡试中秀才。后来考入湘西北最高学府、位于常德的西路师范学堂。[①] 期间，李烛尘接受了新思想，对列强侵略中国及清政府软弱无能感到愤慨。这位具有强烈爱国心的有志青年，看到家乡商铺洋货充斥，十分反感、愤怒。怎样救国救民呢？他常常陷入深深的思考。1909 年毕业后，离湘外出游学，先后到北京、天津、上海等地，沿途所见更增强了他对国家民族的忧患意识，他曾在《在渤海湾中》中写道："夷夏藩篱洞门户，美欧侵略亘朝昏；神州无限伤心事，总觉重洋是祸根。"[②]

1912 年，李烛尘在亲友的资助下留学日本，并顺利考入东京高等工业学校预科班。1914 年又考取公费理化本科，专攻电气化学。李烛尘报考这个学科，是经过深思熟虑的。当时正值第一次世界大战期间，国际大国之间的军备竞赛十分激烈，化学军火工业受到普遍重视。当时日本盛传德国利用水力发电在空中提取氮气即"空中取氮"的技术以制造硝酸军火炸药。联想到祖国积贫积弱，武器落后挨打的情形，李烛尘发誓要把这富国强兵的本领学到手。在日留学的日子里，李烛尘学习十分用功，时常废寝忘食，在导师加藤博士的悉心指导下，一步一步走入"空中取氮"的研究领域。学习之余，李烛尘经常与一起留学的好友林伯渠、唐汉三等聚在一起评议时事，商讨救国救民之策，随着时间的推移，一种"实业救国"的思想在他们的头脑中日渐成熟，他们相约：和衷共

---

① 另又见《湖南省志》第三十卷《人物志》（下册），第85页，谓李烛尘"进常德湘西优级师范就读"。

② 李烛尘：《在渤海湾中》，《行吟集》，自印本。

济，各用所学，开办工厂，振兴民族工业，挽救国家危亡。①为了学到更多实际管用的知识，他经常与同学利用课余节假日到附近的飞岛山等地参观日本的工厂和博览会。

1917 年初夏的一天，李烛尘正准备毕业论文，一位名叫藤原茂岛的化学老师请李烛尘共进晚餐，李烛尘带着好奇心前往，寒暄几句，开始用餐。李烛尘夹菜入口，感到咸得难以咽下，这时，藤原老师笑道："你要多吃点，回到你们支那哪有这么多的精盐吃呀。"李烛尘顿时感到自尊心受到了极大的伤害，便凛然回敬道："先生长在岛国，知不知道中国的海岸线是世界上最长的，盐场也是最多的了，只是目前生产有待发展。到时，为谢先生关照，我请先生免费吃三年，盐放得比今天的多三倍，如何？"随即起身离去。

1918 年，李烛尘以优异的成绩从日本东京工业大学毕业。他满怀抱负，准备回国大干一场。为了考察各地的制盐工业，他绕道台湾，经大连，抵北京，暂住湖南永靖会馆。期间他将回国途中考察盐碱工业的心得写成文章，投稿《盐政杂志》。由于所陈之见解深刻独到，主编景韬白一眼就认定这是一个难得的人才，便热情地将李烛尘推荐给正在天津塘沽开办久大精盐厂，并筹建以盐制碱大业的范旭东。李烛尘应邀在天津与范旭东会面，两人谈得十分投机，李烛尘愉快地接受范旭东的邀请，答应到久大精盐公司任技师。后来李烛尘回忆说，就是这次长谈决定了自己的终生职业。

初创时期的久大精盐厂，一切都还十分简陋。李烛尘穿上工作服，与职工一起苦干，不到半个月时间就安装好了久大的第一台发电机，使制盐生产开始使用电力，减轻了工人的劳动强度，大大提高了生产效率。李烛尘还把目光投向了关乎大局的生产和管理上，他发现久大精盐厂在管理、生产、销售等方面，存在着不少漏洞，浪费现象十分严重。当时的久大精盐厂无领用料制度，成品也因没有仓库而到处堆放，浪费惊人。他根据工厂的实际情况，建立了领料审批制度，并着手兴建仓库。短短几个月时间，久大精盐厂的管

---

① 《爱国实业家李烛尘》，载《湘西文史资料》第二辑，1984 年 9 月。

理逐渐走上条理化，原材料消耗也明显下降。

随着久大经营状况的好转和外围市场需求的增大，李烛尘又不失时机地向范旭东提出"扩股增产，开拓外销"的建议，范旭东很是赞同和支持。他们利用民间资本合资入股，扩大生产，把塘沽芦盐加工制成雪白、洁净、干燥、质量好的精盐。

随着精盐产量的稳步上升，精盐的推销成了突出的难题。在中国，盐业历来为官家和盐商所垄断。清朝时期实行的盐引制度一直沿袭到民国初年。官盐是官府的重要财政来源。当时一斤食盐不过一两钱，而官税却高达盐价的几十倍。盐商、盐霸从中营私舞弊，大捞钱财。因此，精盐如果行销于市，就堵了这些不法盐商、盐霸的生财之道。精盐推销之时，一些不法盐商、盐霸一方面以种种谬论蛊惑人心，欺瞒百姓，阻挠精盐的行销；一方面又与地方恶势力相勾结，为久大精盐厂设置重重障碍。而普通老百姓对精盐根本不了解，历来北方人吃大颗粒海盐，南方人或内地人吃锅巴盐。在久大精盐厂没有成立之前，他们不吃精盐，也无精盐可吃。更难理喻的是，那个年代的中国人认为雪白、晶亮的盐是不吉之物，吃了会大祸临头。面对着盐商、盐霸的垄断，面对着广大百姓的迷信、不理解，久大精盐厂在各地广泛建立分支机构，在南方各省成立精盐公会，积极宣传推广久大精盐厂生产的精盐。南方各省的精盐公会随时报送与销售精盐相关的风潮和争斗的消息。因此，尽管当时交通及通讯工具不发达，久大精盐厂决策层还是能及时掌握各方销售动态和市场行情，为正确决策提供了可靠的依据。1918年冬，久大厂的精盐就扩大到淮南四岸，不久，又打开了湖南、湖北市场。1918·年底，久大精盐厂年产量达 15 万担以上。职工也由当初的一百多人，迅速增至近千人。久大精盐厂还于 1918 年至 1919 年间，先后接受了德国在天津塘沽的铁路支线和收买了海河口的俄国码头，为久大精盐厂生产的精盐行销中国乃至世界各地插上了腾飞的翅膀。

范旭东十分欣赏李烛尘的管理才能和敬业精神。1919 年，38 岁的李烛尘被范旭东任命为久大精盐厂的老盐厂厂长（久大精盐公司把最早兴建的老盐厂称为西厂，又在不远处新建采用新法制精盐的东厂，东厂由杨子南等主持）。此后，范旭东将塘沽盐场的生产体系全权委托给李烛尘，而自己则长住天津，主要从事资金筹集和产品推销工作。而塘沽的生产体系，则主要由李烛尘担负责任。

长期以来，中国化工市场上的酸碱原料都靠进口，国内没有一家工厂能够生产纯碱，而酸碱产量是衡量一个国家化学工业兴盛衰败的重要参数。当时，英国的卜内门公司独霸我国碱业市场，致使纯碱价格昂贵，即使这样纯碱仍供不应求，致使我国一些通商大埠，如上海、天津等地的许多工厂因一时买不到纯碱而纷纷倒闭。正是基于这种情形，范旭东与李烛尘早就有了在中国建立自己的制碱厂的设想。为此，范旭东向北洋政府申请以盐制碱和工业用盐免税两项权利。此举受到了盐务署稽核总所英籍会办丁恩的阻挠，丁恩要求中国政府只有承诺英国人在四川自流井拥有制钾特权，才能批准工业用盐免税。钾是工业、农业、军工方面的重要原料，对国家的发展有着重大影响，当时世界上仅德国有此矿藏，中国如果有钾矿，意义非凡。盐务署李恩浩署长拟派专员赴四川调查钾矿蕴藏情况，在景韬白先生力荐下，李烛尘得以前往调查。

1919 年春，李烛尘奉命入川调查钾盐资源，由北京至汉口，到宜昌，从宜昌乘木船溯江而上到重庆走了 29 天，先到自流井，又到五通桥，环行川北，最后到南充。在交通闭塞、土匪如毛的旅途上历尽艰辛，耗费了大半年的时间。李烛尘通过调查研究，翔实地掌握了四川盐资源、能源、交通等重要资料，摸清了川盐中含钾的情况，回来撰写《四川自流井钾盐调查报告》，发表在《盐政杂志》上。文中明确指出："四川自流井废卤中虽含有多量之钾，系由多量之盐中所存积，非新卤中即含有百分之十六，并不能确定四川自流井必有钾矿也……"李烛尘的这次调研对日后久大精盐公司以及永利精盐公司的搬迁和未来命运都起了至关重要的作用。第一次世界大战结束后，国内急需用碱，而永利制碱公司尚在筹建阶段，根本满足不了需要，为解燃眉之急，范旭东想派人去西北运天然碱。1921 年李烛尘奉命去内蒙古调查天然碱，先到包头，再往西到距包头有 10 天行程的伊克昭盟，查访有苍海碱，碱层厚达 1 米，坚硬如石。但当时京包铁路尚未贯通，往来运输全都依靠驼队进行，运送天然碱的费用比卜内门洋碱的售价还贵。所以，这一计划只能作罢。

通过四川、内蒙古两次对盐碱资源的考察，李烛尘建议范旭东成立研究机构，扩展化工事业，以探索盐碱的研制。范旭东对他的建议极为赞赏，决定加强、扩建久大永利的化验机构，在经济十分困难的情况下拨巨款筹建研究社。1922 年，正式成立了我国民族私营企业的第一个科研机构——黄海化学工业研究社，聘请留美哈佛大学博士孙学悟担任社长。从此，久大、永利、黄海三位一体，成为我国化工界著名的"永久黄团体"。

范旭东在与李烛尘相处过程中，发现李烛尘性情温厚爽直，处事持重而公正，忠于事业，善于用人，经营管理才能甚至超越他的技术专长。因此，决定把"永久团体"的经营管理和人事管理交托给他。李烛尘除了担任久大厂长外，还兼任永利碱厂经营部部长，他成了"永久团体"的总管家。同时，范旭东还赠给他永利股权 5000 元，争取他参加董事会。李烛尘忠人之托，统筹两公司全局，一面谋求盐厂的发展，增加了煮盐的平板锅，扩建了厂房，并逐步在塘沽新建了 10 多个小厂；一面改进技术，拓展副产，生产漱口水、牙粉、牙膏、碳酸镁等，使久大精盐公司的产量和质量都不断得到提高，增加了久大的收入。在经营上，一面试销舶来的烧碱、化肥，一面严守各口岸的精盐销售市场，同时又通过各种关系，从夹缝里打开长江沿岸的盐业防区，做到寸土必争，分文必争。

1922 年，北洋政府拟收回日本在青岛的盐田。因日方在经营该盐田时投建了大量的地面设施，其作价所要求的补偿费很高，竟达 700 万元。同时要求中国方面免除其海关税厘，并向日本出口青盐 100 万担。北洋政府无力满足这些条件，只好决定将盐田向商界招标拍卖。范旭东、李烛尘得知这一消息后，经过反复讨论研究，一致认为，经营胶澳盐田，既有利于国家、民族收回主权，更有利于久大、永利两公司自身的发展,决定参加投标,并很快草拟了一系列的投标方案。范旭东、李烛尘均留学日本,对于日本的国情很了解。他们认为,日本虽是四面环海的岛国,但可利用的海滩很少,产盐极为有限,其年产 10 兆担左右的数量远远满足不了需要。据他们掌握的情报看,最保守的统计,当时日本的工业用盐及食用盐每年的消耗量要 15 兆担,这意味着日本有 5 兆担的缺口需要补充。日本如果从中国进口工业用盐和食用盐,路途短,需求及时,运输方便,能节省大量时间和费用,因此中国极有可能成为日本进口盐的首选国。在综合分析了永利制碱公司的优势,充分把握日本方面的短处与不足后,范旭东、李烛尘决定向日方施加压力。范旭东亲赴青岛参加与日方的谈判,一方面把向日本输出的青盐数额,由原来的每年 100 万担增加到每年 300 万担,同时把日方向中国要求的盐田补偿费 700 万银圆,压低到 300 万。借助国内舆论的支持,事情果真谈成了。此后不久,北洋政府开始正式招标。范旭东、李烛尘以久大精盐公司的名义应招,并以足够的实力击退日商和国内各竞争对手,最后以 80 万元中标经营权。青岛的胶澳盐田从此转到了久大精盐公司名下。

为了积集巨资开拓青岛盐业和支持永利以盐制碱工业的进展,李烛尘和范旭东商定,约束久大股东的眼前利益,暂停分红。在范旭东、李烛尘主持下,久大与青岛盐业界人士合股组织了永裕盐业公司,作为久大精盐公司在青岛的分厂开始投产。永裕盐业公司下设永大、裕大两家工厂。至此,永大承办大小 19 所制盐工厂,裕大经营收回的盐田达 6 万余亩。青岛盐田被收回后,根据协议规定,中国每年向日本输出青盐 300 万担。青岛永裕盐业公司经北洋政府批准,成为外销青盐的专商,取得了我国盐业公司生产的盐输入日本的供应权。

与此同时,永利制碱公司的创办却一波三折,并不顺利。1924年 8 月,永利制碱公司研制、生产的第一批碱不是白色的纯碱,而是红黑相间的粉末,碱质不符合标准,无法与英商卜内门倾销的洋碱相比,更难投入市场与之竞争。1925 年 3 月,制碱的主要设备干燥锅又被烧坏，幸灾乐祸的洋人几度觊觎永利，企图一举吞并。几年下来，永利研究费用已达 158 万元之巨，公司债台高筑，几至无法运转。讨债的电话、电报频频传到经营部长李烛尘的手上，担心自己利益受损的股东纷纷前来责难与攻讦，不理解的员工更是以谩骂来宣泄不满。李烛尘顶住各种压力，一切以大局为重，在永利资不抵债、岌岌可危之时，除以久大资金代垫数十万元外，并以久大名义担保，向银行贷款。为了挽回人心，拯救公司大业，李烛尘充分发挥了自己的管理才能，他坚持改革，在厂内调整机构，首先推行 8 小时工作制，兴办职工福利，不断改善职工食堂、兴建职工宿舍、设置职工医院，在厂内举办幼稚园、小学校，还开办成人补习学校、妇女补习学校、艺徒训练班等。这样既加强了职工爱厂、爱国教育，又提高了职工技术文化水平。全厂职工在李烛尘的鼓励与关怀下，充分发扬艰苦奋斗的精神，大家团结一致，同舟共济，共渡难关，厂内局势很快缓和下来，使永利制碱工业得以继续进行。1926 年 6 月，制碱终于成功。自此，英商卜内门公司长期霸占中国盐碱市场的局面被打破，永利夺回了销售碱产品的权利，这为落后的中国争了光，也令各国碱业同行刮目相看。而且，后来公司所研制生产的永利"红三角"牌纯碱还获得了美国费城万国博览会金奖，永利制碱世界知名。

永利制碱公司终于闯过了技术上的难关，而往后的生产与经营却并不顺利。永利碱厂制碱需要大量石灰石做原料，而石料须到唐山开采。由于当地恶势力的敲诈，时常停产断运。能否顺利运来石灰石，对李烛尘是个严峻的考验。明知山有虎，偏向虎山行，李烛尘亲赴唐山，求助当地政府官员，联合此前派驻唐山打前锋的王子百，再邀约唐山地方保护势力，经多方面磋商、协调，终于在当地的狼尾沟买下了数座石山，这才保证了唐山石灰石得以源源不断地运往永利制碱厂。

1935 年，李烛尘又协助范旭东在江苏新浦开创了久大精盐公司大浦分厂；在汉口，开设盐业运销公司。久大精盐公司所属盐田自天津塘沽沿海的渤海湾一直延伸到黄海之滨，总面积达 10 多万亩。

到 1936 年，久大精盐公司的盐产量由过去每年的 1800 吨增至 30 万吨。在永利制碱公司的制碱业成功的同时，李烛尘协同范旭东等率领永利公司在南京附近的卸甲甸建成了硫酸铵厂，大批的化肥源源运往江浙闽粤农村。至此，"永、久、黄"庞大的盐、碱、酸工业体系终于建立起来，多年来，李烛尘为之奋斗的化工理想终于实现了。

二 另起炉灶，创新技术，支援抗日救国

正当李烛尘踌躇满志，准备进一步扩大发展盐碱大业的时候，1937 年"七七"事变爆发，日军大举侵华，大片国土迅速沦陷。李烛尘领导的永利公司面临着生死抉择。国难当头，永利公司将新建的南京硫酸铵厂迅速转产为金陵兵工厂生产军火所需的硝铵，以示支援抗日战争的决心。而此时，垂涎中国盐碱工业的日本人想趁火打劫，提出要高价收买永利公司，此举当即遭到了范旭东、李烛尘的断然拒绝。恼羞成怒的日军便连续派飞机施行报复性袭炸。8 月，塘沽沦陷，"永、久、黄"厂房设施均被日军包围。面对恶劣的局势，李烛尘和范旭东抱定"宁为玉碎，不为瓦全"、"宁举丧，不举奠仪"的决心，决定将"永、久、黄"全部内迁。李烛尘被推举为"永久团体"的总负责人，他召集"久、永、黄"主管人员组织拆迁班子，通知塘沽、青岛、海州、卸甲甸等地的员工准备撤离，并将各盐场存盐数千吨由京汉、陇海两路西运。在塘沽沦陷前，他亲自指挥技术员工撤除了两厂重要机器和先进遥控设备及部分管线，并将图纸全部搬走。因此，尽管日军后来抢占了该厂，却也在很长一段时间内无法恢复使用。

为了保护 300 多技术人员的安全，李烛尘费尽了心机。他首先安排他们撤退到武汉，然后陆续通知"永久团体"员工、眷属 1000 多人集中到武汉，直至撤到重庆。技术人员是两厂的宝贝，他们中的一部分被安排在黄海化工研究社进行研究工作，其他大部分安排

在他任厂长的久大华西分厂和其他几个分支厂的适当工作岗位上，使他们各得其所，才尽其用，为抗日战争做出了贡献，又为抗战胜利后复员建厂储备了充足的技术力量。

对于"久大"、"永利"迁川选址，李烛尘又担负起了重要的责任。"久大"、"永利"的生产原料都离不开盐。毫无疑问，厂址必须设在四川产盐区。李烛尘20年前就到四川考察过，他经过实地勘察，根据自己掌握的资料，认为有自流井的张家坝和犍为的五通桥，是最合适的地方。这两个地方都是四川的老产盐区，原料丰富，水陆交通便利，而且这里盛产天然气和煤炭，能源供给充足，在此建厂当然"相当理想"。但却有一个让人头痛的问题必须解决：就是当地的盐户十分抵触这位新伙伴。原来从清朝起，这里的老盐户们手中就持有朝廷颁发的"龙票"，当地井盐的生产、销售，世代相传，岂能让外人染指。当地的老盐户们认为久大规模庞大，生产技术先进，在全国也颇有名气，一旦挤进来，岂不把本地盐厂、盐户搞垮！因此他们坚决抵制"久大"入川：一方面他们打出诸如"井不出租，地不出佃，坚壁清野！"的口号，进行舆论宣传抵制。另一方面把人情关系、利害关系、权势关系充分调动起来，如把有四川自流井股份的四川军阀邓锡侯、王缵绪请出来反对。面对这种情形，李烛尘顶住压力，仍然坚持把厂子设在这里。办法总是想出来的，李烛尘了解到，川西军阀邓锡侯的儿子，见经营盐业有利可图，也在自贡开设了盐井。当地老盐户虽然碍着邓锡侯有枪有势，不敢公开与之作对，但明里暗里总挤对他，这使小邓笑在面上，恼在心头。李烛尘决计从这里打开突破口。于是立即登门拜访小邓，将久大、永利西迁的艰难处境如实相告。小邓联想到自己的遭遇，感慨万分，对久大、永利迁川深表同情，同时又觉得久大、永利迁川后，会使自己多了份力量。于是，小邓满口答应帮久大、永利到四川省当局和地方要员那里去活动，争取支持。与此同时，李烛尘又把这场官司打到了国民政府的中央军事委员会。军事委员会同意派人下来调查此事。这样就为久大、永利入川争得了有利的条件。

　　为了取得当地老盐户的理解与支持，李烛尘亲自出马，向他们郑重承诺：第一，久大迁川，并不是要来抢大家的饭碗，实在是国难当头，不得已而为之；第二，久大、永利愿意以自己的技术帮助大家提高质量和产量；第三，一旦抗战胜利，久大、永利定会返回原地，建在四川的厂子可以交给当地人来办。恳切的言语，终于打动了自贡当地老盐户们。几经周折，久大、永利终于获准在自流井设厂。厂址问题总算得到了圆满解决。

　　久大迁川后，在机器设备和原料方面遇到了新问题。原来久大盐厂以前是从事海水煮盐的"煮海"工作，搬迁到四川自贡市之后，不得不从事深井采卤煮盐的"煮卤"工作。李烛尘考虑到当时海盐来源基本断绝，大后方军需民用的食盐主要仰赖于川盐，故必须增产才能满足需要，但增产必先增加"煮盐"的热源，而当地热源不足，一时无法解决。面对这一困难现实，他主张黄海化工研究社对未引起人们注意的"枝条架晒卤法"进行科学研究。为此，李烛尘与研究人员一道作了大胆的尝试：他们从井架如林、盐涯集中的大坟堡地区输卤水进厂，卤水流经两座凌空高耸、有如瀑布垂帘的枝条架挥发浓缩，然后再进入平锅加热烘成白花盐，这种制盐法在当时自贡盐区是一大创新。黄海社又根据物化原理，设计了一种能充分发挥燃料热力和充分利用灶膛余热的"塔炉"，使煤、柴有效利用率从原来不到 30% 增至 70%，赶上了当时最先进的真空锅的效率。"塔炉"煮卤灶的普遍使用，使食盐产量大增，燃料大为节约。在抗日战争时期资源紧缺的特殊环境下，这真是立了大功，做了大贡献。

　　接下来，盐的运销让李烛尘感到很棘手。原来久大川厂最初生产的是散装盐，在四川这样的山地省份，包装、运输很不容易。李烛尘又组织机械工程师邹朝绩、唐士坚等反复研究，终于研制出压盐机，压盐机将盐压制成方块砖盐。砖盐洁净、定量、利储、便运、节耗，极受用户的欢迎。砖盐销到昆明、成都，还供应给为输送援华物资飞经驼峰的外籍飞行员、中缅战场青年远征军、川西"空中堡垒"基地的美军及地勤人员。久大川厂用自己的实际行动支援着抗日战争。

为了更有效地利用资源，李烛尘又在自贡井筹建了三一化学制品厂，将一些科研成果很快转化为生产力。如从卤水中提炼硼、钾、溴、碘和碳酸镁等多种原料，供医药、轻工、军工等需要。

李烛尘还主动为当地盐业提供先进技术，以协助解决实际问题，这在一定程度上减少了与地方的摩擦。从此，一些当地绅士也纷纷邀请久大为之设计建厂制盐。久大终于在西南站稳了脚跟。

久大在四川的名气越来越大。当年一条成渝公路，军政、外籍人员穿梭往来大都绕道几十里到井厂观光。久大模范盐厂曾先后接待过冯玉祥、李德全、卫立煌、张群、徐特立、吴玉章、郑洞国等，英国的克里浦斯夫人也曾到厂参观。久大成为中国西南一家颇具实力且声誉良好的新型企业。

三　注重实地考察，提出前瞻性的经济发展思路

为了民族经济的发展，李烛尘曾多次踏上祖国的山山水水进行实地考察。

为了进一步了解祖国西北的盐碱资源，1942年9月至12月，李烛尘又一次踏上了去西北考察的征途。他沿着古丝绸之路，足迹踏遍甘肃、宁夏、青海、内蒙古和新疆等地。沿途恶劣的气候条件没有使他退缩，在大半年的考察期间，他克服种种苦难，跋涉2万多里，详尽地考察了祖国西北的盐碱资源以及其他化工资源，掌握了翔实的第一手资料，并撰写了《到西北去》、《西北归来》、《西陲观感》、《迪化到伊犁》、《开发西北之管见》等很有价值的文章发表在《海王》（1942—1943）旬刊。在考察结束后回兰州的途中，李烛尘感慨万端地说："开发西北，即为整个民族生存上必需之要求。"从西北所处的特殊地理位置来看，李烛尘认为开发大西北有着重要的国防意义，他说"西北在中国所处之地位，与整个民族之生存攸

关……历代统一中国者，必先控制西北"，西北又是我国少数民族的聚集区，与俄罗斯、蒙古、阿富汗等国接壤，历史上曾出现过多次外敌入侵和分裂活动，有着十分重要的地缘政治意义。另外，从区域经济发展角度来看，李烛尘极力主张在西北大力发展国防工业和重工业，这一方面可以发展西北的经济以缩小与内地发达地区的经济差异，减少或消除落后地区人民的不满情绪，以维护政治的稳定。另一方面，他认为"保西北即所以保中国，……惟保之道，则非有国防工业不可"、"国家将来能于该处奠定大工业，而可致国家于万年磐石之安"！因此，开发西北是实现国家长治久安的重大举措。李烛尘认为西北有着丰富的自然资源，存在着巨大的开发潜力，可以为我国经济的发展提供强劲的动力。他说："过去开发西北亦用力至宏，不过以往之方式，全为汉民族用其本领，以农事为征服游牧业之工具，未能尽量开化西北之工业。故数千年以来，此一片干净土犹为未破之天荒，正留至今日，以为工业开发之宝库，诚盛事也"。同时，李烛尘进一步强调："农林牧畜之产物，本为工业资源之一种，西北各省如能再于水利，栽培，蓄息上加以建设改良，则衣食（米、麦、棉、毛）之源，必能自给自足，因之与此类物产相关之工业亦可顺利运行。"

而对如何有效地开发西北，李烛尘也根据自己的实地考察和缜密思考，提出了自己的看法。由于西北地区矿产资源丰富，他认为在西北发展重工业具备资源条件。他说"重工业之资源，像铁、铜、铅、锌、锡、锑、锰、钨、铝、钼、镍等矿与非金属之石油、煤、烧碱、盐、硝石、石棉、石墨、石灰石、云母、石膏等重要之产物……西北五省均有发现，为国家一大庆事，亦实西北之佳音也。"他说根据对西北地区矿产资源探明的情况看，西北地区矿产资源的价值达33.7万亿元，其中煤炭、石油、天然气、铂、镍、钾盐的储量特别大。因此，因地制宜，开发西北现有的资源对促进西北地区经济的发展十分关键。西北地区由于地处偏远，交通落后，对经济建设极为不利，因此，发展西北地区的交通事业极为紧迫。李烛尘说："建设之事，经纬万端，而交通第一"，"有了交通，则人可往，不至有土无人，有了交通，而后铁器可去，不至手无工具。交通之于国家，如人身之有脉络，通则行动自在，滞则麻木不灵。"李烛尘认为制定有效政策，吸引人才开发大西北也很关键。通过对西北各省的考察，他深有感触道："对西北事业，第一要交通，第二要人，第三要水力。三者有办法，自然事业兴。"主张开发西北要引进人才。他常说："事业的基础是人才。有了人才，一切事情好办，没有人才一事无成。……我们要有所创造，有所发明，就必须重视人才的教育和培养。"李烛尘又提出了开发资源与保护环境并重的发展思路。李烛尘通过对青海、宁夏二省羊毛厂考察，发现羊毛不能增产，关键在于其地日趋荒废，羊无饲养，加之牛瘟传染至羊之势导致冻死及病死者太多，皮毛大减产。他尖锐地指出："西北毛皮事业如何伟大，……第一需培植草地，第二需扩大兽医。"

李烛尘又根据历史的经验教训，认为开发西北还要注意几方面的问题。第一，应做好充分的调查论证工作，切忌在西北建厂盲目冒进。他告诫说："吾人以后再不能蹈以往覆辙，先将工厂建好，再去找原料和燃料。"而应当"组织中央强有力之地质调查团体，集中全国所有之地质学人员，配以若干之采冶专家，从事探测，决不可像以往中央与省各自为谋，分散人力、物力，造成不必要的浪费。"第二，在发展西北工业的同时，应重视当地的农业发展。李烛尘认为，由于农村是工业的原料基地和广阔的消费市场，工业产品必须生产适应农村市场的产品，才能产销对路，"譬如胶鞋，在农村，男的喜欢元宝套鞋，女的喜欢便套鞋。只有不断地开拓农村市场，企业才有发展生机。"第三，切忌乱砍滥伐，利用有利的条件植树造林，保护环境。他在考察甘肃省时，眼睁睁地看着祁连山上融化的雪水白白浪费，李烛尘对陪同考察的当地官员说："河西数郡，为甘省之粮库，但河渠失修，地多荒芜，殊为可惜。"他提出建议："山林仍宜培养，似不应用刀耕火种的方式与山争地。……采集纤维植物，应该割藤，不要挖根，采树时，只能砍枝，不要砍树。"第四，招商引资开发西北。李烛尘说，"巧妇难为无米之炊"，不要视外资为洪水猛兽。开发西北，资金紧缺，只有创造条件，制定优惠政策，吸引外资，才能走出一条经济发展之路。

李烛尘对开发大西北的意见和建议走在时代的前沿，至今仍有很深的指导意义。①

中华人民共和国成立后，为了建设好千疮百孔的新中国，为了国家经济的发展，李烛尘不顾年事已高，仍坚持深入一线，实地调查研究，并对海南经济的发展进行了理论性的指导和长远规划。李烛尘指出："海南岛今后农业发展的重点，应当全力放在经济作物特别是橡胶、蕉麻、剑麻等作物上。"他向有关部门提出："开发海南岛应当视为我国一项中心任务，需要大批人力、物力、财力，要共同努力来做好这一开发工作，而不能把这一项工作交给政府就行了。"他同时还特别强调："如果人力、财力不及，则应当由政府统一规划，号召南洋一带有经验有财力的华侨归国经营，给予信任，赋予一定的权限。"他还分析说我国散居南洋一带的华侨，有橡胶种植技术的人才很多，并有相当的财力，可以由政府根据两利精神制定出奖励华侨私人投资经营的政策，共同开发这一项资源，这样就能在较短时间实现橡胶生产自给。在那个年代，李烛尘就率先提出了引进华侨人才、资金，让华侨归国经营，这对我国经济的发展不能不说是具有战略眼光。

四　追求真理与正义，投身新中国成立初期的经济建设

李烛尘在主持"永久"集团工作的同时，还积极参加各种社会政治活动。1943年，他与许涤新、沙千里等一起组织了"中国经济事业促进会"，不时邀请工业界和经济学界人士座谈，探讨中国经济事业的政策和发展前途。当时，他还担任迁川工厂联合会、中国工业协进会常务理事、重庆分会理事长等社会职务。周恩来曾派人与之经常联系。

---

① 参见樊竹青《李烛尘开发西北经济思想初探》，《湘潮》2002年第5期。

　　1945 年 8 月，毛泽东飞临重庆与蒋介石举行和平谈判，李烛尘欣然接受了重庆《大公报》和中共主办的《新华日报》记者的采访，代表工商界对毛泽东来重庆谈判表示热烈欢迎，并在《大公报》上发表了《欢迎毛泽东赴重庆谈判》的文章。9 月 17 日，毛泽东在重庆桂园举行茶话会招待实业界人士，李烛尘应邀出席。毛泽东在茶会上盛赞范旭东、李烛尘办化学工业对国家的贡献。李烛尘备受鼓舞，并在毛泽东面前袒露心声："烛尘投身'实业救国'将近 30 年。30 年来，在范旭东先生的带领下，永利公司同仁自强不息，苦心经营，备尝艰辛。积几十年的经验，我们感到，机器设备陈旧、技术工艺落后固然是发展的障碍，但是我们面临的最大困难，还是没有一个和平安定的社会环境。"李烛尘在此期间又积极参与发起"民主建国会"，并当选为常务理事。在国民党军警特务到处横行的重庆，李烛尘坚持真理与正义，公开表明自己的政治态度，显示了大无畏的勇敢精神，这在当时的工商界引起了极大反响。

　　1945 年 10 月，李烛尘回到天津，领导永利、久大公司和黄海化工研究社的恢复重建。他担任了华北工业协会会长，天津工业协会理事长，多次代表工商界发表要求停止内战、实现和平民主的谈话。1946 年初，根据国共两党谈判签订的《双十协定》规定，召开了政治协商会议，由国共两党及其他党派和无党派人士 38 名代表组成，李烛尘以"社会贤达"的身份代表产业界出席。他在会上竭力呼吁国共合作，消弭内战，和平、民主、建设新中国。在恢复国力、发展经济问题上，他认为中国应该以农立国，改善民生首先是解决农民生计问题，主张政府应首先改善农业；工业则由民族工业界去做。在讨论宪法草案的过程中，他认为"节制资本"一词，不应写入宪法中。他说，我国较大的企业多是买办资本与官僚资本，纯粹的民族资本是很微弱的。因此民族资本是一个扶植的问题而不是节制的问题。他的这些论点，实际上表达了我国民族工业在半封建半殖民地社会，对帝国主义、官僚资本主义压迫的强烈不满。

　　由于国民党的破坏，政治协商会议上达成的协议并未实现。会议结束后，李烛尘即飞回天津，继续组织久大、永利的接收和恢复工作。这时，范旭东已因病去世，李烛尘继任久大精盐公司总经理。李烛尘以为日寇军管 8 年中必有若干新设施，哪知当他们实行接收时，发现旧有设备都不能保全，哪来新设施。厂房和机器都已破坏锈烂，尤其是塘沽制盐厂西厂，仅存烟窗半截，一片颓垣残瓦。大浦盐厂破屋之外已一无所有。天津市区久大办公处的楼房，沦陷期间被日本宪兵队占据，接收时已楼空物尽，甚至室内钥匙都被拆走，硝酸厂仅剩空楼一座。因此他们立即向国民党政府提出要求去日本索回原物。国民党政府托词由盟军总司令部统一处理，不予批准。李烛尘以参政员身份，当面向蒋介石竭力陈说：是追回被拆硝酸设备，是要去运回劫物，而不是要求赔偿，并根据可靠的调查证据指出这套硝酸设备，目前还在日本使用。在李烛尘多方交涉下，到 1948 年 3 月，那些被劫夺的设备终于拆装回国。从日本索回了被拆去的机器后，李烛尘又从四川调回了完整的技术力量，永久集团因此很快恢复了生产。这时，李烛尘不仅管理着永利化学工业公司这个全国最大的制碱企业，还管理着久大精盐公司这个全国最大的制盐企业。他的能力和事业，使他成为北方实业界的领袖人物。

　　1947 年至 1948 年，李烛尘还担任着天津工业协会理事长一职。他凭借自己在工商界的威望，一方面抵制国民党政府"偏枯北方"的政策，反对成立官办公会，提出城乡物资交流，并要求放宽管制，简化机构，促进工商交流，拖延工厂南迁方案的实施，使天津的工商资产得以保全。另一方面，努力宣传中国共产党的政策，澄清工商界的混乱思想，号召经济界人物积极参加和平民主运动，加强了与中共地下组织的联系。1948 年平津战役期间，李烛尘冒着风险率领华北工商界请愿代表团赴南京向国民党当局呼吁和平，要求停止内战。解放军攻打天津前夕，地下党找到李烛尘和其他民主人士，希望他们发挥影响，争取国民党守军陈长捷放下武器。1949 年 1 月 13 日，李烛尘冒险亲自赴陈长捷府邸，向他陈说天津人民对和平的向往，无奈陈长捷竟以"作为军人，我只有服从命令"遭回绝。尽管这样，李烛尘仍然想做最后的努力，他求见天津市长杜建时和警察局长李汉元，试图让他们出面说服陈长捷放下武器，如果内战实不可避免，也请求他们在激战时尽力维持天津治安，确保天津人民的生命财产安全。14 日凌晨，解放军发起总攻，晚 8 时，市长杜建时决定放下武器，并向李烛尘传话，希望他第二天早晨到解放军总部斡旋。李烛尘欣然允诺，并答应出任天津市人民和谈代表，出城作最后一次努力，市内广播电台已播出了这一消息。终因激战已全面开展，弦上之箭已发，实难回头，解放军已突破最后一道防线，前锋部队已到金刚桥，求和为时已晚。

李烛尘这种为了和平事业，不顾自身安危的高尚精神，一直为天津人民所称道。

1949 年天津解放后，李烛尘积极创建天津市民主建国会和天津

工商联。中共中央政治局委员、书记处书记刘少奇到天津视察工作，传达中国共产党的七届二中全会精神，并参观了永利碱厂。李烛尘三次应邀出席刘少奇召开的工商业家座谈会。9月，他以工商界代表的身份出席中国人民政治协商会议第一届全体会议。他对新中国的经济建设非常关心，在发言中提出了应首先恢复和整理农业，工业生产也应配合农村需要的主张。他当选为全国政协主席团成员、中央人民政府委员，出席中央人民政府委员会第一次会议。10月1日参加了天安门开国大典。

1950年8月，李烛尘以久大总经理身份与永利总经理侯德榜联名，向中央人民政府财经委员会递交了久大、永利两公司公私合营的申请书。1952年，在重工业部化工局领导下，永利化学工业公司率先实现公私合营。

1951年，全国工商联筹委会成立，李烛尘被选为副主委。同日，在民主建国会总会第二次扩大会上，李烛尘又被选为民主建国会中央副主委。

1953年，中共中央根据毛泽东的建议，提出我国过渡时期总路线：要在一个相当长的时间内，逐步实现国家对农业、手工业和私人资本主义工商业的社会主义改造。李烛尘深入天津市民建、工商联基层广为宣传："我们要接受社会主义改造。首先得认识共产党的理想和作风。"他坚信："爱国主义一定会指引我们走向社会主义。"

李烛尘非常敬重毛泽东，毛泽东也很器重李烛尘。1953年3月初，毛泽东提出请李烛尘对中国工业的现状做一次全面、深入的调查研究，在此基础上，理出科学的意见和建议。遵照毛主席的嘱托，在随后的一个多月时间里，李烛尘一丝不苟地开展工作，他深入调查了天津市40多家大、中、小工厂。4月19日，李烛尘写出了一封长达5000多字的汇报信，就"各种工业发展状况"、"一般私营工厂家的思想状况"、"已经发展起来的各种工业如何使它们能为国家服务"、"如何解决工商界存在的问题"等亟待解决的问题，做了详细的汇报，并提出了建设性的意见。信中特别强调"民主改革"，认为新的生产关系要适应新的生产力的发展，尽可能消除家长制作风，并尽可能给生产者以社会生活保障。信中提出改进企业管理、避免重复建设等宝贵意见。李烛尘在信中大胆提出在经济管理体制上应由国家成立企托公司，或由人民银行成立企托部。毛主席对李烛尘的汇报信很满意。4月21日，毛主席复信李烛尘，信中写道："4月19日及20日来信收到，阅悉，甚谢。你做了许多调查工作，你的建议对于解决现存问题是会有帮助的。我已将你的信转给许多有关同志去看了。"①

1953年4月20日，李烛尘被中央人民政府任命为华北行政委员会副主席。

1955年10月27日、29日毛泽东邀集民建、工商联领导人李烛尘、胡子昂、胡厥文、荣毅仁等分别在中南海颐年堂、怀仁堂座谈私营工商业社会主义改造问题。毛泽东系统地阐明了中共通过和平改造和赎买政策，对资本主义工商业进行改造的问题。李烛尘向毛泽东表示，要积极推动民建会、工商联的会员搞高级形式的公私合营。回天津后，李烛尘立即传达了毛泽东的指示。1956年1月7日，天津市工商界参加资本主义工商界社会主义改造工作队成立，他任总队长，起到了骨干作用。

1956年5月12日，第一届全国人大常委会第40次会议决定成立食品工业部，正式任命74岁的李烛尘为部长。1958年2月11日，食品工业部和轻工业部合并为轻工业部，李烛尘仍任部长。1965年2月21日，轻工业部改为第一轻工业部，李烛尘仍为部长。

在轻工业部工作期间，李烛尘依然秉持调查研究的工作作风。他每年都要安排三四个月时间到祖国各地考察，每次考察前对部务工作都要作出认真安排，对考察内容作出详细的规划，考察回来将收集到的第一手资料条分缕析，进行详细的归纳和总结，提出建设性的意见和建议，然后向部、国务院递交书面考察报告，并用科学的考察成果来指导工作。

---

① 《毛泽东与李烛尘的诤友情怀》，《纵横》2002年第12期。

1968 年 10 月 7 日，李烛尘在北京逝世。

李烛尘是我国著名的实业家、民族化学工业的开拓者。他年少时，目睹清政府的腐败无能，列强侵略祖国的肆无忌惮，便萌生了实业救国的理想。负笈东瀛期间，专攻电气化学。学成归国后，慧眼识英才的范旭东力邀李烛尘一起开创中国的盐碱大业。李烛尘以大无畏的勇气和毅力，克服国内外的重重阻碍，从创新生产技术、实行制度化管理、拓展销售，再到扩大再生产，打造了久大精盐厂的国内一流地位。后又促成我国民族民营企业的第一个科研机构——黄海化学工业研究社的成立。为了打破外国资本在中国对制碱业的垄断，李烛尘在技术难寻、资金不足、原料运输受阻等困难条件下，最终实现了永利制碱公司制碱成功。就这样，"永、久、黄"庞大的盐、碱、酸的工业体系终于建立起来。然而，抗日战争的爆发，打断了"永、久、黄"的发展，企业被迫内迁至重庆，在险象环生的战争年代，李烛尘殚精竭虑，安全地转移了企业大部分的生产设备和技术人员，并经过多方面沟通，在取得当地盐户的谅解与支持下，使企业稳妥地落户四川。随后，李烛尘攻克了内陆盐的生产技术和运销难关，研究采用"枝条架晒卤法"和压盐机，远销的砖盐支援着前线的抗战将士。"久大"终于成为中国西南一家颇具实力且声誉良好的新型企业。作为一位实业家，李烛尘注重实地的考察和研究，有的放矢地提出经济发展的对策，他曾考察过祖国的西北边陲，不仅掌握了那里的第一手盐碱资源分布情况，而且提出开发大西北的战略性的发展思路。他曾考察过海南的莺歌盐场并亲自指导建设工作，李烛尘还对海南岛经济作物的种植开发，以及农业发展的方向提出的宝贵意见和建议。他的一些前瞻性的经济理论思想，对今天的社会主义建设仍有很大的借鉴意义。抗战胜利后，李烛尘回到天津，继续领导永利、久大公司和黄海化工研究社的恢复重建工作。他担任了华北工业协会会长，天津工业协会理事长。在国民党统治的险恶政治环境下，他多次代表工商界发表要求停止内战、实现和平民主的谈话，并用实际行动支持中国共产党的正义事业。中华人民共和国成立后，李烛尘积极响应党中央的社会主义改造政策，带领天津市工商界积极参加资本主义工商界的社会主义改造。后被任命为轻工业部部长，为新中国成立后的轻工业发展做出了重大贡献。李烛尘少年立志"实业救国"，一生为祖国的富强，为光明而正义的事业奋斗不息。

李国钦　为世界反法西斯战争提供战略物资的国际商人

　　在近代中国经济现代化的历史进程中，出身长沙乡间的李国钦是其中颇具传奇色彩的一位。他以开发矿业起家，在第一次世界大战结束后全球经济一片惨淡的大环境下一举成功，随后又将经营触角伸向经济的各个领域，在书写个人国际创富传奇的同时，也推动了国家的经济现代化。

　　他是来自长沙县乡间贫寒的农家子弟，也是名字刻于纽约港自由神像基座、肖像挂于美国国会图书馆的伟人巨匠；他是以开采矿山起家的矿业大亨，也是经营触角涉及桐油、机械、化工、纺织等领域的巨商富贾。李国钦，这位从湘江之滨走出的近代中国著名的矿业大亨和企业家，在书写令后来者景仰的个人创富传奇的同时，也在近代中国经济现代化的历程中留下了深深的足迹。

一　长沙学堂里的求学岁月

1887年（光绪十三年）七月，湖南长沙县西乡的一个穷苦家庭里传来了一声婴儿的啼哭，他是这个以教书为业的家庭的第三个儿子，也是后来名扬世界的大实业家李国钦。由于家境贫寒，幼年的李国钦没有上学读书。白天，他跟着哥哥们在田里拔草捕虫，浇水施肥，夜晚才能在父亲的教导下，读些《春秋》、《左传》之类的古书。

一天，李国钦的兄长李希易偶然得到一门英文几何教科书，虽然一个英文字母也不识，更不知如何拼音，但几何的图式一下子就吸引了他的目光，他一再反问自己，为什么这里的三角形中有一条垂直的线，那里又有一条线将对面的角切成相等的两半呢？他用毛笔学着画图和图上的符号，苦思冥想，从中探索奥秘，用了整整两年的时间，在没有老师指导的情况下看图索解。不久，又靠了一本英文字典，硬是把全书一个字一个字地注释下来，就这样无师自通了。李希易在乡间自学几何的奇事传开以后，被聘为数学教员。这样，他才有资格带10岁与12岁的两个弟弟入学读书。李国钦就是那12岁的一个。

入学以后，李国钦一直刻苦学习，成绩进步很快，毕业后考入了湖南高等实业学堂（今湖南大学前身）矿科第一班。正是在这所学校中，李国钦进行了对他后来一生实业活动影响至深的矿业的最初学习，同时也结识了一位对他一生影响至深的人——湘潭人梁焕奎。

湖南矿业的发现与开采，起源很早。先秦时期的典籍《尚书·禹贡》中就有"荆州厥贡惟金三品"的记载，《山海经》中也有"洞庭之山其上多黄金，其下多银铁"的说法，至明末清初时，湖南矿业，特别是永州、衡阳、郴州等地的矿山开采发展很快。但是，湖南矿业真正意义上的近代化发展，则是在晚清时期。陈宝箴担任湖南巡抚以后，积极提倡矿业开发，并对如何开发湖南矿业拟定了专门的条款，同时，为了事有专责，专门设立了湖南矿务总局，在经营官办矿务的同时，对于商办矿业也能极力维护，湖南矿业于是有了长足发展。后来湖南较有规模的水口山锌铅矿、平江黄金洞金矿和新化锡矿山锑矿局，均创办于此时。1894 年，已经在前一年得中举人的湘潭人梁焕奎被陈宝箴任命为湖南矿务局"文案"，不久即升为"提调"（秘书长），负责筹划全省矿业开发事宜。当时已查明的锑矿中以新化蕴藏量为最多，等级也高，而在新化境内各矿又以锡矿山为最多，约占当时全省已探明储量的 2/3。益阳、沅陵等地矿砂等级则较低，其中益阳境内官办板溪矿开发较早，因久未获利，于 1899 年（光绪二十五年）招商承办。梁焕奎于是接办了益阳板溪矿，在此基础上创立久通公司，由二弟梁焕章为驻矿经理，从事管理工作。这是焕奎兄弟直接经营锑矿业的开始，它为日后创建华昌炼矿公司打下了基础。在从事了一段时间的矿业之后，梁焕奎认识到培养矿业专门人才的重要性："国家富源在尽地利，而地利在矿，开采矿利在得人，非先作育人材，无以阐发地藏。"在他的建议下，1903 年，湖南巡抚赵尔巽创办了湖南高等实业学堂，并以梁焕奎主其事。

李国钦是这所新式学校的首届学生，在这所学校里，他接受了系统的矿业知识训练。当时湖南高等实业学堂由梁焕奎聘请的福建海军学堂毕业生福建人翁幼恭司教务，教学除国文历史外，皆主用英语原本，即初等算术，亦以英文本教之。招幼童四五十人，名曰预科生，授课均用英文课本，讲授本科各门科学。次年又招学生一班，授法文，课本均用法文教授。主要是考虑到英美人长于采矿，而法国、比利时长于修筑铁路，又以日文为第二外国语。李国钦就读的矿业本科课程达到 17 门，如微积分、测量学、分析化学、地质学、机械工学、电气工学、应用力学、吹管分析、试金学、矿物学、岩石学、采矿学、冶金学、冶铁学、选矿学、采煤法、实习等。据曾经担任该校监督的曹典球回忆，当时的湖南高等学堂要求严格，淘汰率极高，比如李国钦入读的甲班，最初录取 40 余人，至 1908

年期满毕业时为22人，一律升入高等采冶本科，1911年8月毕业，仅10人，淘汰率达80%以上。李国钦就是其中的佼佼者。

当时的湖南矿业，几乎完全被洋行所控制，它们垄断矿地的开采权，控制了矿产出口，任意贬抑矿产外销的价格。因为当时湖南还没有新式冶炼设备与技术，也没有化验机构。"但凭洋人限力，随意估评砂色成分，以决定收购与否和价格高低，故洋人于一转手之间，多获暴利，每担青砂计百余斤，收价不过数百文耳……"，而这样的艰难处境，几乎也是当时中国许多民族企业的写照，刚刚迈上现代化之路的中国民族经济，举步维艰。李国钦，这位出自湖南贫寒农家，又在长沙学堂度过了少年时光的未来矿业大亨，就是在这样的时代背景中登上了矿业开采和经营的历史舞台。

二　在纽约伍尔沃思大厦51层设办公处

作为湖南实业学堂的优等生，李国钦读书时就受到时任华昌炼锑公司董事长的学堂监督梁焕奎的赏识，毕业后，被送往英国伦敦皇家矿业学校学习。1914年，李国钦从伦敦皇家矿业学校获矿冶工程师职称回国，在华昌炼锑公司担任技术员，后为业务部副经理。

当时李国钦服务的华昌炼锑公司因早已购得法国人赫沧仕米蒸馏炼锑法专利，由杨度联络在京湘绅呈请北京政府批准专利15年，业务迅速发展，所产纯锑成色超过英国杰克逊厂，但国外销售权却被英商垄断。为打破这种局面，李国钦力主乘英商在第一次世界大战中不能按时付款之际，取消英商包销，在纽约设立分公司，专门经营湖南锑矿产品输美出售事宜。

1915年底，华昌炼锑公司派李国钦前往，和早在美国偕眷入学的梁焕廷共同在纽约筹设办事机构，以便销售锑晶。李国钦到达美国后，出任华昌炼锑公司纽约分公司副董事长兼总经理，梁焕廷任董事长。虽然李国钦是在梁焕廷手下工作的副董事长，但由于他勤奋工作，广交朋友，经常奔波于美国的纽约与旧金山之间，没过多久，就成为可以左右美国锑产品市场的人物，名声大振，同时也掌握了华昌炼锑公司纽约分公司的经营管理实权。他利用当时锑价因世界大战而暴涨，美国急需这种战略物资的有利条件，勤奋工作，奔波于纽约与旧金山之间，广交美国企业界人士，谙熟美国行情，并与一位华侨巨商的女儿结婚，加入美国国籍，使纽约分公司获得美国纽约市政当局承认，为其日后的发展奠定了基础。

不久，李国钦成了左右美国锑产品市场的人物，开创了中国有色冶金产品由出口初级产品变为出口成品的新局面。当时，中国国内的纯锑生产全部集中于华昌，华昌又全部以寄售方式出口美国，从而形成了中国纯锑垄断了世界锑产品市场的局面。然而，属于战略物资之列的锑的价格，是随着战争的形势而波动的。李国钦既有掌握锑市行情之能力，因此获利丰厚，成为百万富翁。同时，华昌炼锑公司也因一战结束后锑价暴跌等原因倒闭，李国钦即在美国借款增资，将华昌炼锑公司驻纽约分公司改组为华昌贸易公司，自任董事长兼总经理，并在纽约伍尔沃思大厦 51 层设办公处。关于这一段历史，梁氏后人却有不同的说法。①

由于资料的缺乏，关于李国钦和华昌公司在纽约的早期经营，以及由此与梁氏家族之间的利益纠葛等细节，今天已经不可能全部知晓。李国钦也许利用了他在美国的便利条件谋利，并成为梁氏华昌炼锑公司失败的重要原因。但是，来自中国湖南乡间的一位学矿业的年轻人，走入美国走向世界，却是由此展开的。

三 实业活动在二战期间达到了顶峰

李国钦对中国近代经济现代化的一个重要贡献在于他最早发现了中国"钨"矿的存在。早在在湖南高等实业学堂求学期间，他在到西南五岭山脉探测锡矿时，住在海拔五六千米的一个山村小客店

① 梁奇:《华昌炼锑公司及其创办人梁焕奎》,《湖南历史资料》1959 年第 2 期。

中，偶然发现店家生火所用炉灶的石块性质特殊，引起兴趣，遂请店主引至采石处，发现一片露头的岩层，于是认定这里有丰富的稀有金属矿藏。为了更仔细地了解当地的矿藏情况，他采取了样本，带回去研究。从湖南高等实业学堂毕业后，李国钦被送往英国伦敦皇家矿业学校学习。在英学习期间，他在英国选矿教科书作者楚斯克指导下，去康瓦牙郡雷德拉斯城担任磁力分离工作，在处理浓化锡时，取得了2%—3%的钨铁。回到伦敦后，就把从国内带去的那块矿石进行分析化验，认为是一块很好的钨铁标本。

　　钨是一种化学元素，非常坚硬、紧密，常被用于制造重金属合金。这样的合金常被用在装甲、散热片和高密度应用中，如平衡重物、船和飞机的压重等。钨的熔点很高，在航天等领域有非常广泛的用途，是一种十分重要的战略物资，也是武器工业的重要原材料。第一次世界大战之前，德国已使用钨来冶炼制造高速钢和切割工具，大大增强了军火工业的生产。这引起了英美等国的重视，他们竞相采掘，大量收购，把钨列入军火原料生产的主要对象。而当时中国尚未发现钨的蕴藏，更不可能进行开采冶炼。李国钦在西南地区偶然发现的钨矿蕴藏，奠定了他日后从事以矿产开采和经营为主要业务的实业活动的基础，同时也影响到近代中国的经济。

　　1914年，李国钦从伦敦皇家矿业学校获矿冶工程师职称回国，在华昌炼锑公司担任技术员，后为业务部副经理。他首先到当年发现矿苗之处进行开采，并在申报出口时，将开采出来的矿砂定名为"含钨的矿石"，而长沙海关则定名为"黑砂"，并裁定每吨价格一百元（合当时美金七十五元），征关税5%。李国钦对裁定的价格和所征关税比例都无意见，但对这种矿石定名为"黑砂"表示反对，他坚持应称为"含钨的矿石"，并向上海海关总税务司署提出抗议，要求把"钨"字作为这种矿砂的名称，得到总税务司署认可。所以我国出口的钨砂，除了开始数批海关记载为"黑砂"外，后来一直都记为"钨砂"了。[1] 李国钦也由此被有的学者认为是汉字"钨"

---

　　[1] 《工商经济史丛书》第一辑，文史资料出版社1983年版，第75—76页。

的创始人。①经考证，"钨"字在古汉语中早已存在，是一个字形稳定、字义清楚的古老汉字，在清末西学东渐的浪潮中，被赋予了新的含义。②尽管李国钦并不是汉字"钨"的创始人，但中国钨金属发掘和利用的新时代却是因他而展开。③

不久，李国钦得知梁焕奎、章克恭在瑶岗仙矿设立的兴裕钨矿公司获利不少，主动要求合作。梁焕奎等为了利用他在美国推销钨砂，同意让其入股 20 万银圆，加上梁氏 60 万银圆、章氏 20 万银圆，共 100 万银圆，合伙经营了一个专门经营钨矿出口的裕厚钨矿公司，由章任经理，李在美负责经销。后因钨价暴跌，开支过大而停业。

1937 年，抗日战争全面爆发，中国对外贸易中断，华昌贸易公司的经营业务发生了很大变化。由于钨和其他稀有金属成为重要的战略物资，德、日法西斯与英国争相抢购。1940 年，李建议美国复兴银行（世界开发银行前身）向南美的钨矿投资，就地建立炼厂，将矿砂炼成成品再运往美国。美国政府采纳了他的建议，并由美官方投资，由他进行管理。李国钦在纽约建立一所唯一能处理世界各地钨砂的炼钨厂，这既使南美钨砂有了销路，又保证了美国在世界反法西斯战争中的需要。战后该厂定名为华昌钨厂，迁至纽约长岛克林科维地区，使该地区一度有"世界钨都"之称，后名华昌矿冶精炼公司。同时，李园钦在墨西哥索拉诺省诺尔加斯城设立墨西哥钨矿公司，采购与提炼钨砂，还在美国的内华达州、加利福尼亚州、科罗拉多州发展和加强矿业的开采与冶炼。

李国钦的事业在第二次世界大战期间达到了顶峰。他不仅将原来经营的锑、钨矿产扩展到铅、铝等稀有金属，而且经营活动遍及北美、南美、东南亚和南亚地区，更在折射金属、炼钨等技术方面取得世界领先地位。1943 年，李国钦在美国与王宠佑以英文合作出

① 蔡志新：《汉字"钨"的发明人李国钦》，《百年潮》2000 年第 4 期。
② 匡池：《汉字"钨"的发明人不是李国钦》，《百年潮》2001 年第 12 期。
③ 关于"钨"的发现，也有"梁焕彝发现说"。参见本书《梁焕奎》条。

版《钨》一书，该书被美国化学学会列入专著目录，为有关学者所称道。特别是他在矿石冶炼方面的杰出成绩，其实业活动为解决美国战略物资做出了很大贡献，使得他在美国乃至国际实业界、冶金学界名声大振，被聘为美国政府战略物资顾问，任纽约五金同业公会主席、美国矿冶工程师学会会员，获得美国克拉克大学博士学位。巴西、意大利、泰国等国政府相继颁发"南十字座"勋章、"最高荣誉勋章"和"王冠勋章"等给他，这些荣誉也从一个侧面反映了他在实业上的成就。

四　以自己在美国政商界的声望，
推动中国经济的发展

依靠矿业起家的李国钦，在取得个人实业经营上巨大成功的同时，也不忘祖国的发展。他利用自己的身份和条件，为中国政府做了许多有益的工作，对近代中国经济的发展发挥了积极的影响。

由于李国钦的努力，到20世纪30年代，钨矿石出口已成为中国对外贸易的重要内容。1936年，中德两国签订了1亿马克的货物互易协定，其中，钨砂是中国政府主要的交换物资。中国政府还以钨砂为抵押品，向美国政府借取了大批款项。由于美、德、日在国际市场上争购中国钨砂，以供军火工业之需，使得钨的国际市场价格一度上涨到每吨5万美元，中国政府靠出口钨砂赚取了大笔外汇。宋子文因此电邀李国钦回国担任中央信托局局长，但他没有接受。

李国钦在美国政界商界具有很大的影响力，使中国政府推销产品都得依靠李国钦的声望为之鸣锣开道。1940年，中国财政部长宋子文到纽约推销矿产出口。当时，宋子文举办了一次游园会，邀请了美国银行界和工商界的头面人物参加。可是出乎宋子文的预料，应邀者寥寥无几，宋子文大失所望。事后有人告诉宋子文，说在美国做生意，非由李国钦出面不可。宋子文只得登门求助。李国钦为了国家利益欣然同意，于是由李国钦出面请客，结果宾客盈门。宋子文回国后，曾向国民政府建议开设贸易部，由李国钦出任部长，李国钦在收到国民政府任命后，立即复电婉谢，他声言愿为祖国服务，但不愿做官。

李国钦对中国的商业企业和国民政府主办机构均有过业务联系。20世纪二三十年代，他曾代为中国44家工厂聘请美国工程技术人员，也协助中国企业在美购买和安装机器设备，引进技术和资金，其中包括纺织、化工、采矿、炼钢、铸币厂等。而在支持范旭东、侯德榜所创办的永利化学工厂的天津（塘沽）碱厂和南京永利宁厂（生产合成氨）等，则出力最多。这两个中国化学工业的摇篮，从协助制订设计方案，罗致美国专家和中国留学生，采购成套的、单件的设备，以及器材、原料等均赖李氏的华昌贸易公司全力支持。李氏本人也常亲自参与商务谈判，表示了他对范旭东的钦佩和友谊。范旭东在抗日战争期间两次访美，都成为李氏庄园中的客人，范旭东的民族自尊心和爱国主义思想对李氏也有一定的感染力，从而使他们成为事业上的朋友。李氏还为国民政府的甘肃玉门油矿（开采原油）和四川泸州化工厂（生产硫酸）提供了生产设备。1938年，后来担任新中国化工部副部长的侯德榜赴德国考察"联碱法"未成而转往美国，李国钦帮助其采购设备，成立化验室，试验用川盐和"联碱法"制碱的技术，为以后侯氏"联碱法"的成功打下了基础。[①] 抗日战争期间，李国钦多次帮助国民政府采购军工设备和军火，并多次充当中国向美国借款的中间人，使中国从美国得到大批货款。他曾于1939年10月捐款10万美元慰劳湘北前线抗日将士，受到国民政府的嘉奖。

李国钦广交国内外豪商与企业界人士，20世纪20年代即在纽约长岛寓所接待了北洋政府外交总长黄郛、内阁总理梁士诒、教育总长范源濂等人，同时在国内的天津、上海、长沙、青岛等地设立分支机构。该公司从中国收购钨、锑、锡等矿产品，桐油、猪鬃、麻黄草等农副产品销往美国，又将美国的机械、化工、采矿、纺织、

---

① 肖栋梁：《美籍华商李国钦》，载《长沙县文史资料》第7辑。

炼钢等工矿设备与钢材等工业品输入中国，沟通了中美之间的贸易渠道，华昌贸易公司也成为抗日战争以前中美之间最大的一家进出口贸易公司，在国际实业界享有较高的声誉和信用。该公司不仅把伍尔沃思大厦第51层整层作为办公处，还在纽约长岛地皮最贵的地方住家。李国钦曾出任美国中华协会董事兼副会长，成为当时华人在美商界最著名的人物之一。①

据我国驻美纽约领事馆1982年材料：1949年10月1日新中国成立时，他立即乘飞机到香港打电报给毛泽东主席祝贺。他对亲近的人说："中学读书时与毛主席同班并且还同书桌。"新中国成立初期他为祖国采购了数以万吨的汽油，并为当时我国最大化工企业——南京永利化工厂购置一套先进制碱设备，赶在美国实行封锁、禁运前抢运出来。1954年正是美国麦卡锡法案实施期间，反共势力猖獗，他不怕威胁，派义子李振声到苏联莫斯科参加世界青年联欢节。他在40年代就设立"李氏奖学金"资助在美的各国学生，其中明确规定："中国留学生享受奖学金者毕业后必须回祖国工作，事先应由本人自愿写出书面保证。"

1961年，李国钦因心脏病突发，病逝于华昌公司董事长办公室内，美国政府为表彰他的功绩，将他的名字镌刻在纽约港口的自由女神像基石的铜牌上，还将他的肖像悬挂在美国国会图书馆，永志纪念。

李国钦所创设的"华昌贸易公司"随着他的逝世而结束。但是他的二女婿何日华深知"华昌"牌号的吸引力，继续打起了"华昌"的旗帜。何日华在抗战时曾就读于重庆金陵大学和昆明西南联大。抗日战争胜利后赴美任李国钦的秘书，后与其二女李廉风结婚。何在李逝世后，转到泰国利用当地木薯做原料兴办食品工业发家，并在东南亚各地创办了多式多样的企业。何日华在新"华昌"公司向外的宣传介绍中，念念不忘老"华昌"的业绩，一再颂扬李国钦的才能。由于何善于经营，自60年代以来，新"华昌"已发展为拥

---

①　肖栋梁：《美籍华商李国钦》，载《长沙县文史资料》第7辑。

有 20 多个公司的跨国的"华昌(国际)集团公司"。这个公司总部设在新加坡,何也加入了新加坡国籍。他除了在东南亚有上十个公司外,在美国电子事业的"硅谷"也设有科技实验基地,在香港设有"华昌国际(香港)有限公司"、"华昌国际船舶有限公司"。何日华的上述两公司与祖国的中国海上石油公司合资经营"中国南海里丁·贝茨钻井有限公司",他投资 25%。何日华迄今仍津津乐道:"我的华昌公司就是老华昌公司的发展,我是李国钦事业的继承者。"

李振声秉承李国钦先生遗志,亦于 1980 年回国与中国五金矿产进出口总公司合作,在纽约合办"企美贸易公司",经销祖国产品和原料。同年,他还代表"李氏基金会"向中国教育部赠送 48 万美元作为奖学金,资助 20 名中国留学生赴美深造两年。

作为一位从湖南乡间走出来的贫寒少年,李国钦的发家史充满了传奇。这位浸染了浓厚的湘学底蕴的湖南巨贾,不仅将姓名刻上纽约港自由神像基座、肖像挂于美国国会图书馆,成为无数后来人仰望的伟人巨匠,也成为影响近代中国经济现代化的重要人物。

林伯渠 推动新民主主义经济发展的红色理财家

　　林伯渠是中国共产党和中华人民共和国卓越的领导人之一，是杰出的无产阶级革命家、政治家，也是中共党内著名的经济管理家，被称为"红色理财家"。他早年就有强烈的富国强兵思想，留学日本时就攻读过经济学，研究过财政学和簿记学、统计学。护法战争时任湖南财政厅长，大革命时任国民党中执委财务委员。后在南昌起义、中央苏区、长征路上和初到陕北期间，一直在做财经和部队供给工作。抗战开始后，他担任陕甘宁边区政府主席及在西安从事统一战线工作，同时兼任中央财政经济部长、中央财政经济委员会主席。在长期的经济工作中，他坚决实行财经工作为革命战争和革命军队服务兼顾改善民生的方针，注重对财政经济进行统一管理，为党和国家培养了大批财政经济干部。林伯渠的经济工作推动了中国新民主主义经济向前发展，推动了中国革命事业向前发展。

　　1949 年 10 月 1 日，举世瞩目的新中国开国大典在北京举行，仪式主持者是一位头发花白的长者，这就是已经 63 岁的林伯渠，时任中央人民政府委员会秘书长。林伯渠不仅是一位革命家、政治家，也是中国共产党内较早从事经济工作的专才，早在 20 世纪 30 年代就被誉为中共的理财专家。从林伯渠的经济活动中可以看出中国共产党在民主革命时期推进经济工作的基本脉络。

一　渴望在中国"实行新经济学理"

　　林伯渠（1886—1960），原名祖涵，字邃园，号伯渠。1886 年 3 月 20 日出生于湖南安福（今临澧）县北约 10 公里的凉水井村。这是一个"九牧世家"的乡村家庭，村前溪流淙淙。屋前有稻田，屋后有茶山，左晒场，右池塘，晒场中央千年古柏巍然屹立。7 岁的时候，林伯渠在比他大 7 岁的堂兄林修梅的指点下，习千字文，读三字经。熟读诗书的父亲林鸿仪也经常带他走出家门，或登高，或远足，锻炼体魄，开阔眼界。1896 年，父亲林鸿仪受聘于安福县城道水书院教书，林伯渠与堂兄林修梅随之来此。戊戌变法失败后，林伯渠随父亲进入澧州钦山寺学馆读书。后考入位于常德的湖南公立西路师范学堂。在西路师范学堂，林伯渠开始接触一些公开半公开的进步书刊，如郑观应的《盛世危言》、康有为的《新学伪经考》和《孔子改制考》、严复译的《天演论》、康有为和梁启超办的《新民丛报》、章士钊创办的《国民日日报》等。陈天华的《猛回头》、《警世钟》以及邹容的《革命军》也在学校秘密传播。1903 年冬，林伯渠在西路师范学堂以优异的成绩，获得了赴日官费留学的资格。1904 年的春天，林伯渠告别家人，前往日本东京，进入弘文学院师范科学习。东京正是当时革命风潮激荡之地，新的时代即将来临，林伯渠的人生信仰也将发生急剧的变化。林伯渠到达东京留学后，结识了大批革命志士，如黄兴、宋教仁、陈天华、杨毓麟、姚宏业、程潜等人，他的革命思想逐渐增长着。1905 年 8 月中国同盟会成立后不久，在黄兴和宋教仁的介绍下，林伯渠加入了同盟会。这是他一生事业中第一个重要起点，从此他便踏上了中国民主主义革命的征途。

　　1906 年初，受同盟会派遣，林伯渠先后到湖南长沙、东北吉林等地以办教育为掩护从事革命。1911 年辛亥革命前后，林伯渠奉命到上海、湖南常德、江苏南京等地或策划起义，或响应起义。

辛亥革命的果实被袁世凯窃取后，林伯渠参加了二次革命。二次革命失败后，林伯渠受到通缉，被迫流亡日本。1914 年参加孙中山建立的中华革命党。在日本，林伯渠为革命积学储能，借留日的有利时机，除研究法学外，努力攻读经济学，研究财政学、簿记学、统计学和工业政策，渴望在中国"实行新经济学理"。① 在当时，他认为，"经济学者，研究关于人类社会之财货现象之学问也"；"研究组织社会人类之各个或团体为获得自己及公共所必要之经济的财货，而通于关于利用之事项之一切社会现象之原理原则之学问也。"② 这些学习使林伯渠获得了关于财政经济工作的知识和技能，为后来革命理财打下了基础。

1916 年，林伯渠受命回国，回到湘南，任湖南护国军总司令部参议。11 月，程潜率军进入长沙，被推为湖南省长，林伯渠出任省府财政厅长，时间短暂。后来林伯渠任谭延闿省长公署秘书兼总务科长，不久又代理政务厅长。1917 年护法战争爆发，林伯渠辞去各职，再次奔赴湘南，为湘南护法军总司令部参议，参加护法运动。

1917 年，俄国发生十月革命并取得胜利。1918 年春，在战火纷飞的湘南，林伯渠风尘仆仆，奔走于衡阳、零陵、广州之间。俄国十月革命胜利的消息已经传到了国内，好友李大钊来的几封介绍十月革命的信也收到了。此时，春天已来，天气将暖未暖。民国建立八年了，二次革命、护国运动、护法运动也接踵而至，而国内依然是军阀混战，革命屡遭挫折，民主共和的出路在哪儿？林伯渠思索着，沉沉心事凭谁诉，好友李大钊的来信无疑像是在苦旱的沙漠中得到的一股甘泉，心里顿觉一清，行走于郴州至衡阳途中的他写道：

> 春风作态已媚人，路引平沙履迹新。
> 垂柳如腰欲曼舞，碧桃有晕似轻颦。

---

① 《林伯渠日记》1913 年 10 月 3 日，湖南人民出版社 1984 年版。
② 《林伯渠日记》1913 年 11 月 30 日，湖南人民出版社 1984 年版。

恰从现象能摸底，免入歧途须趑行。

待到百花齐放日，与君携手共芳辰。

是的，新的春天已经来临了，"路引平沙履迹新"，新的希望已经出现了，这位老同盟会会员回忆着，思考着……

李大钊是马克思主义在中国的"首传"人，也是很早就走上革命道路的林伯渠的入党引路人。林伯渠与李大钊 1915 年结识。

1915 年底，林伯渠与中华革命党人易象等湘籍留日学生，发起组织了以开展反袁斗争为主旨的团体——乙卯学会。此时，李大钊与一些同学发起组织了同样的反袁团体——中华学会。到 1916 年 1 月，林伯渠与李大钊等人决定，将乙卯学会与中华学会合并，在此基础上组建了一个较大的以"再造神州"、"图谋国家富强"的革命团体——神州学会。李大钊被选为评议长，林伯渠、易象等任干事。至此，林伯渠与李大钊成为一个团体的战友。后来林伯渠回忆说李大钊是他"二次到日本时最好的朋友"，其含义颇深。

1916 年 5 月中旬，李大钊由日本回国到达上海，此时林伯渠已经回国在湖南进行反袁斗争。9 月林伯渠与在北京创办了《晨钟报》的李大钊建立了通信联系。俄国十月革命爆发后，李大钊率先在中国认识和接受了马克思主义。李大钊并没有忘记在日本时结下的"最好的朋友"。1918 年春，李大钊不断地写信给林伯渠，"介绍了十月革命情况"，寄给"一些社会主义的宣传品"，林伯渠从中逐渐得到一些"马克思主义的概念"，渐渐把握住真理。在五四运动前后，林伯渠去上海在孙中山身边工作了较长一段时间，他一方面为孙中山的伟大人格所折服，一方面对由中华革命党改组成的中国国民党的境况及前景感到忧虑。

1920 年冬，在李大钊的介绍下，林伯渠在上海法租界环龙路渔阳里 2 号和陈独秀见了面，并进行了多次交谈。林伯渠决心献身中国的共产主义运动。1921 年 1 月，经李大钊、陈独秀介绍，林伯渠在上海加入了共产党早期组织，成为国民党营垒中最早脱颖而出的共产主义战士，也是在中共一大前参加共产党的早期党员。林伯渠加入共产党，不仅与他接受马克思主义有关，也与他多年的革命实践和艰辛阅历紧密相关，是对辛亥革命反思、继承、超越的结果。林伯渠参加共产党后，并没有离开孙中山，也没有脱离国民党，而是积极帮助孙中山改组国民党，促成了国共两党合作，从而掀起了国民大革命。

1921 年中共一大召开之前，林伯渠按照党的指示，前往广州工作。1923 年孙中山任命林伯渠为中国国民党总务部副部长。林伯渠帮助孙中山改组国民党，介绍共产党员和社会主义青年团员参加国民党。当时中国旅欧共产主义青年团的成员周恩来、邓小平、李富春、蔡畅等 80 多人加入国民党，也都与林伯渠的活动分不开。国民党第一次全国代表大会中，李大钊、谭平山、林伯渠、毛泽东等 10 名共产党员被推选为国民党中央执行委员或候补委员，林伯渠当选为农民部长。这样，改组后的国民党就成了工人、农民、小资产阶级和民族资产阶级的革命联盟。

1925 年 8 月，林伯渠被推选为国民党中央执行委员会常务委员，12 月兼任执委会财务委员。在任职期间，他责成会计科逐月将收支情况上报中央监察委员会审核。1926 年 5 月因蒋介石提出《整理党务案》，担任国民党中央部长的共产党员全部辞职。6 月林伯渠同时辞去农民部长、中央财务委员、国民政府监察委员职务。在卸任时，林伯渠将任职时期的财务收支情况，用表格和报告形式，交代得清清楚楚，表现出了一个共产党员廉洁奉公、光明磊落的优良品质。

二　经济建设必须和战争动员联系起来

1927 年南昌起义后，林伯渠担任革命委员会委员，兼任财政委员会主席。这是林伯渠在共产党内为革命理财的开始。林伯渠任财政委员会主席，担负着为部队筹款的重任。革命委员会成立之初，讨论起义军的财政政策问题时，原则上主张根本改变以往旧部队每到一地即行通过旧政府或商会提款、派款和借款的财政政策，而将财政负担从贫苦工农身上转移到富有者阶级上去。当时，财政委员会没收了江西中央银行的现金，连同其他收入共约有近三万元款项。可要供给一支近三万人的部队，却是管不了几天。到了临川以后，军饷和给养即发生了困难。纸币不能流通，急需设法筹办银圆等现金，于是又展开了财政政策的大讨论。一种意见是主张沿用旧政策。另一种意见是主张完全抛弃老办法，从现在起就对土豪劣绅和其他反动派采取没收和罚款等办法。林伯渠、谭平山等鉴于当前部队在长途远征，军情紧急，地方情况不明，政治环境复杂，在没收征发工作毫无经验的特定条件下，不妨权且采用旧的办法，以利部队的行进。

　　两种意见争论的结果，决定采取新的财政政策。可是一到实行的时候，却又困难重重。因为赣东一带农民运动未曾兴起，谁是土豪劣绅、反动派，一时难以调查清楚，而旧的办法又确实可以筹集一些现金。因此，从临川到瑞金路上，筹款方法极为混乱。行至福建汀州，由于商会承认筹款，便放弃了惩办土豪劣绅的办法，结果，商会在城乡各地大肆派款，连自耕农和小杂货店主也派十元、八元，而家财十万的富豪也不过出三五百元。于是，革命委员会又决定完全摒弃旧的方法，并组织一个战时经济委员会来管理一切，但是到了广东潮汕，又放弃了这一做法。因为，第一，考虑到大规模的没收征发可能引起帝国主义借口干涉；第二，南昌起义是以国民党左派名义领导的，而潮汕是国民政府管辖的粤东政治、经济、文化中心，大规模没收征发的结果，将使商业停顿，秩序混乱，给反动派可乘之机。于是，最后从特定条件出发，采用了林伯渠、谭平山等人的暂时沿用旧财政政策的意见，以减少革命阻力。

　　潮汕失败后，林伯渠辗转去了苏联学习。1933 年 3 月又辗转来到中央苏区。随后，林伯渠肩负了国民经济部部长的重任。此时，敌人的第四次军事"围剿"虽已被粉碎，但仍对苏区进行着残酷的经济封锁，苏区的财政经济工作面临严重困难。

　　林伯渠到职后，在千头万绪的经济工作中，首先抓了粮食问题。他认为，在粉碎敌人进攻的多种准备工作中："粮食一项，尤为重要，不独关系红军的给养，且直接影响工农劳苦群众的日常生活。"① 国民经济部成立后不久，林伯渠发布了第一号训令，一方面要求粮食调剂局从粮食较富裕的地区多采购一些谷物；另一方面，要求各县国民经济部召开区、乡代表会议，吸收贫农团、工会和妇女会的代表参加，展开讨论，以便采取说服、鼓励、竞赛等方式，发动群众在最近两个多月内，每人设法节省一斗谷子卖给苏维埃政府，支援革命战争。在他的努力下，各地收集粮食的工作迅速开展起来。

接着，林伯渠调查研究了往年粮食工作的经验教训，认为中央苏区粮产还是比较丰富，但如果缺乏通盘的周密计划，则容易造成粮荒。看到田野里碧绿的稻浪，丰收在望，必须预先筹划，开展储粮运动。林伯渠提出了两条措施：一是倡办粮食合作社。粮食合作社是集合雇农、贫农、中农以及农村中的其他劳苦群众的股份（用钱或谷物交股金）而成立的。秋后谷物登场，合作社可以以高于市价的价格收购粮食，合作社收买的谷子可以储存一部分，以供来年社员的急需，其余部分可陆续运到粮价较高的地方出卖或者出口（到白区）。这样不断籴进粜出，既可扩大资金，又可使社员获得盈余。开办粮食合作社，可使苏区的粮价不至于过低或过高，从而保障民食，免受剥削之苦。训令要求务须在每一乡成立一个粮食合作社。二是分区建造谷仓。林伯渠分析当时的形势，准备为红军部队、粮食调剂局、对外贸易局、粮食合作社储存谷物，免致耗损。林伯渠要求各县国民经济部，帮助并催促各区、乡政府，调查旧有谷仓，加以修葺。在还没有公共谷仓的乡，要建造谷仓一处，至少以能容纳三百石谷子为底限，以供粮食合作社之用。在每区要建造谷仓数处，每区谷仓容纳谷子的数量，要以规定该县储积粮食的总数量为标准，由各县国民经济部会同财政部，按照该县区数之多少估计建设各区谷仓的数目。他还周密地考虑到，安置谷仓，须觅有掩蔽而交通较为便利的地方。随后。又领导建立了谷仓管理委员会，制定

---

① 《国民经济人民委员部训令》第 1 号，《红色中华》1933 年 5 月 20 日。

和颁布了谷仓管理规则。由于政策正确，措施适当，又发动了群众，上下一起努力，到这年 8 月间，兴国、瑞金等县都建立了一批粮食合作社，仅兴国就有 83 个。这年，中央苏区的农业生产比上一年增产一成半。苏区粮食大增，对支援革命战争，改善人民生活，均起了重大作用。

1933 年 8 月，林伯渠受命兼任财政人民委员部部长（次年专任）。林伯渠在中华苏维埃共和国临时中央政府人民委员会主席毛泽东的直接领导下开展工作。此时期，人民委员会召开了多地经济建设运动动员大会。8 月 20 日，江西南部 17 县经济建设大会在瑞金叶坪开幕，林伯渠主持大会并致开幕词，毛泽东作了题为《粉碎（第）五次"围剿"与苏维埃经济建设任务》的报告，发出了"必须注意经济工作"的伟大号召。翌日，林伯渠作《发行三百万（元）经济建设公债与发展合作社》的报告。大会还就发展合作社、推销公债、建立和健全粮食调剂局、进一步开展对外贸易、筹款、加强新区和边沿地区的工作、培养干部以及开展自我批评等问题作出了决议。随后，北部 11 县在宁都县也召开了经济建设动员大会。经济建设随后如火如荼地开展起来。

林伯渠任财政部长以后，制订了《六个月财政收支计划》（1933年 9 月起），进行了一系列的工作。

首先，成立没收征发委员会，确定副部长邓子恢兼管这一工作，并在地方和部队设立下属机构，提出向白区和苏区的地主、富农筹款六百万元的任务，规定在筹款中"对于地主富农要有分别，对地主是消灭他的经济力量，对富农是削弱他的经济力量，因此，地主的钱应该筹个干净，富农的钱则只能捐他的一部分"。[①]随后，大张旗鼓地发动群众开展征发没收工作。

其次，适当控制纸币的发行。国家银行发行纸币的原则应该是根据国民经济发展的需要，至于财政上的需要只能放在次要的位置

① 《中央财政部土地部为筹款问题给乡主席、贫农团的一封信》，1933 年 10 月19 日。

上。林伯渠为了稳定金融，在《六个月财政收支计划》中规定，国家银行在财政部监督之下实行独立，执行银行本身职能，以便于掌握货币发行政策。

第三，充实财政部所属公债局、税务局、国有财产管理局等单位的干部力量，增加工作人员，减少兼职，整顿作风，提高工作效率。同时，帮助政府和部队的后方机关建立和健全预算、决算、审计、调配、供给、会计等一系列的财政制度，开展节约开支、反对贪污浪费的斗争，并且亲自主持财政部机关工作人员会议，揭发官僚主义和浪费现象，切实予以克服。

由于采取了上述种种措施，1933年最后几个月财政困难情况缓和了。

1934年1月，林伯渠出席了在瑞金召开的第二次全国工农代表大会。林伯渠作了经济建设问题的报告。他在回顾两年来中央苏区经济建设的成就后提出了苏区经济建设的思想：既能"造成将来社会主义经济建设的优势与前提"，又是当前"工农群众争取解放的重要条件"。现在的"经济建设工作必须和战争动员联系起来，反对任何把经济建设与战争动员对立的观点，及一切'左'倾、右倾的机会主义"。对于当前中央苏区经济建设应着重抓什么的问题，林伯渠在报告中指出："今后必须尽量提高我们的土地生产，工业生产，发展对外贸易，繁荣苏区市场，开展合作社运动，集中资本，巩固苏维埃金融，特别是收集粮食运动在目前更要加紧去进行。"[1]

林伯渠自踏入中央苏区到长征开始，负责苏区财政经济工作近一年半。期间他广泛地动员了苏区的人力、物力、财力，在极其艰难的情况下，为支持反"围剿"斗争做出了重要贡献。

在长征途中，林伯渠担任没收征发委员会主任和总供给部长。每到宿营地，林伯渠首先组织人马去调查情况、没收土豪的财产、筹粮筹款。所以在林伯渠的长征日记中，充满了"草拟粮食计划"、"开筹粮会议"、"指挥筹粮"等。在没收工作中，尽管时间紧、任

---

① 《红色中华》1934年2月1日。

务急、工作困难，他还是严格要求大家注意调查研究，执行党的政策。他常说，我们是革命队伍，是保护群众和少数民族的，只能打土豪，不能伤害劳动群众和少数民族。只有这样，我们才能得到群众拥护。

在长征中，林伯渠对红军的商业活动及其政策进行了探索。长征中的红军经过许多城市和乡镇，面临的重要问题是如何正确对待地方商业。红军总的方针是，没收反革命的商店，保护正当的商业自由，鼓励经常性的商品市场关系。对此，各部红军根据实际情况作了许多具体规定。中央红军规定："对于城市乡镇商人，其安份守己者，亦准于自由营业。"如在遵义时，林伯渠要求，向商人捐款要极端审慎，没有明显证明其进行反革命活动的商店，不能没收。对于商人兼地主的，只没收其地主部分的财产，不没收其商店。

红军长征途中，为解决部队的吃饭、穿衣等后勤供应问题，除了对军阀官僚地主豪绅进行没收征发外，还要依靠购买物资，特别是路经少数民族地区时更是这样。由于少数民族地区的经济落后，历代汉族统治者又对少数民族实行民族歧视与压迫政策，造成少数民族和汉族之间的民族隔阂与对立。因此，红军对少数民族地区实行了与汉族地区不同的政策。在这些地区一般不打土豪，购买成为筹集给养的主要方式。这种方式受到各少数民族的普遍欢迎。

比如在过草地之前，林伯渠发布通令，"收割麦子时，一般只收割土司头人的"，迫不得已收割普通人家的麦子时，"写在牌子上，插在田中，番人回来可拿这个牌子向红军部队领回价钱"。①

林伯渠作为没收征发委员会主任和总供给部长，他还开过杂货店。1935年9月，长征中的中央红军经过甘肃省榜罗镇，须发斑白的红军总供给部长林伯渠，借用群众的一家小铺子开起了杂货店。他一边卖着肥皂、毛巾等日用品，一边亲切地问着每一个走进小铺子的战士："小同志，你想买点什么呀？"站在林伯渠旁边的董必武、

---

① 《林伯渠传》，红旗出版社1986年版，第181页。

徐特立、谢觉哉，就像帮忙的"伙计"。红军高级干部亲自站柜台卖货，体现了党对商业工作的高度重视，也反映了商业是长征中红军工作的一项重要内容。由于红军在长征中高度重视商业工作，这一方面对于稳定民心，恢复和发展地方经济，促进物资交流起到了积极作用；另一方面也为红军的后勤供给提供了必要的物资保证，使长征战略转移的军事目的得以胜利实现。[1]

三 推动财政工作更好地为革命战争 和人民生活服务

1935 年 10 月，中央红军胜利抵达陕北。11 月，中华苏维埃共和国中央执行委员会为了加强对西北革命运动的领导，决定设立中华苏维埃共和国临时中央政府驻西北办事处。随后，林伯渠被任命为中央政府财政部长、西北办事处财政部长和国家银行西北分行行长。

11 月 16 日，西北办事处发布的第一号训令就是讲财政问题。训令明确提出要统一财政，统一发行票币，按累进的原则开征土地税，要求责成中央财政部、军委供给部明确的坚决的根据上列原则，制订出具体的计划和办法，在财政上保障大规模革命战争的迅速胜利。

根据第一号训令的指示精神，为统一财政、建立健全财经制度与机构，林伯渠还根据他多年从事财经工作的经验，领导财政部先后制定和颁发了《各级财政部组织纲要》、《暂行会计条例》、《暂行金库条例》、《暂行金库会计出纳细则》，以便各级财政部门有所遵循。

此一时期，国民政府发布命令，要求"集中现金"（指银圆）。即只准用纸币，不准用现金；如有用现金的，查出全部没收。

---

① 郭淼：《长征与商业——党的早期商业政策的实践》，《党史纵横》1997 年第 2 期。

　　林伯渠为了保障群众利益，使得苏区的现金不外溢，在 12 月与博古联名发出有关金融问题的布告，告知群众拿现金到白区办货，有被没收的危险。"苏维埃国家银行为保障商人利益，特设法办到白票，有要出外办货的，可拿苏票和现金到银行换取。"同时也劝苏区商人到白区买货，最好不带现金而带些苏区的货，如皮毛、牛羊、驴子、洋油、枣子、木耳等去，白区商人来做生意的，也最好是贩些苏区的货回去。这不仅免去携带现金的危险，而且一个来回，可赚两倍利润。布告还指出如商人或群众有特别情形，必须运现金出境的，银行当可照数兑换，但为防止奸商偷运起见，须要向当地苏维埃政府登记，持有登记证及介绍信，才能兑取。这些措施的逐步推行，对苏区各级政府建立比较完整的财经制度和工作秩序，集中财力支援革命战争发挥了相当大的作用。

　　1936 年夏秋之际，陕甘宁边区急剧扩大，各项费用急剧增加，前方的军需也急剧增加，为了解决军需，克服财政困难，在中共中央和西北办事处的领导下，林伯渠做了以下几项重要工作。

（一）积极发展食盐生产，组织运输食盐和其他农产品出口

　　关于尽快扩大食盐出口，林伯渠提出，靠近盐池各县区政府，都要帮助群众设立消费合作社或运盐合作社，组织各村庄附近所有群众的牲口，直接到盐池运盐。他还提出应加强贸易局的组织与工作，增设省贸易局与合作社，国家银行亦应特设营业部，以便有计划地组织食盐和其他农产品出口。能否调动群众积极性，尽快组织大批食盐出口，关键是政策。林伯渠提出：要充分发挥商人和群众的积极性，放手让他们经营。7 月 26 日，林伯渠与博古在给毛泽民的指示信中，阐述了基本政策。这些政策主要集中在以下几个方面。一是产销方面。"不应采取垄断式之国家公司；不论在生产及运销方面，均应该吸收商人资本参加。"二是国家如何管理盐产以及运销方面。主要是设立盐税局，收"盐产统一税"。为了提高群众的积极性，税率应轻。税率过高，就会妨碍商人投资、销路以及蒙汉关系。三是关于盐业公司。林伯渠认为可以投少数资本，主要是极大地吸

收商人资本投资。四是关于盐户。指出要积极发展和组织盐户合作社，同时出卖粮食布匹，以促进盐业生产和运输。

（二）设法提高苏区货币的信用，扩大其流通，活跃苏区的经济生活

当时苏区许多地方都出现了拒用"苏票"的现象，这不仅直接影响苏区的财政，而且也给群众的经济生活带来很多不便。为了改变这种状况，财政部参考过去中央苏区的经验，结合陕北的具体情况，曾想了许多办法。第一，明令禁止国民党货币和现金在市面流通，规定到白区购物所用"白票"，须持"苏票"或现金到国家银行换取。第二，与西北军委、西北办事处联合发出通令，命令红军收受罚款、捐款时，欢迎交纳"苏票"，所筹现金和"白票"全部集中供给机关，并转送后方作为对外买货之用。第三，在安塞、洛河川、宁条梁增设贸易分局，在吴起镇设立人民银行分行，以便调剂市场货物，扩大"苏票"流通，加强金融管理。第四，出口食盐、农产品换回来的布匹，留出三分之一，由国家银行批发给各合作社，供给群众。在苏区境内出卖食盐布匹等，无论合作社或私人，一律使用"苏票"。第五，凡销售苏区的食盐和收取税金，一律收"苏票"，运输食盐出口的，虽然一般的仍应坚持收现金或"白票"，但亦可与商人协商，以布匹或货物作价交纳。这些措施，不仅有力地提高了苏票的信用，扩大了其流通量，而且进一步活跃了苏区的经济生活，为克服财政困难创造了条件。这一经验，不论对当时还是后来革命根据地的建设，都有着重大的意义。

（三）进一步加强财政统一，健全财经制度，集中财力，以保证部队的供给

1936 年 8 月 18 日，在他同毛泽东、周恩来、彭德怀、杨尚昆联名发出的《关于筹款问题的训令》中提出。凡已成立地方政权的地方，没收工作由政府执行，部队可派人在该地方政府帮助工作。所筹之款，实行登记、转账、报告、作价制度；各部队都必须建立经

常的预算制度，按时结算，总供给部下建立审计处，以便审核所属
机关部队的收支。25 日，林伯渠与博古联名发出《关于建立地方财
政的指示》，对中央和地方财政部门的组织机构、收支范围以及上下
级财政部的关系等问题，作了具体规定，强调必须在自给原则下，
建立各地单独负责的财政制度，有关财政方针与各地收支概算，均
须经中央财政部批准。在概算范围内，入不敷出的，由中央协助解
决，支出有余的，必须将多余部分缴解中央。这一财政管理体制的
改革，充分发挥了地方财政部门的主动性、积极性，推动着财政工
作更好地为革命战争和人民生活服务。

　　西安事变发生后，国内形势缓和。1937 年 2 月 24 日，中央政治
局常委决定林伯渠负责政府工作。4 月，林伯渠与中央审计委员谢觉
哉联名发出通知，认为在两个政权转向合作的状态下，财政上更加
要注意"健全各种制度"。这一时期，林伯渠还制定了恢复和发展生
产，活跃商业贸易，发展交通运输的《陕甘宁特区经济建设计划草
案》，提出"要用一切力量将特区创造成为全国抗日民主的模范区
域，使它成为抗日民族统一战线的核心"。

　　从到达陕北开始，林伯渠先后做了部队供给工作、政府的财政
工作，最后是全面主持政府工作，对陕北革命根据地的政权建设，
特别是财经工作做出了重大贡献。

四　坚决地执行适合抗战利益的新民主主义财政经济政策

　　抗日战争开始后，林伯渠任陕甘宁边区政府主席，以后几次连
选连任，直至 1948 年离开边区。在抗战初期，林伯渠还参与了与国
民党的谈判，并担任了中国共产党驻陕西西安代表，团结各阶层抗
战，为八路军、新四军输送干部，转运物资。同时还于 1938 年 12
月和次年 1 月，担任中央财政经济部部长、中央财政经济委员会主
席。1940 年 10 月，林伯渠卸任驻陕西党代表之职务，由西安回到延

安。1944 年到重庆参与对国民党的谈判。1945 年参加了党的七大。

　　1940 年 10 月，林伯渠回到延安后，集中主要精力领导边区政府工作。

　　关于林伯渠的经济思想，集中体现在《抗战中两条经济路线的斗争》、《在陕甘宁边区高级干部会议上的报告》等文中。他在《抗战中两条经济路线的斗争》中指出，最近陕甘宁边区施政纲领关于财政经济路线的政策，就是我们经济路线的具体表现。大致内容包括，要"有照顾各抗日阶级利益的财政经济政策"，"坚决地执行适合抗战利益的新民主主义财政经济政策"，"主张自力更生"，"积极发展生产"，"实行自由贸易"，"改善人民生活"，"廉洁奉公"等。

　　在《在陕甘宁边区高级干部会议上的报告》一文中，林伯渠认为："制定经济政策必须以开展经济建设的环境为依据。"当时边区的环境是，由于八路军、新四军在敌后支持抗战，因此边区有相对的和平环境。边区是中共中央所在地，政治上最进步。"边区的特点，一般说是地广人稀，经济文化落后，但这只是一个方面，而且不是主要的方面。边区的主要特点是战争与革命。我们要把握这个特点，把它贯穿到各方面的工作中去。"基于这样的特点，林伯渠提出，制定边区的财政经济政策，必须遵循以下基本精神：第一，服从军事第一的原则。第二，照顾参加抗日的各阶级各阶层的利益，坚持合理负担的原则。要让 80% 的人民来负担抗日经费，而不是把负担加在少数人或某一阶级身上，这是抗日民族统一战线在财政经济上的具体体现。第三，以发展经济来解决财政需要。既要大量地发展生产，又要加强对外贸易，使进出口平衡，最好做到出超。第四，依靠广大人民进行边区建设。第五，开源还要节流，要斟酌人民的负担能力，注意紧缩开支。第六，要有计划、有远见、有长期打算，照顾到将来，爱惜与培养民力。

依据这些基本精神，林伯渠对边区的经济建设，其中包括农业、工业、商业、财政、金融等各个方面，提出了自己的观点并领导实行。

第一，领导边区农业大生产。1940 年 12 月，林伯渠在边区召开的经济自给动员大会上号召急速实行"自给自足政策"，"用自己的力量去摆脱一切的困难与压迫"。林伯渠宣布，军事机关，中央机关、边区机关成立财政经济组织，以便加强对生产的组织领导。林伯渠在领导边区大生产运动中，贯彻以农业为第一位，工业和运输业为第二位，商业为第三位的方针。对于边区农业、工业、交通业、工业的关系。林伯渠认为，陕甘宁边区土地宽阔，是个发展农牧业的好地方，在历史上就是以农业为主体。要解决吃饭问题，穿衣问题，都得靠发展农业。财政经济困难，也只有发展生产才能克服。工业、交通和商业虽然是发展农业生产必不可少的条件，但也只有农牧业生产发展起来之后，工业、商业才能得到进一步发展。因为边区许多工业原料都是来源于农副产品，商业贸易也主要还是一些农、副、牧产品。

为了贯彻"以农业为第一位"的方针，林伯渠领导边区政府，采取了一系列有效的措施。一是实行优待移民、难民政策。为了接纳安置移民和难民，鼓励他们发展生产，边区政府曾多次公布优待移民和难民条例，规定移民难民开公荒者可以长期有使用权，三年内不交公粮，垦私荒者三年不交租，并减轻其他负担，政府帮助解决吃住困难，借贷和调剂耕牛、农具、籽种，政治上有选举权和被选举权。林伯渠非常关怀移民和难民的生产。1942年，林伯渠特地表扬了由米脂县移民到延安南三十里铺边区农场马丕恩一家。授予他们"劳动英雄"的称号。在边区召开的群众大会上，还向马丕恩、马杏儿父女发了奖品，分别颁发了林伯渠亲笔题写的"移民模范"和"妇女光荣"的奖状。二是开展劳动竞赛，奖励劳动英雄。在大生产运动中，林伯渠、朱德、李鼎铭联合推动各区、县市以及边区的部队、机关、学校和群众开展生产竞赛。三是开展减租减息。林伯渠依据中央的决定和西北局的指示，领导制定了陕甘宁边区《土地租佃条例草案》、《土地典当纠纷处理原则及旧债纠纷处理原则》以及《地权条例草案》等，规定：出租人应按所定的减租额收租，不得多收或法外增租；一般减租率，不得低于百分之二十五；承租人应按所定减租后之租额交租，不得短少；具有能力交租而故意不交者，出租人有请求政府依法追交之权。从而调动了农民的积极性和地主经营土地的积极性。四是军队实行屯田政策。军队屯田是朱德倡导的，其中也凝聚着林伯渠的心血。早在1940年春，林伯渠就带领农业技术人员到南泥湾踏勘。1941年春，王震带领三五九旅到南泥湾垦荒，一年之内开垦良田万顷。1943年春，林伯渠率领边区政府慰问团到南泥湾考察慰问，号召边区干部和人民向军队学习，并为军队垦荒提供具体的帮助。五是创办光华农场。林伯渠高瞻远瞩，为了发展边区的农业，他筹划创办了延安农业试验场——光华农场，进行农业科学研究，推广农业先进技术，指导科学种田。林伯渠亲自现场勘察农场场址。指导和支持农场很快修建起办公室、宿舍和简易实验室，以及做试验用的糖坊和烤烟房。他还特别批准建造一座酒坊，酿酒提炼酒精，保障延安卫生部门的需要，并用酒糟喂养奶牛。为了促进农业科研事业的发展，林伯渠把延安许多有农科专业特长的人才都调到光华农场。人数虽然不多，但专业颇为齐全，搞农艺、园艺、林业、植保、畜牧、兽医、养蜂、养蚕，水利和农业经济的全有。

　　第二，重视边区工业发展。早在抗战初期，他就指示边区政府
用联合国救济总署援助的一笔款，办起了"难民工厂"，亲自选定当
地干部当厂长。以后又陆续办起了纺织、农具、皮革、化工、制药、
造纸、火柴等工厂。为了解决技术力量问题，他从武汉、西安等地
物色技术干部和熟练工人，送他们到边区来发展工业。他还指示民
政厅和组织部把当过县长或建设科长的当地干部，如盐池县的金体
元、米脂县的艾秉勤等派到工厂当管理干部，并要求他们注意招收
本地工人，为陕甘宁培养技术人才。难民工厂在政府和部队的支持
下越办越好。生产和加工出很多呢子、毛毯和皮货。

　　第三，发展商业贸易，促进工农业生产发展。咸盐、皮毛、甜
甘草是边区的三宝，也是当时对外贸易的主要商品。特别是食盐，
它是每个人的生活必需品，在靖边、定边、盐池一带，取之不尽，
多如泥土。要把这个死宝变成活宝，就要发展运盐事业，发展对外
贸易。在大生产运动中，边区各县市组织了很多运盐队，进一步发

展了运盐事业。1941 年外销食盐 29.9 万余驮，创造了边区历史上的最高纪录，对增加边区财政收入起了极大的作用。除此之外，为了筹集发展生产的资金，林伯渠发起组织劝储团，号召边区人民节约、储蓄，使老百姓生息取利，使银行集腋成裘，收到了利公利民的效果。他还积极主张在边区发行救国公债，向老百姓借钱，作为经济建设的资金。所有这些，对边区的经济建设都起了很好的作用。边区政府号召开展生产节约运动，林伯渠以身作则带头响应，带头实行。首先在边区政府机关墙报上贴出了个人的生产节约计划，内容是：从农业生产上，用变工合作方式，完成上交粮食局二石细粮的任务。收集废纸交建设厅。戒绝吸外来纸烟。今年的棉衣、单衣、衬衣、鞋袜、被单、手巾、肥皂，全不要公家供给。后来，林伯渠还写了一首生产节约诗歌：

> 待客开水不装烟，领得农被用三年。
> 淡巴菰一亩公粮缴，糖萝卜二分私费赡。
> 施肥锄草自动手，整旧如新不花钱。
> 发动男耕和女织，广辟草莱增良田。
> 边区子弟多精壮，变工扎工唐将班。

自 1940 年 12 月生产自给动员会以后，陕甘宁边区军民在党中央、西北局、边区政府的领导下，开展了轰轰烈烈的大生产运动，经过两年多的艰苦奋斗，在发展农业、工业和商业方面都取得了巨大的成绩。

1943 年，林伯渠领导边区军民将大生产运动向前推进一步，制订出"丰衣足食"的计划，经过一年的奋斗，各条战线都取得了丰硕成果。1943 年 11 月，边区政府在延安同时举行第三届生产展览会和第一届劳动英雄代表大会。生产展览会有近百个展区，6600 多件展品，近 2000 张图表，生动地展现了边区军民的聪明才智和丰富的创造力，是边区大生产运动的缩影。在会上，林伯渠提出了 1944

年的边区生产计划，增加细粮 20 万石，植棉 20 万亩，运盐 40 万
驮。在边区政府委员会会议上，林伯渠提出 1944 年还应大力发展
植棉、打盐、运盐、畜牧和民间手工业；部队粮食和副食品做到
所属完全自给，机关做到大部自给；要把物资贸易看作仅次于发
展生产的重要工作。这以后，边区的生产和经济建设又出现了一
派火红的景象。

　　1945 年，边区发生了严重的旱灾，秋田无法下种，为了抗旱备
荒。5 月 17 日，林伯渠以边区政府的名义向全体军民发出号召：想
尽一切办法，立即进行干耕干种，找寻下湿地带、河边和近水地方，
发动军民男女老幼担水浇灌，种各种蔬菜，尤其是洋芋、南瓜、萝
卜，搜集和调剂各种庄稼种子，以便遇雨时赶种。切实开展节约运
动，军民要珍惜每一粒粮食，节衣缩食，渡过难关。严格保护粮食，
绝对禁止蒸酒熬糖，绝对禁止粮食出口，无论何人违犯，一律依法
究办，决不宽贷。①

　　由于政府备荒措施得力，边区虽然遭受了罕见的大旱灾，但全
体军民在边区政府的号召下，抗灾自救，战胜了灾荒。

五　用我们建设的模范成绩，
　　来影响和推动全中国

　　抗战胜利后，中国革命进入到了一个新的时期。林伯渠根据党
中央的指示，在争取和平民主的同时，积极准备自卫战争，领导边
区人民进行生产、减租和加强武装建设。

　　1946 年 2 月 24 日，林伯渠在西北财经办事处召开的生产、供给
经济工作人员大会上提出："今后的第一位工作，就是继续发展生产
建设。"②在延安各界妇女纪念"三八"节大会上，林伯渠号召边区
妇女发展纺线织布。在延安职工纪念"五一"大会上，号召边区工

---

　　① 《解放日报》1945 年 5 月 21 日。
　　② 《解放日报》1946 年 2 月 26 日。

人发展工业生产，"用我们建设的模范成绩，来影响和推动全中国"。①

为了推动边区工业的发展，林伯渠认为关键在于资本和技术，为此，他建议：在资本方面，继续帮助民间游资转入有利可图的私营或合营企业，尽可能争取边区外面的资本来从事有利可图的工业建设，他们可以单独经营或与政府合作经营，都给以法律的保障与可能的协作。在技术方面，继续发扬职工的创造性与技术人员的积极性，同时尽可能争取边区外面的各种科学技术人员到边区来参加工业建设，并给以优待。② 林伯渠倡导的这种"资本+技术+人才"的经济发展模式，既是过去边区政府经济发展成功的重要经验，也是推动未来边区经济发展的重要引擎。当然，受当时战争及时局转换等多因素的影响，这种"资本+技术（人才）"的经济发展模式因为战争爆发，不可能立竿见影、蔚为气候，但它却具有重要的标本与象征意义，并使边区真正成为新民主主义经济的示范区，成为全国模范的根据地。

在农业方面，主要是解决农民的土地问题以及减租减息。根据1945年底中共中央关于减租减息问题的指示，林伯渠领导边区政府先后派出三个工作组，分赴绥德、陇东、安边等地帮助复查减租工作。边区政府确定把工作重点放在复查减租减息上，发动广大农民积极开展减租、退租、勾欠、换约、保佃斗争。1946年4月9日，林伯渠在《边区建设的新阶段》一文中指出：要努力改进农作法和农业技术，加强试验农场、推广良种、改良工具等工作。在畜牧业方面要积极改进畜种、增强防疫等工作。

由于林伯渠等中央领导的推动和广大军民的共同努力，1946年边区的生产取得了巨大的成绩。部队做到了完全自给，机关、学校达到部分自给，老百姓家家户户有余粮，为自卫战争奠定了物质

① 《解放日报》1946年5月2日。
② 《边区建设新阶段》，载《陕甘宁边区参议会文献汇辑》，科学出版社1958年版，第291页。

基础。

　　1946 年夏全面内战爆发后，陕甘宁边区被迫进入战时状态。林伯渠号召军民紧急动员起来，全力保卫边区，说："我们今后唯一中心任务，就是积极动员一切人力物力，准备粉碎蒋介石的进攻。"①

　　为了便于统一军事指挥，做好后勤支援，1947 年 5 月 19 日，处在转战途中的林伯渠在西北局召开的后委会议上提出，地方兵团和游击队统由前委指挥，后委管理粮草、衣服、支前、财经等工作，把行知中学变成战时医院，调有工作能力的学生做战争动员和支前的工作。他还提出，除了马上解决 20 万人的吃粮问题，尽快筹备 6 万石粮食外，还要搞内部市场，发展贸易，调剂货币流通，解决财政问题。

　　1947 年 9 月下旬，西北局在山西兴县沙原召开财经会议，林伯渠针对西北财经办事处的财经工作中暴露出来的问题发了言。他认为财经工作的主要缺点是思想跟不上变化了的形势，工作迟缓赶不上需要，缺乏群众观点。在工作中仍然受旧的经济理论的束缚，跳不出旧的货币论范畴的圈子。在金融上未能摆脱法币的影响。在贸易上，对群众合作事业的发展帮助很少。在财政上，只注意紧缩，没有注意发展。在建设上，重视公营工厂的生产，忽视民间手工业的发展。最后，他要求财办处认真总结经验教训，把财经工作搞好。1947 年 10 月中旬，陕甘宁边区和晋绥解放区的部分领导人在山西兴县蔡家崖举行联席会议，集中地讨论了两区的财经统一问题。林伯渠在会上详细讲述了两个边区财经工作的历史，并对过去财经工作的成绩与缺点作了认真的总结。他指出："财经工作的重要关节是生产和贸易。过去两个边区在工作上都有偏差，因而都吃了些亏。我们检讨过去的工作，是为了总结得出经验，把今后的财经工作搞好。""发展生产，一方面有个组织问题，一方面有个贷款问题，我们要尽其努力多给老百姓贷出一些款。""贸易除供给二十五万公家

———————————

　　①　《解放日报》1946 年 11 月 13 日。

人以外，更应为四百万老百姓解决问题，其比例应是百分之六十五与百分之三十五。"

这次会议以后，陕甘宁和晋绥两区即实行财经统一，将两区的贸易公司合并为西北贸易公司，银行合并为西北农民银行，以便统一金融贸易组织，扩大对外贸易，加强经济战线上的对敌斗争，更有力地支持革命战争。

1948年2月，针对战争形势已经转入外线作战的情况，林伯渠在边区参议会常驻议员和边区政府委员联席（扩大）会议上特别提出"恢复经济，解放大西北"的任务。

5月11日，林伯渠率领边区政府胜利返回延安。还在回延安前，林伯渠就发布布告，郑重宣布：坚决贯彻保护工商业政策，凡遭受重大破坏的工商业，无论属公属私，均应贯彻本政府保护工商业的方针，鼓励与扶助其恢复营业，地主富农所经营的工商业同样受到保护。工商业的借贷和来往账债，应予以保护。凡依"发展生产，繁荣经济，公私兼顾，劳资两利"的方针，不论合伙或个人经营的工厂作坊，均应保护和奖励，并免征本年度营业税。以农业为主兼营工商业者，在征收公粮时，只计算其农业收入，其工商业部分，不得计为副业征收公粮。工商业者的财产及其合法经营，受边区法律的保护。回到延安后，林伯渠立即组织恢复和发展工农业生产。他连续发出了几个有关农业生产的布告，宣布边区的基本区经过土地改革封建制度已经或者基本消灭，已不再是平分土地问题，"而是普遍发土地证，确定地权，并保障不受侵犯，使人人安心生产，发家致富"的问题。提倡只合作互助，鼓励妇女参加农业生产，发展家庭手工业和副业。边区生产很快恢复起来了。

　　1948年12月，林伯渠离开生活了14年之久的陕甘宁边区，前往西柏坡。1949年3月，林伯渠和毛泽东、刘少奇、周恩来、朱德等同志，分乘汽车离开西柏坡，随后到达北平。6月15日至19日，新政协筹备会在北平召开，林伯渠任代理秘书长。9月21日，中国人民政治协商会议在北京隆重召开，林伯渠作为主席团成员参加了大会，并做了新政协筹备工作的报告。30 日下午，林伯渠当选为政协全国委员会委员和中央人民政府委员会委员。

10 月 1 日中华人民共和国成立时，在中央人民政府委员会第一次会议上，被选为中央人民政府委员会秘书长。下午 3 时，林伯渠在天安门城楼上主持了中华人民共和国开国大典。中华人民共和国建立后，作为中央人民政府秘书长的林伯渠，立即投入到新中国建设之中，日理万机，鞠躬尽瘁，为团结全国各族人民、恢复国民经济、巩固新生的人民共和国而操劳着。他在第一、二届全国人民代表大会上当选为全国人大常委会副委员长，在中共八大上继续当选为中央委员和中央政治局委员。1960 年 5 月，林伯渠因病逝世。

林伯渠是中国共产党德高望重的领导人之一，经历了资产阶级领导的旧民主主义革命、无产阶级领导的新民主主义革命和社会主义革命三个历史阶段，为中国人民的解放事业和共和国的建设事业做出了不可磨灭的贡献。林伯渠始终重视财经工作，在长期的经济工作中积累了丰富的经验，被称为"红色理财家"。

林伯渠尽心尽力为革命理财，推动着中国革命和建设事业向前发展。从八一南昌起义后起，林伯渠就在部队、苏区、长征路上和边区，从事财政经济和部队供给工作。抗战开始后，在担任陕甘宁边区政府主席和在西安从事统一战线工作期间，还兼任中央财经部长、中央财经委员会主席，以比较多的时间和精力从事财经工作，为抗日战争的胜利和解放战争的胜利奠定了财政经济基础。

林伯渠的许多真知灼见的经济思想至今仍给人们诸多有益的启发。比如，在农业方面，林伯渠提出了"发展农业的关键在于发展农业生产力"论断；在工业方面提出了"发展工业的关键在于资本与技术"的思想；在如何解决资本和技术方面，提出"帮助民间资本转入有利可图的私营或者合营企业，尤其应该争取边区外面的资本，到边区来从事有利可图的工业建设，他们可以单独经营或与政府合作经营，都要给以法律的保障与可能的协助。""在技术方面，尽可能争取边区外面的各种科学技术人员到边区来参加工业建设，他们来后，都给以必要的优待。"林伯渠还提出"发展经济，是一切建设的根本"的思想。这些思想和论断对于今天我们树立以经济建设为中心的指导思想都有重要的作用；这些思想对于发展农业，发展工业，引进外资和世界先进的科学技术都有借鉴作用。

　　林伯渠的财经思想和观点对毛泽东财经思想的丰富和发展做出了积极贡献。比如在苏区时期，毛泽东指出："拿经济建设上的胜利，去改善工农群众的生活，激发群众更高的革命热忱，同时保障红军的需要以配合整个的战斗动员，这对于胜利的战争是有决定意义的。"林伯渠完全赞同这一观点，指出苏区的经济建设是当前"工农群众争取解放的重要条件"，提出"经济建设工作必须和战争动员联系起来"。再如在边区时期，林伯渠坚决贯彻执行毛泽东关于自力更生、发展生产、保障供给的指示，领导边区大生产，取得了很大的成效。同时，林伯渠依据中央关于抗日的政策和陕甘宁边区施政纲领，提出财经政策要"有照顾各抗日阶级利益的财政经济政策"，"坚决地执行适合抗战利益的新民主主义财政经济政策"，主张"自力更生"、"实行自由贸易"、"改善人民生活"等。抗战胜利后，中国革命进入到了一个新的时期。林伯渠根据党中央的指示，在争取和平民主的同时，积极准备自卫战争，领导边区人民进行生产、减租和加强武装建设。使边区成为新民主主义经济的示范区，成为全国模范的根据地，为赢得解放战争的胜利提供物质基础和经济前提。[①]

---

　　① 主要据《林伯渠传》（红旗出版社1986年版）和宋斐夫著《林伯渠的经济思想及其实践》（《近代史研究》1986年第2期）改写。

主要参考文献

1. 孙毓棠编：《中国近代工业史资料》，科学出版社 1957 年版。

2. 汪敬虞编：《中国近代工业史资料》，科学出版社 1957 年版。

3. 徐雪军等译编：《上海近代社会经济发展概况（1882—1931）——〈海关十年报告〉译编》，上海社会科学院出版社 1985 年版。

4. 《湖南省志》第三十卷《人物志》，湖南人民出版社 1992 年版。

5. 《刘坤一遗集》，中华书局 1959 年版。

6. 周秋光编：《熊希龄集》，湖南人民出版社 2008 年版。

7. 聂云台：《保富法》，中国城市出版社 2007 年版。

8. 曾宝荪：《曾宝荪回忆录》，岳麓书社 1986 年版。

9. 林伯渠：《林伯渠日记》，湖南人民出版社 1984 年版。

10. 《湖南历史资料》。

11. 《湖南文史资料选辑》。

12. 《锡矿山锑矿志（1897—1981）》，1983 年印刷本。

13. 方克立、陈代湘主编：《湘学史》，湖南人民出版社 2007 年版。

14. 上海社会科学院经济研究所编著：《恒丰纱厂的发生、发展与改造》，上海人民出版社 1958 年版。

15. 周秋光主编：《熊希龄——从国务总理到爱国实业家》，岳麓书社 1996 年版。

16. 吴广义、范新军：《苦辣酸甜——中国著名民族资本家的路》，黑龙江人民出版社 1988 年版。

　　17. 许涤新主编：《中国企业家列传》第一册，经济日报出版社 1988 年版。

　　18. 邓辅纶、王政慈：《刘长佑年谱》，载《湘军人物年谱》（一），岳麓书社 1987 年版。

　　19. 李细珠：《张之洞与清末新政研究》，上海书店出版社 2003 年版。

　　20. 崔运武：《中国早期现代化中的地方督抚》，中国社会科学出版社 1998 年版。

　　21.《林伯渠传》编写组：《林伯渠传》，红旗出版社 1986 年版。

　　22. 张同义：《范旭东传》，湖南人民出版社 1987 年版。

　　23. 师俊山：《化学工业的先驱——范旭东传》，河北人民出版社 1995 年版。

　　24. 周秋光：《熊希龄传》，百花文艺出版社 2006 年版。

　　25. 湖南省地方志编纂委员会编：《湖南通鉴》（上下卷），湖南人民出版社 2007 年版。

　　26. 朱有志、郭钦主编：《湖南近现代实业人物传略》，中南大学出版社 2011 年版。

　　27. 宋斐夫：《林伯渠的经济思想及其实践》，《近代史研究》1986 年第 2 期。

　　28. 秦燕春：《曾国藩的外孙聂云台——那代人的信·怕·爱》，《书屋》2010 年第 10 期。

　　29. 陈歆文：《我国民族工商业家的楷模——李烛尘》，《纯碱工业》2000 年第 2 期。

　　30. 古野、彭剑秋：《武陵一松壮千山——记著名爱国实业家李烛尘》，《湖南党史》1994 年第 5 期。